高等院校经济管理类专业"互联网+"创新规划教材

由2018年度广东省本科高校教学质量与教学改革工程项目
——经济学教学团队资助

经济学原理

编 著 于丽敏 刘 璇

内 容 简 介

本书共 15 章，分为两个部分。第一部分（第 2~8 章）是微观经济学，概述了均衡价格理论、弹性理论、消费者行为理论、生产者行为理论、成本理论、市场理论以及分配理论。第二部分（第 9~15 章）是宏观经济学，阐述了国民收入核算理论、产品市场的国民收入决定理论、产品市场和货币市场的一般均衡——IS-LM 模型、财政政策与货币政策实践、总需求–总供给模型、失业与通货膨胀理论和经济增长理论和经济周期理论等。

市场经济理论中几乎所有的理论都运用供求分析经济问题：微观经济学通过供求分析得到供求规律，进而分析消费者行为、生产者行为和市场均衡；宏观经济学也是从供求方面分析国民收入的决定，建立 IS-LM 模型，从调节总供给和总需求的角度制定宏观经济政策。因此，供给和需求是经济学分析的基点。

本书以浅显易懂的方式阐释了经济学的基本思想，强调经济学原理的应用和政策分析，通过案例充分阐述了经济学原理在现实经济生活中的应用。本书适用于高等院校本科财经类专业教材，也可以作为经济管理人员的经济学指导用书。

图书在版编目 (CIP) 数据

经济学原理 / 于丽敏，刘璇编著. —北京：北京大学出版社，2022.1
高等院校经济管理类专业"互联网 +"创新规划教材
ISBN 978-7-301-32513-1

Ⅰ. ①经… Ⅱ. ①于…②刘… Ⅲ. ①经济学—高等学校—教材 Ⅳ. ①F0

中国版本图书馆 CIP 数据核字 (2021) 第 183866 号

书　　　名	经济学原理 JINGJI XUE YUANLI
著作责任者	于丽敏　刘　璇　编著
策 划 编 辑	李娉婷
责 任 编 辑	李瑞芳
数 字 编 辑	金常伟
标 准 书 号	ISBN 978-7-301-32513-1
出 版 发 行	北京大学出版社
地　　　址	北京市海淀区成府路 205 号　100871
网　　　址	http://www.pup.cn　新浪微博：@ 北京大学出版社
电 子 邮 箱	编辑部 pup6@pup.cn　总编室 zpup@pup.cn
电　　　话	邮购部 010-62752015　发行部 010-62750672　编辑部 010-62750667
印 刷 者	北京虎彩文化传播有限公司
经 销 者	新华书店
	787 毫米 ×1092 毫米　16 开本　17.5 印张　414 千字 2022 年 1 月第 1 版　2024 年 8 月第 3 次印刷
定　　　价	48.00 元

未经许可，不得以任何方式复制或抄袭本书之部分或全部内容。
版权所有，侵权必究
举报电话：010-62752024　电子邮箱：fd@pup.cn
图书如有印装质量问题，请与出版部联系，电话：010-62756370

前　言

第二次世界大战以后，经济学得到了迅速的发展和广泛的传播。新理论、新观点不断产生，经济学的传播对世界各国经济政策的制定产生了广泛而深远的影响，特别是面对当前世界经济发展和经济增长的不确定性，各国政府都在运用经济学理论加强对经济的干预，经济学的广泛传播又促进了经济学的进一步发展。

经济学原理是高校本科财经类专业的核心课程之一，也是学习各门专业课程的基础。本书主要有以下3个特点。

1. 结构合理，理论体系完整

本书分为微观经济学和宏观经济学两部分。微观经济学部分包括均衡价格理论、弹性理论、消费者行为理论、生产者行为理论、成本理论、市场理论、分配理论；宏观经济学部分包括国民收入核算理论、产品市场的国民收入决定理论、产品市场和货币市场的一般均衡——IS－LM模型、财政政策与货币政策实践、总需求－总供给模型、失业与通货膨胀理论、经济增长理论和经济周期理论。这些内容符合经济学的教学规律，在语言叙述上尽可能做到简练、直白，力求让学生从总体上把握经济学理论框架，掌握经济学分析问题的基本原理和方法。

2. 案例教学培养学生理论联系实际的能力

对于经济学原理这门课程，"教师教好、学生学好"都是比较困难的，主要原因是经济学原理的概念多、模型多、图表多，有些知识点晦涩难懂，而且经济学发源于西方国家。为了解决这一问题并达到学以致用的目的，本书在每章后都结合教学内容安排了本章小结、案例分析和习题，使学生对经济学理论能够"看得见、摸得着、用得上"，避免纯理论教学的枯燥和脱离实际，有助于学生分析问题与解决问题能力的提高。

3. 站在经济学领域的前沿，吸收经济学发展的最新成果

如前所述，第二次世界大战后经济学得到了迅速发展，涌现出很多新的理论和观点。本书在编写的过程中注重学习和吸收国内外最新的研究成果，便于学生了解并跟踪经济学前沿。

本书适合作为高等院校经济学、国际经济与贸易、工商管理、货币银行学、财政学及其他专业本科生的教学用书。

本书由东莞理工学院的于丽敏设计大纲、组织编写和统稿。东莞理工学院的刘璇编写了第11、12、13和14章；其余各章均由于丽敏编写。

本书是广东省教育厅2018年度质量工程项目"经济学教学团队"的阶段性成果。在编写过程中，编者参阅了大量国内外经济学教材，借鉴了很多国内外学者的研究成果，在此向这些资料的作者表示感谢。

由于时间仓促，加之编者水平有限，书中难免有疏漏之处，敬请广大读者与同行批评指正。

编　者
2021年3月

资源索引

本书课程思政方案

2016年12月，习近平总书记在全国高校思想政治工作会议上提出要将思想政治工作贯穿于教育教学的全过程。2020年6月，教育部发布的《高等学校课程思政建设指导纲要》倡导要全面推进高校课程思政建设。课程思政的目标是在全面提高学生专业能力的同时，提高学生的思想政治素养，实现协同育人。经济学原理是一门涉及经济学、管理学相关专业的专业基础课程，有的院校甚至面向全校所有专业开设该课程，学生人数多，涉及面广，因此，搞好课程思政建设对于实现立德树人意义重大。

经济学原理起源于西方国家，其相关理论、研究方法在我国建设有中国特色社会主义市场经济体制的道路上发挥着积极的作用。结合经济学原理课程的内容，充分挖掘其蕴含的思政元素，将课程教学同思政元素相结合，使学生能将学到的经济学理论成果为建设有中国特色社会主义市场经济建设服务。

本书的课程思政元素结合社会主义核心价值观："富强、民主、文明、和谐、自由、平等、公正、法治、爱国、敬业、诚信、友善"，设计出课程思政的主题。然后紧紧围绕价值塑造、能力培养、知识传授三位一体的课程建设目标，在课程内容中寻找相关的落脚点，通过案例、知识点等教学素材的设计运用，以润物细无声的方式将正确的价值追求有效地传递给学生。

课程思政元素汇总（共20个）

章节	内容引导	展开研讨	思政落脚点
第一章	"理性人"假设	①你是理性的经济人吗？②怎样理解利己和利他的关系？	使学生树立社会主义核心价值观
第一章	经济学的资源配置与经济体制	社会主义和资本主义在资源配置方面有哪些异同？	党的二十大报告中指出要"充分发挥市场在资源配置中的决定性作用"，让学生认识到市场在我国资源配置中是怎样起到决定性作用的
第一章	正确认识和对待西方经济学	西方经济学与马克思政治经济学的差异	正确看待西方经济学
第一章	正确认识西方经济学理论逻辑体系	西方经济学是产生并流行于西方国家的经济学范式，不能照抄照搬用于中国特色的社会主义市场经济	正确认识看待西方经济学
第二章	价格机制	①价格机制怎样影响商品的供求？②价格的波动怎样影响整个社会的经济活动？	我国比资本主义国家市场经济体制更具集中力量办大事的制度性优势，引导学生深入理解坚持中国共产党领导和中国特色社会主义制度的优越性
第二章	支持价格和限制价格	①你生活在城市还是农村？是否感受到了政府实行的支持价格和限制价格呢？②支持价格和限制价格对你的生活有何影响？	使学生感受到生活在中国是一件多么幸福的事情，从而激发学生的爱国情怀

续表

章节	内容引导	展开研讨	思政落脚点
第三章	恩格尔系数	①了解你们当地的恩格尔系数吗？ ②计算一下你的家庭近年来的恩格尔系数？说明了什么？	增强学生对国家的认同感
第四章	消费者在一定收入约束下的满足程度最大化决策行为	①你是怎样安排自己的日常消费的？ ②你认为自己的消费行为是理性的吗？	树立正确的消费观
第五章	最优的生产要素组合	利用现有资源实现利润最大化	使学生明确把握生产规律的重要性
第五章	生产的三个阶段	技术进步对生产的三个阶段的影响	技术进步对产量的潜在影响
第七章	厂商的利润最大化原则	①如果你是一名企业家，在安排生产时要考虑哪些因素？ ②在节能环保方面你会有怎样的举措？	党的二十大报告指出"完善中国特色现代企业制度，弘扬企业家精神，加快建设世界一流企业"，在学生心目中树立诚信、企业家必须要承担社会责任
第七章	垄断导致资源配置的低效率	如何认识垄断导致的低效率？	大学生应当承担起提高我国的科技实力和综合国力的历史责任
第八章	个人收入分配和社会收入分配	①你认为当前的收入分配差距合理吗？ ②应该怎样缩小收入分配差距？	贯彻党的二十大报告指出的"分配制度是促进共同富裕的基础性制度。坚持按劳分配为主体、多种分配方式并存，构建初次分配、再分配、第三次分配协调配套的制度体系。努力提高居民收入在国民收入分配中的比重，提高劳动报酬在初次分配中的比重"，实现全体人民共同富裕，增强学生对中国特色社会主义制度的理解和认同
第九章	国民收入核算	①GDP 有什么作用？ ②怎样理解"绿水青山就是金山银山"？	掌握绿色 GDP 对国家长远发展的重要性
第九章	国民收入核算	改革开放以来，我国 GDP 及产业结构经历了哪些演变过程？	激发学生民族自豪感和爱国之情
第十章	国民收入决定	①什么是中美贸易摩擦？ ②美国对中国产品加征关税的目的是什么？	增强学生奋发图强的精神和与祖国同呼吸共命运的思想信念
第十二章	财政政策和货币政策	①新冠肺炎疫情对中国经济有什么影响？ ②我国政府运用了什么经济政策进行调节？	增强学生的爱国主义情怀，认真贯彻党的二十大报告指出的"加强财政政策和货币政策协调配合，着力扩大内需"，加强对宏观经济的调控
第十三章	总需求总供给	①供给侧结构改革的含义是什么？ ②我国为什么要进行供给侧结构改革？	使学生看到我们党以人民为中心的价值导向
第十四章	失业理论	①你身边有失业的人吗？ ②你认为失业的原因是什么？	引导学生树立正确的就业观，理解政府所做出的努力
第十五章	经济增长和经济周期	①改革开放以来我国经济增长速度如何？ ②你对经济周期有何认识？	引导学生树立爱国主义精神

目 录

第1章 引 言 ………………………… 1
1.1 经济学的研究对象 …………… 3
1.1.1 经济学研究的出发点 …… 3
1.1.2 微观经济学和宏观经济学 …………… 4
1.2 经济学的研究方法 …………… 5
1.2.1 实证经济学和规范经济学 …………… 5
1.2.2 静态分析、比较静态分析和动态分析 …………… 6
1.2.3 定性分析和定量分析 …… 7
1.2.4 经济模型 ………………… 7
本章小结 ………………………… 8
习题 …………………………… 8

第2章 均衡价格理论 …………… 9
2.1 微观经济学的特点 …………… 11
2.1.1 微观经济学的基本假设条件 …………… 11
2.1.2 微观经济学的研究对象 …………… 11
2.1.3 微观经济学鸟瞰 ………… 12
2.2 需求理论 ……………………… 13
2.2.1 需求函数 ………………… 13
2.2.2 需求表和需求曲线 ……… 14
2.3 供给理论 ……………………… 16
2.3.1 供给函数 ………………… 16
2.3.2 供给表和供给曲线 ……… 17
2.4 均衡价格的决定及其变动 …… 18
2.4.1 均衡的含义 ……………… 19
2.4.2 均衡价格的决定 ………… 19
2.4.3 均衡价格的变动 ………… 20
2.5 均衡价格理论的应用 ………… 23
本章小结 ………………………… 24
习题 …………………………… 26

第3章 弹性理论 ………………… 29
3.1 弹性的一般定义 ……………… 31
3.2 需求弹性 ……………………… 31
3.2.1 需求价格弹性的含义 …… 31
3.2.2 需求价格弹性的分类 …… 32
3.2.3 影响需求价格弹性系数的因素 …………… 33
3.2.4 需求收入弹性 …………… 34
3.2.5 需求交叉价格弹性 ……… 36
3.3 供给弹性 ……………………… 37
3.3.1 供给弹性的含义 ………… 37
3.3.2 供给弹性的计算 ………… 37
3.3.3 供给弹性的分类 ………… 37
3.3.4 影响供给价格弹性系数的因素 …………… 38
3.4 弹性理论的应用 ……………… 39
3.4.1 需求弹性与总收益 ……… 39
3.4.2 谷贱伤农与薄利多销 …… 39
本章小结 ………………………… 40
习题 …………………………… 42

第4章 消费者行为理论 ………… 46
4.1 效用论概述 …………………… 48
4.1.1 效用的概念 ……………… 48
4.1.2 效用的表示方法 ………… 48
4.2 基数效用论与消费者行为 …… 49
4.2.1 总效用、边际效用 ……… 49
4.2.2 边际效用递减规律 ……… 50
4.2.3 基数效用论的消费者均衡 … 51
4.3 序数效用论与消费者行为 …… 53
4.3.1 偏好的假定 ……………… 53
4.3.2 无差异曲线及其特征 …… 54
4.3.3 商品的边际替代率递减规律 …………… 56
4.3.4 消费者的预算线 ………… 57
4.3.5 序数效用论的消费者均衡 … 59
4.3.6 序数效用消费者均衡与基数效用消费者均衡的联系 … 60
本章小结 ………………………… 61
习题 …………………………… 61

第5章 生产者行为理论 ……… 64
5.1 厂商 ……… 66
- 5.1.1 厂商的组织形式 ……… 66
- 5.1.2 厂商的目标 ……… 67
5.2 生产要素与生产函数 ……… 68
- 5.2.1 生产要素 ……… 68
- 5.2.2 生产函数 ……… 68
5.3 短期生产函数 ……… 69
- 5.3.1 总产量、平均产量和边际产量 ……… 69
- 5.3.2 边际报酬递减规律 ……… 71
- 5.3.3 总产量、平均产量和边际产量之间的关系 ……… 71
- 5.3.4 短期生产的3个阶段 ……… 72
5.4 两种可变要素的生产函数 ……… 73
- 5.4.1 长期生产函数 ……… 73
- 5.4.2 等产量曲线 ……… 73
- 5.4.3 边际技术替代率递减规律 ……… 74
- 5.4.4 等成本曲线 ……… 75
- 5.4.5 最优的生产要素组合 ……… 76
5.5 规模报酬 ……… 80
本章小结 ……… 80
习题 ……… 82

第6章 成本理论 ……… 84
6.1 成本的概念 ……… 86
- 6.1.1 机会成本 ……… 86
- 6.1.2 沉没成本 ……… 87
- 6.1.3 显性成本和隐性成本 ……… 87
- 6.1.4 利润 ……… 88
6.2 短期成本 ……… 88
- 6.2.1 短期成本函数 ……… 89
- 6.2.2 短期成本的分类 ……… 89
- 6.2.3 短期成本曲线的综合关系 ……… 91
- 6.2.4 短期成本变动的决定因素——边际报酬递减规律 ……… 93
6.3 长期成本 ……… 94
- 6.3.1 长期总成本 ……… 94
- 6.3.2 长期平均成本 ……… 95
- 6.3.3 长期边际成本 ……… 97
本章小结 ……… 99
习题 ……… 100

第7章 市场理论 ……… 102
7.1 市场类型和厂商收益 ……… 104
- 7.1.1 市场及其类型 ……… 104
- 7.1.2 厂商的收益和利润 ……… 105
7.2 完全竞争市场 ……… 106
- 7.2.1 完全竞争市场的条件 ……… 106
- 7.2.2 完全竞争厂商的需求曲线 ……… 108
- 7.2.3 完全竞争厂商的收益曲线 ……… 108
- 7.2.4 完全竞争厂商的短期均衡 ……… 109
- 7.2.5 完全竞争厂商的长期均衡 ……… 111
7.3 完全垄断市场 ……… 113
- 7.3.1 完全垄断市场的条件 ……… 113
- 7.3.2 完全垄断厂商的需求曲线和收益曲线 ……… 114
- 7.3.3 完全垄断厂商的短期均衡 ……… 116
- 7.3.4 完全垄断厂商的长期均衡 ……… 118
7.4 垄断竞争市场 ……… 119
- 7.4.1 垄断竞争市场的条件 ……… 119
- 7.4.2 垄断竞争厂商的需求曲线 ……… 120
- 7.4.3 垄断竞争厂商的短期均衡 ……… 121
- 7.4.4 垄断竞争厂商的长期均衡 ……… 122
7.5 寡头垄断市场 ……… 123
- 7.5.1 寡头垄断市场的特征 ……… 123
- 7.5.2 古诺模型 ……… 124
本章小结 ……… 126
习题 ……… 127

第8章 分配理论 ……… 129
8.1 生产要素需求 ……… 131
- 8.1.1 生产要素需求的特点 ……… 131
- 8.1.2 完全竞争厂商使用生产要素的原则 ……… 132
8.2 生产要素供给 ……… 133

8.3 生产要素价格的决定 …………… 134
    8.3.1 劳动供给曲线和工资的决定 …………… 134
    8.3.2 土地的供给曲线和地租的决定 …………… 136
    8.3.3 资本的供给曲线和利率的决定 …………… 138
8.4 洛伦兹曲线和基尼系数 …………… 139
    8.4.1 洛伦兹曲线 …………… 139
    8.4.2 基尼系数 …………… 140
本章小结 …………… 140
习题 …………… 141

第9章 国民收入核算理论 …………… 144

9.1 国内生产总值 …………… 146
9.2 国内生产总值的核算方法 …………… 147
    9.2.1 支出法 …………… 147
    9.2.2 收入法 …………… 149
9.3 几个重要的国民收入概念 …………… 150
    9.3.1 国民收入的其他衡量指标 …………… 150
    9.3.2 国内生产总值和国民生产总值之间的关系 …………… 151
    9.3.3 名义国内生产总值和实际国内生产总值 …………… 152
    9.3.4 国内生产总值的局限性 …………… 153
9.4 国民收入的基本公式 …………… 155
    9.4.1 两部门经济国民收入的基本公式 …………… 155
    9.4.2 三部门经济国民收入的基本公式 …………… 156
    9.4.3 四部门经济国民收入的基本公式 …………… 157
本章小结 …………… 158
习题 …………… 160

第10章 产品市场的国民收入决定理论 …………… 163

10.1 消费函数和储蓄函数 …………… 165
    10.1.1 消费函数 …………… 165
    10.1.2 储蓄函数 …………… 167
10.2 两部门国民收入的决定 …………… 169
    10.2.1 用消费函数决定均衡的国民收入 …………… 169
    10.2.2 用储蓄函数决定均衡的国民收入 …………… 170
10.3 乘数理论 …………… 170
    10.3.1 投资乘数 …………… 171
    10.3.2 乘数作用的条件和影响因素 …………… 172
10.4 三部门国民收入的决定及其变动 …………… 173
    10.4.1 三部门国民收入的决定 …………… 173
    10.4.2 三部门经济中的乘数 …………… 174
10.5 四部门国民收入的决定及其变动 …………… 176
    10.5.1 四部门国民收入的决定 …………… 177
    10.5.2 四部门经济中的乘数 …………… 177
本章小结 …………… 178
习题 …………… 179

第11章 产品市场和货币市场的一般均衡——IS-LM模型 …………… 182

11.1 投资的决定 …………… 184
11.2 产品市场的均衡——IS曲线 …………… 185
    11.2.1 IS曲线及其推导 …………… 185
    11.2.2 IS曲线的斜率 …………… 186
    11.2.3 IS曲线的移动 …………… 186
11.3 利率的决定 …………… 187
    11.3.1 货币需求 …………… 187
    11.3.2 货币需求函数 …………… 189
    11.3.3 货币供给 …………… 190
    11.3.4 均衡利率的决定 …………… 190
11.4 货币市场的均衡——LM曲线 …………… 191
    11.4.1 LM曲线及其推导 …………… 191
    11.4.2 LM曲线的斜率 …………… 192
    11.4.3 LM曲线的移动 …………… 193
11.5 产品市场和货币市场的同时均衡（IS-LM模型分析） …………… 193
    11.5.1 两个市场同时均衡收入和利率的决定 …………… 194
    11.5.2 均衡收入和利率的变动 …………… 194
本章小结 …………… 195
习题 …………… 196

第12章 财政政策与货币政策实践 …………… 198

12.1 经济政策目标 …………… 200

12.2 财政政策 …………………… 201
 12.2.1 财政的构成与财政政策工具 …………… 202
 12.2.2 内在稳定器 ……………… 204
 12.2.3 斟酌使用的财政政策 …… 204
 12.2.4 补偿性财政政策与充分就业预算盈余 …………… 205
12.3 货币政策 …………………… 207
12.4 财政政策与货币政策的配合及效应 ………………………… 208
 12.4.1 挤出效应 ……………… 208
 12.4.2 影响挤出效应的因素 … 209
 12.4.3 两种政策的配合使用 … 209
本章小结 ………………………………… 210
习题 ……………………………………… 212

第13章 总需求-总供给模型 …… 214

13.1 总需求曲线 ………………… 216
 13.1.1 总需求曲线的推导 …… 216
 13.1.2 总需求曲线的移动 …… 217
 13.1.3 财政政策和货币政策对总需求曲线的影响 ……… 218
13.2 总供给曲线 ………………… 218
 13.2.1 两种极端的总供给曲线 … 219
 13.2.2 短期总供给曲线 ……… 220
 13.2.3 短期总供给曲线的移动 … 220
 13.2.4 长期总供给曲线的移动 … 221
13.3 总需求-总供给模型对现实的解释 ……………………… 222
 13.3.1 宏观经济的短期目标 … 222
 13.3.2 总需求曲线移动的影响 … 222
 13.3.3 总供给曲线移动的影响 … 223
本章小结 ………………………………… 223
习题 ……………………………………… 224

第14章 失业与通货膨胀理论 …… 226

14.1 失业概述 …………………… 228
 14.1.1 失业的定义和度量 …… 228
 14.1.2 失业的分类 …………… 228
14.2 失业的原因分析及其影响 … 229
 14.2.1 失业的原因分析 ……… 230

14.2.2 失业的影响 …………… 231
14.3 通货膨胀概述 ……………… 232
 14.3.1 通货膨胀的定义和度量 … 232
 14.3.2 通货膨胀的分类 ……… 234
14.4 通货膨胀的原因 …………… 234
 14.4.1 需求拉动型通货膨胀 … 234
 14.4.2 成本推动型通货膨胀 … 235
 14.4.3 结构性通货膨胀 ……… 236
 14.4.4 货币现象的通货膨胀 … 236
14.5 通货膨胀的影响和治理 …… 237
 14.5.1 通货膨胀的影响 ……… 237
 14.5.2 通货膨胀的治理 ……… 238
14.6 失业与通货膨胀的关系——菲利普斯曲线 …………… 239
 14.6.1 菲利普斯曲线的提出 … 239
 14.6.2 菲利普斯曲线的政策含义 ………………… 240
 14.6.3 长期菲利普斯曲线 …… 241
本章小结 ………………………………… 242
习题 ……………………………………… 243

第15章 经济增长理论和经济周期理论 ………………… 245

15.1 经济增长因素分析 ………… 247
 15.1.1 经济增长与经济发展 … 247
 15.1.2 经济增长的核算 ……… 249
 15.1.3 影响经济增长的因素 … 250
 15.1.4 经济增长的源泉 ……… 251
15.2 新古典经济增长理论 ……… 253
 15.2.1 新古典经济增长模型 … 253
 15.2.2 经济稳态和黄金分割律 … 254
15.3 经济周期理论 ……………… 255
 15.3.1 经济周期的含义、特征和类型 ……………… 255
 15.3.2 经济周期的原因 ……… 258
 15.3.3 乘数-加速数原理 …… 259
本章小结 ………………………………… 262
习题 ……………………………………… 264

参考文献 ……………………………… 268

本书思维导图

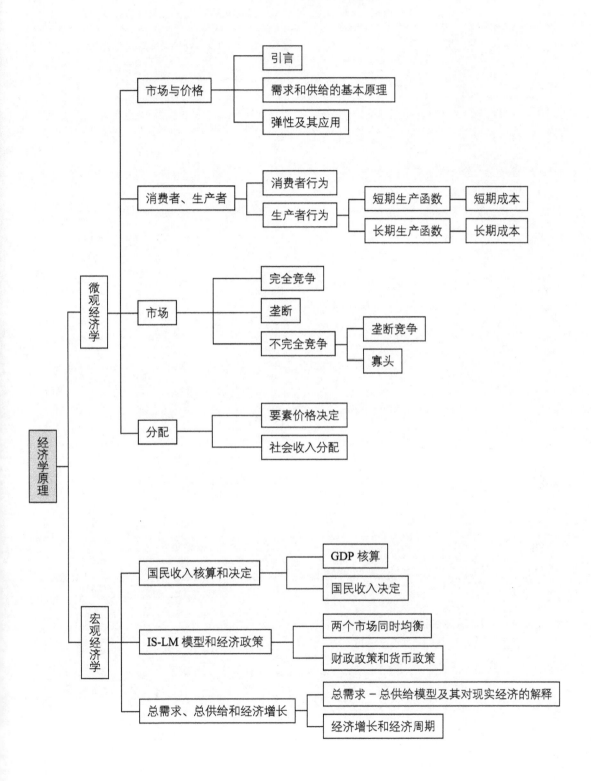

第1章

引 言

教学目标

通过本章的学习,读者能够对经济学有一个总体的认识和把握,为以后各章节的学习打下基础。

教学要求

了解经济学的概念、经济学的研究对象和经济学的研究方法。

思维导图

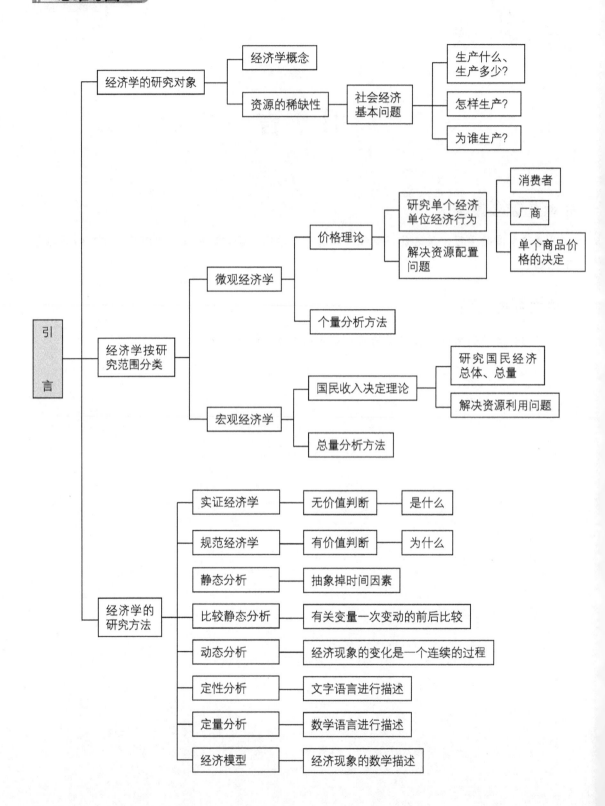

当你打开这本教材时,你可能会问:什么是经济学?经济学是研究什么问题的?为什么要研究经济学?本书将带你深入了解这些问题。

1.1 经济学的研究对象

1.1.1 经济学研究的出发点

经济学研究的出发点是什么呢?为了搞清楚这个问题,我们必须先了解什么是经济学。关于经济学的定义,近年来学术界出现了各种各样的论题,其中重要的定义如下。

① 研究人类一般生活事务的学问。[1]

② 研究一个社会如何利用稀缺的资源来生产有价值的物品和劳务,并将它们在不同的人之间进行分配。[2]

③ 研究我们社会中的个人、厂商、政府和其他组织如何进行选择,以及这些选择如何决定社会资源的使用方式。[3]

④ 研究社会如何管理自己的稀缺资源。[4]

应该说,以上定义是从不同角度给经济学下的定义。如果将所有定义加以提炼,就会得到一个相对统一的定义,即经济学主要是研究资源的配置和利用,使有限的资源满足人们无穷欲望的一门学科。

这个定义背后隐藏着两大核心思想:稀缺性和效率。

当今社会是一个资源稀缺的世界。稀缺性是一个相对的也是一个绝对的概念。相对性是指相对于人类的无穷欲望来讲,资源是有限的、不足的、稀缺的。绝对性是指在任何社会和时代,资源都是稀缺的。究其原因主要是在一定的时期内,物品本身是有限的,利用物品进行生产的技术条件是有限的,人的生命也是有限的。

用有限去满足无穷,就必然涉及两个问题,一个是选择,另一个就是效率。

选择就是在资源有限的情况下,应该如何合理地配置资源,来解决三个社会经济基本问题,即生产什么、生产多少,怎样生产和为谁生产。

① 生产什么、生产多少。由于资源的稀缺性,一个社会必须要决定在各种可能的资源中生产何种产品,同时这种产品应该生产多少。

② 怎样生产。一个社会必须要选择使用何种资源,以及采用何种生产技术进行生产。

③ 为谁生产。经济社会还必须决定如何公平合理地进行收入与财富分配,以及如何在不同的人之间分配社会产品。

当然,这种选择是要付出成本的。当我们将某种资源用在了某一种特定的用途后,这种资源就不能够再用于其他用途。也就是说,其他的用途就没有了再利用这种资源的机会,这

---

[1] 马歇尔,2019. 经济学原理(上)[M]. 北京:商务印书馆:1.
[2] 萨缪尔森,诺德豪斯,2004. 微观经济学[M]. 17版. 北京:人民邮电出版社:2.
[3] 斯蒂格利茨,2001. 经济学[M]. 2版. 北京:中国人民大学出版社:10.
[4] 曼昆,2006. 经济学原理[M]. 4版. 北京:北京大学出版社:3.

就是我们选择时必须要付出的成本，经济学上称这种成本为机会成本。所谓机会成本，是指生产者所放弃的使用相同的生产要素在其他生产用途中所能获得的最高收入。

举一个简单例子来说明机会成本。例如，一名学生放学后想放松一下，他可以选择去看电影，也可以选择去运动，还可以选择去自习室学习。假如选择去看电影，能给他带来10个单位的满足，选择去运动能给他带来15个单位的满足，选择学习能给他带来5个单位的满足。他不能同时进行这三件事，必须三者选其一。当这位同学选择去自习室学习，那么他就不能去看电影，也不能去运动了。此时，去看电影和运动给他带来的最大的满足，即15个单位的满足，就是这位学生选择去自习室学习的机会成本。

有人不禁会问，这位同学为什么要选择去学习呢？我们认为，此时该同学一定是认为学习对他来说比较重要。也就是说，此时选择学习给他带来的收益会大于他选择学习而付出的机会成本。因此，经济学告诉我们一个选择的依据，就是当进行某项活动所带来的收益大于这项活动的机会成本时，理性的经济人必然会选择进行该项活动，反之当收益小于机会成本时，则会放弃该项活动。

在资源缺稀的情况下，人们首先根据收益和机会成本的比较进行选择，选择之后就是更好地利用有限的资源了，这就涉及经济学的另一个问题，即效率。经济学上讲的效率就是最有效地利用社会资源，以满足人类的愿望和需求。就一个经济活动而言，判断是否有效率的标准是：该活动在不会使其他人境况变坏的同时，不再可能增加任何人的经济福利。

那么，怎样才能做到有效率？价格可以做到。在现阶段市场经济条件下，为什么会存在价格呢？

我们当前的社会，资源的稀缺性决定了所生产的产品还不能满足人们的所有需要。这样就必然要通过一种办法将有限的资源去满足一部分人的需要。满足哪些人呢？就是那些能支付得起的人。这样价格就可以作为一个尺度来衡量有限资源。而得到这些资源的人由于支付了价格，就必然要得到回报，从而合理地利用这些资源，实现资源的优化配置，这时，效率就产生了。

因此，经济学的出发点就是承认资源的稀缺性，并探讨如何用有效地配置资源去满足人们无限的欲望。

1.1.2 微观经济学和宏观经济学

如同其他学科可以进行分类研究一样，经济学也可以在各种不同层次上进行研究。我们可以研究单个居民与厂商的决策；可以研究某种物品与劳务市场上居民和厂商之间的相互交易；还可以研究整体经济的运行。

传统上，经济学可以分为微观经济学和宏观经济学。微观经济学的创始人是亚当·斯密。1776年，亚当·斯密的巨著《国民财富的性质和原因的研究》（简称《国富论》）问世，标志着经济学作为一门独立的学科开始步入历史的舞台。在《国富论》中，亚当·斯密提出了"看不见的手"的思想，即每个人在"看不见的手"的指引下追求个人利益最大化的同时，无形中会形成社会利益的最大化。后人把这只"看不见的手"称之为价格。正是在价格的指引下，消费者不断追求个人满足程度的最大化，而厂商也在不断地追求厂商自身利益的最大化，当每个人、厂商都在不断追求自身利益最大化的时候，社会利益就能够自动实现最大化。在这个过程中不需要国家干预经济，国家只需要充当"守夜人"的作用就可以了。这就是微观经济学的核心。总体上来说，微观经济学研究在"看不见的手"的指引下，作为单个实体的市场、居民和厂商的行为，居民和厂商如何做出决策，以及他们如何在特定市场上相互交易。

价格这只"看不见的手"也不是万能的，当其失灵的时候（即后面将要分析的市场失灵），就需要另外一只手对经济进行干预，即国家这只"看得见的手"。当国家干预经济的时候，经济学从微观经济学的领域就延伸到了宏观经济学。作为经济学的另一个分支，宏观经济学的创始人是约翰·梅纳德·凯恩斯。他在1936年出版了《就业、利息和货币通论》（简称《通论》）一书，代表着宏观经济学的诞生。宏观经济学主要研究经济的总体运行，特别是诸如失业率、通货膨胀、经济增长和国际收支平衡等总量指标的变化。总量数字不能反映任何个体厂商或居民的情况，而是告诉我们经济的总体或平均情况。

微观经济学和宏观经济学在研究对象、解决的问题、中心理论以及研究方法上都存在着不同。微观经济学的研究对象是个体（居民、厂商）经济的经济行为；而宏观经济学的研究对象是整个经济及政府的经济行为。微观经济学解决的主要问题是资源配置问题；而宏观经济学则主要解决资源利用的问题。微观经济学的中心理论是"看不见的手"，即价格理论；而宏观经济学的中心理论则是国民收入决定理论。微观经济学的研究方法以演绎为主，主要对经济个体的行为做一些公理性的基本假设，然后通过严密的逻辑推导，揭示经济个体的行为规律；而宏观经济学主要应用的是归纳法，依赖可观测的经济变量之间的关系解释总体经济现象和经济规律。

虽然微观经济学和宏观经济学存在着许多的差异，但是它们之间也存在着一定的联系。首先，两者是互相补充的。本来资源的配置和资源的利用就是经济学的两个方面。微观经济学强调市场是有效的、万能的；而宏观经济学则强调市场会失灵，政府是有能力的。其次，微观经济学是宏观经济学的基础。

1.2 经济学的研究方法

经济学的研究方法大体上可分为：实证分析和规范分析；静态分析、比较静态分析和动态分析；定性分析和定量分析；运用经济模型进行分析。

1.2.1 实证经济学和规范经济学

在日常经济生活中，我们经常会遇到以下类似的问题。
① 明年高速公路收费站的收益将会是多少？
② 假如收费从1元提高到2元，收益将增加多少？
③ 是否应该提高收费标准？

前两个问题和第三个问题有着很大的不同。前两个问题是关于事实的问题，即对经济活动纯粹的科学描述。而第三个问题则是对经济事物是否应该如此进行价值型判断。因此可以看出，经济学家在进行经济分析时，除了对经济活动进行纯粹的科学描述、提供合乎逻辑的论断和预测外，有时也常对经济系统应该怎么运行发表意见。这就涉及实证经济学和规范经济学了。实证经济学是经济学中按研究内容和分析方法与规范经济学相对应的一个分支，是指描述、解释、预测经济行为的经济理论部分，因此又称描述经济学，是经济学的一种重要运用方式。从原则上说，实证经济学是独立于任何特殊的伦理观念的，不涉及价值判断，旨在回答"是什么""能不能做到"之类的实证问题。它的任务是提供一种一般化的理论体系，用来正确地预测有关环境变化对人类行为所产生的影响。对这种理论的解释，可以通过它所取得的预测与实际情况相对照的精确度、一致性等指标来加以考察。简言之，实证经济学可以说是"客观的"科学，因为可以通过经验的评价，对它的假设做理性的讨论。

实证经济学分析的主要步骤如图1.1所示。

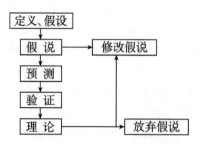

图1.1 实证经济学的分析步骤

对图1.1的解释如下。

① 定义是对所分析的变量规定出明确的含义。变量是一些可以测量的变化的量，如价格、成交量等，包括内生变量和外生变量。

② 假设是某一理论所适用的条件。

③ 假说是在一定假设下利用定义去说明变量之间的关系，即未经证明的理论。通常是对某些现象的经验性概括或总结。

④ 预测是根据假说提出对经济现象未来发展的看法。意义在于理论的应用或检验。

作为另一个分支的规范经济学则是以一定的价值判断为基础，提出某些标准作为分析处理经济问题的参照，树立经济理论的前提，作为制定经济政策的依据，并研究如何才能符合这些标准。它要问答"应该是什么"的问题，因此规范经济学又称价值判断经济学。规范经济学涉及伦理信条和提出价值的判断。例如，穷人必须工作才能得到政府帮助吗？应该提高失业率以确保通货膨胀不会迅速上升吗？由于这类问题涉及伦理、价值，而非事实本身，因此其答案也就无所谓正确或错误。它们只能靠政治辩论和决策来解决，而不能仅仅依靠经济分析。

从上面的分析中可以看到，实证经济学与规范经济学既有一定的联系又有区别，主要表现在以下几个方面。

① 是否以一定的价值判断为依据，是实证经济学与规范经济学的重要区别之一。

② 实证经济学与规范经济学要解决的问题不同。实证经济学要解决"是什么"的问题，规范经济学要解决"应该是什么"的问题。

③ 实证经济学的内容具有客观性，所得出的结论可以根据事实进行检验，同时也不以人们的意志为转移。规范经济学本身没有客观性，它所得出的结论会受到不同价值观的影响。

尽管实证经济学与规范经济学有上述3点差异，但它们也并不是绝对互相排斥的。规范经济学要以实证经济学为基础，而实证经济学也离不开规范经济学的指导。一般来说，越是具体的问题，实证的成分越多；而越是高层次、带有决策性的问题，就越具有规范性。

1.2.2 静态分析、比较静态分析和动态分析

静态分析、比较静态分析和动态分析与均衡分析是密切相关的。经济学所采用的分析方法，从一个角度来看是均衡分析，从另一角度来看，就是静态分析、比较静态分析和动态分析。

1. 静态分析

静态分析就是分析经济现象的均衡状态以及有关的经济变量达到均衡状态所具备的条件，它完全抽象掉了时间因素和具体的变化过程，是静止地、孤立地考察某种经济事物的方法。例如，研究均衡价格时，舍掉时间、地点等因素，并假定影响均衡价格的其他因素，如消费者偏好、收入及相关商品的价格等静止不变，单纯分析该商品的供求达到均衡状态的产量和价格。

2. 比较静态分析

比较静态分析就是分析在已知条件发生变化以后经济现象的均衡状态的相应变化，以及有关的经济变量在达到均衡状态时的相应变化，即对经济现象有关变量一次变动（而不是连续变动）的前后进行比较。比较静态分析不考虑经济变化过程中所包含的时间阻滞。例如，已知某商品的供求状况，可以考察其供求达到均衡时的价格和产量。现在，由于消费者的收入增加而导致对该商品的需求增加，从而产生新的均衡，使价格和产量都较以前提高。这里，只把新的均衡所达到的价格和产量与原均衡的价格和产量进行比较，这就是比较静态分析。

3. 动态分析

动态分析是对经济变动的实际过程所进行的分析，其中包括分析有关变量在一定时间过程中的变动，这些经济变量在变动过程中的相互影响和彼此制约的关系，以及它们在每一个时点上变动的速率等。动态分析的一个重要特点是考虑时间因素的影响，并把经济现象的变化当作一个连续的过程来看待。

动态分析因为考虑各种经济变量随时间延伸而变化对整个经济体系的影响，因而难度较大。在微观经济学中，迄今占有重要地位的仍是静态分析和比较静态分析方法。在宏观经济学中，特别是在经济周期和经济增长研究中，动态分析方法则占有重要地位。

1.2.3 定性分析和定量分析

定性分析和定量分析是最早在经济学中使用的两种分析方法。定性分析是用文字语言进行相关描述，主要是凭借分析者的直觉、经验，根据分析对象的过去和现在的延续状况及最新的信息资料，对分析对象的性质、特点、发展变化规律做出判断的一种方法；而定量分析是用数学语言进行描述，是依据统计数据建立数学模型，并用数学模型计算出分析对象的各项指标及其数值的一种方法。相比而言，后一种方法更加科学，但需要较高深的数学知识；前一种方法虽然较为粗糙，但在数据资料不够充分或分析者数学基础较为薄弱时比较适用，更适合一般的投资者与经济工作者。

定性分析与定量分析应该是统一的、相互补充的。定性分析是定量分析的基本前提，没有定性的定量是一种盲目的、毫无价值的定量；定量分析比定性分析更加科学、准确，它可以促使定性分析得出广泛而深入的结论。

1.2.4 经济模型

经济模型是指经济现象的数学描述。经济理论是在对现实的经济事物的主要特征和内在联系进行抽象和概括的基础上，对现实的经济事物进行的系统描述。但是现实世界的情况是由各种主要变量和次要变量构成的，错综复杂，因而除非把次要的变量排除在外，否则就不可能进行严格的分析，或使分析复杂得无法进行。经济模型是一种分析方法，它极其简单地描述现实世界的情况。通过做出某些假设，排除许多次要因素，从而建立起模型，再通过模型对假设所规定的特殊情况进行分析。经济模型可以用带有图表或文字的方程来表示。

经济模型主要用来研究经济现象之间互相依存的数量关系。其目的是反映经济现象的内部联系及其运动过程，帮助人们进行经济分析和经济预测，解决现实的经济问题。

本 章 小 结

（1）经济学主要是研究资源的配置和利用，使有限的资源满足人们无限欲望的一门科学。

（2）社会经济的三个基本问题是：生产什么、生产多少，怎样生产和为谁生产。

（3）经济学的两大重要分支是：微观经济学和宏观经济学。

（4）经济学的研究方法有：静态分析、比较静态分析和动态分析；定性分析和定量分析；利用经济模型进行分析。

为什么会存在价格？

随着我国经济的发展，人民的生活水平不断提高，对各种商品的需求也不断加大，从而导致市场上的商品品种丰富，琳琅满目。同时，每一种商品都有相应的一个价格。这就不禁让人产生疑问，为什么商品会存在价格呢？这是经济学中的一个重要问题。在学习经济学之前，请同学们不妨先认真地思考一下，现阶段为什么会存在价格呢？

分析：在现阶段，资源是稀缺的，而人的需求是无穷的，这就需要价格作为指导资源配置的手段而存在。

习　　题

分析讨论题

1. 经济学所描述的效率是什么？衡量效率的依据是什么？我们日常所认为的效率与经济学所认为的效率有什么不同？

2. 微观经济学与宏观经济学有什么区别？

3. 美国著名经济学家乔治·斯蒂格勒在其著作《价格理论》中曾经写道："没有哪个彻底平均主义的社会能够构建或维持一个有效而富有进取的经济体系。应用奖励来刺激劳工已经成为各国普遍的经验。"这一论述是属于实证经济学还是规范经济学？

【第1章　在线答题】

第2章

均衡价格理论

教学目标

通过本章的学习，读者能够在掌握微观经济学研究对象和基本假设条件的基础上，对微观经济学理论体系的框架，以及微观经济学各部分之间的关系有一个大致了解。同时，读者还能够把握需求曲线和供给曲线及相关的概念，为学习微观经济学的其他内容打好基础。

教学要求

了解微观经济学的研究对象、基本假设条件、供求曲线及其相关知识。

思维导图

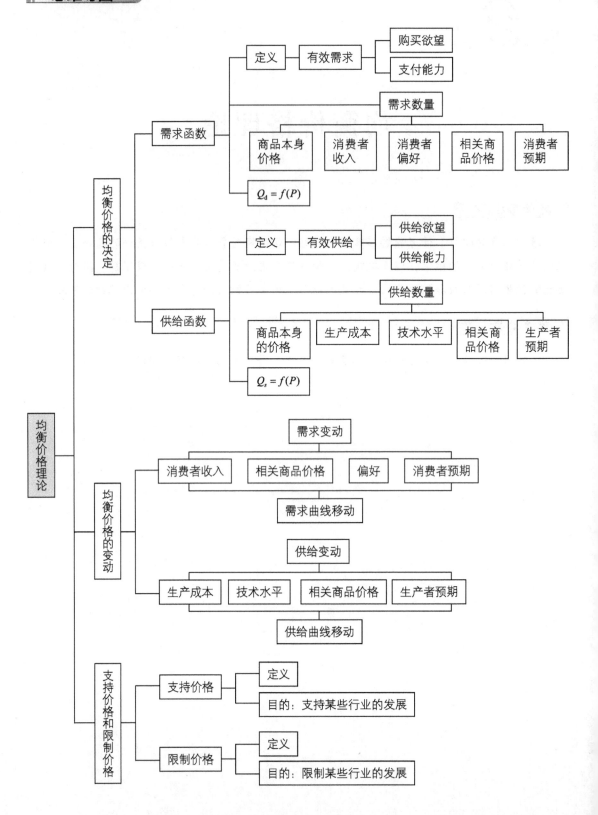

通过第1章的介绍，使大家对经济学有了一个大致的认识，但这是远远不够的。从本章开始，我们正式进入经济学的殿堂。在本书的带领下，你将了解经济学的全貌，首先我们从微观经济学谈起。

2.1　微观经济学的特点

微观经济学是通过研究作为单个实体的市场、企业、家庭的行为，来说明现代西方经济社会市场机制的运作，以及改善这种机制的途径。微观经济学分析的核心是价格，因此，微观经济学也称价格理论。

2.1.1　微观经济学的基本假设条件

微观经济学理论的建立是以一定的假设条件作为前提的。在微观经济分析中，所要研究的问题不同，需要建立的假设条件也存在差异，微观经济学基本的假设条件有3个，即"理性人"假设、市场出清假定和完全信息假定。

所谓"理性人"假设，是对在经济社会中从事经济活动的所有人基本特征的一个一般性的抽象。这个被抽象出来的基本特征是，每一个从事经济活动的人都是利己的。即每一个从事经济活动的人所采取的经济行为都是力图以最小经济代价去获得最大经济利益。每个消费者的理性行为就是实现满足程度最大化，而每个生产者的理性行为则是为了实现利润最大化。

市场出清假定即市场上供求相等。这一假定认为，商品价格具有充分的灵活性，能使需求和供给迅速达到均衡的状态。在出清的市场上，没有资源闲置。

完全信息假定则表明市场上每一个从事经济活动的个体（居民和厂商）都对有关的经济情况拥有完全的信息。也只有在完全信息的条件下，商品价格才能够充分反映买卖双方的所有信息，价格才具有充分的灵活性，从而迅速达到市场出清。

应该说，传统的微观经济学理论建立在非常理想的空间中，也就是说这三大基本假定在现实中是很难达到的。现实世界中并不是每个人都是完全有理性的经济人，同时现实世界充满不确定性，从而导致每个经济活动个体拥有的信息也是不完全的，这样也就使得现实中的价格可能不是充分灵活的（如工资存在着向下刚性），从而导致市场不能够迅速出清甚至不能出清。微观经济学之所以要设立这三个基本假定，一方面是为了分析简洁；另一方面则是想设立一个理想状态，然后让现实的状态去与理想状态对比，找寻问题的所在，从而进一步去完善。

2.1.2　微观经济学的研究对象

微观经济学研究作为单个实体的市场、居民和厂商的行为，居民和厂商如何做出决策，以及他们如何在特定市场上交易。这些单个实体称个体经济单位。

微观经济学对这些个体经济单位的考察，是在3个层次上逐步深入的。

第一个层次分析单个消费者和单个生产者的经济行为。从上面的假设中我们知道，消费者和生产者都是理性人。消费者是为了实现满足程度的最大化；而生产者则是为了实现利润的最大化。在第 1 章，我们知道了资源是稀缺的，第一个层次则分析了在资源稀缺的情况下，单个消费者在约束条件下如何选择最优的商品消费组合，以实现其满足程度的最大化；同样，单个生产者在资源稀缺的情况下如何进行资源的配置，从而实现利润的最大化。

第二个层次分析单个市场均衡价格的决定和局部均衡。消费者和单个生产者在市场上相遇后，由于它们从各自利益最大化出发进行商品消费和生产的选择，就能够共同决定一个双方都接受的均衡价格。因此，单个市场均衡价格的决定是作为单个市场中所有消费者和所有生产者最优经济行为的相互作用的最优结果而出现的，所以，单个市场实现的均衡又称局部均衡。

第三个层次分析所有单个市场均衡价格的同时决定和一般均衡。所有单个市场均衡价格同时决定是所有单个市场相互作用而出现的，即它是作为由经济社会中全部市场上的全部消费者和全部生产者的最优经济行为的相互作用的结果而出现的。当所有的单个市场的均衡价格被同时决定时，此时的市场均衡称一般均衡。

2.1.3 微观经济学鸟瞰

在学习微观经济学之前，有必要对其整体框架进行一下鸟瞰，以便读者进一步了解。具体如图 2.1 所示。

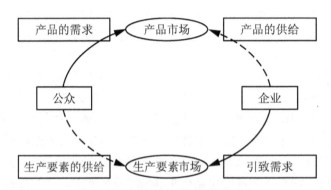

图 2.1 微观经济学整体框架鸟瞰

首先需要说明的是，图 2.1 略去了许多在某些情况下会很重要的细节，如在一个更加复杂的经济体中，应该包括政府和国际贸易的作用。但是这些细节对于理解经济的组织方式并不是至关重要的。同时，本图旨在对微观经济学的理论体系有一个粗略的概括，图中出现的一些专门术语和原理，在本书后面的相关章节中还会详加阐述，在此，初学者只需要对图中的内容有一个大致的了解就可以了。

在图 2.1 中，公众就是消费者，企业就是厂商。在这里，每个消费者和每个厂商都具有双重身份：消费者以产品的需求者身份出现在产品市场，又以生产要素的供给者身份出现在要素市场；而厂商以产品的供给者身份出现在产品市场，又以产品的需求者身份出现在要素市场上。消费者和厂商的经济活动通过产品市场和生产要素市场供求关系的相互作用而联系起来。

图 2.1 的左半部分是消费者实现自身效用最大化的消费者行为过程。消费者从自身利益出发，在生产要素市场上把诸如劳动、土地、资本等生产要素出售给企业，以取得收入，然

后在产品市场上购买自己所需要的商品，在消费中实现满足程度的最大化。而右半部分是企业实现利润最大化的生产者行为过程。为了实现利润最大化，在生产要素市场上购买公众出售的生产所需要的要素，然后将这些要素在生产过程中结合，生产出各种商品，进而通过出售商品实现利润的最大化。

消费者对产品的需求和厂商对产品的供给在产品市场上相遇，从而决定每一种产品市场的均衡价格和均衡数量，此时，产品市场达到均衡。同样，消费者对生产要素的供给与厂商对生产要素的引致需求在生产要素市场上相遇，决定了生产要素的均衡价格和均衡数量，生产要素市场处于均衡状态。在这里，厂商购买生产要素所支付的总价格正好等于工资、利息、地租和利润的总和。这4部分就分别构成了生产要素（劳动、资本、土地和企业家才能）的提供者的报酬收入。

图2.1阐述的产品市场和生产要素市场达到的均衡仍然是属于单个市场中的局部均衡问题。微观经济学中的一般均衡进一步论证，当市场处于完全竞争时，所有单个市场同时处于均衡状态是存在的；而当所有的单个市场同时处于均衡状态，就达到了所谓的一般均衡。福利经济学则以一般均衡理论为出发点，论证了一般均衡状态符合"帕累托最优"状态。也就是说，当整个社会处于一般均衡时，社会经济就实现了有效率的资源配置。这就是微观经济学所要论证的核心思想。

其实，现实经济中很难找到完全竞争的状态，这就决定了经济学家所论述的理论与现实经济是有偏离的，甚至偏离很大。经济学家把这种偏离称为"市场失灵"。为了纠正市场失灵，微观经济学还包括微观经济政策分析。这些经济政策旨在克服市场失灵，使得现实经济尽可能以最优状态的效率来运行。

2.2 需求理论

在第2.1节曾讲过，微观经济学又称价格理论。在微观经济学中，任何商品的价格都是由商品的需求和供给两个因素共同决定的。也正因为如此，我们将对需求理论和供给理论的初步论述作为微观经济学分析的出发点。

2.2.1 需求函数

一种商品的需求是指在一定时期内，消费者在各种可能的价格水平上愿意并且能够购买的该种商品的数量。

对于这个定义，要求我们必须从两个方面把握商品的需求：一方面对商品的需求必须是一种有购买欲望的需求；另一方面还必须是有购买能力的需求。所以说如果消费者对某种商品只是想购买但是没有购买能力，或者是有购买能力但是不想购买，都不能算是对该种商品的需求。因此，经济学上所说的需求必须是既有购买欲望又有购买能力的有效需求。

一种商品的需求数量由多种因素决定，例如商品本身的价格、消费者的收入水平、相关商品的价格、消费者偏好，以及消费者对该商品未来价格的预期。

（1）商品本身的价格

商品本身的价格是影响商品需求量最重要的因素。一般而言，在其他条件不变的情况下，一种商品的价格越高，对这种商品的需求量就会越小；反之，价格越低，对这种商品的需求量就越多。

(2) 消费者的收入水平

对于大多数商品而言，当消费者的收入水平提高后，就会增加对这种商品的需求量；反之，当收入水平下降时，就会减少对该商品的需求量。

(3) 相关商品的价格

相关商品主要包括两种，即替代品和互补品。我们把在功能和用途等方面基本相同的商品称为替代品。例如，石油和天然气可以算得上是替代品。当人们就这两种商品进行选择时，考虑最多的是两种商品的相对价格，即石油与天然气价格的比率。在生活中可能会发现，在当前石油价格不断上涨的情况下，很多汽车，特别是公共汽车就会开始使用天然气。这是因为在天然气价格不变的情况下，石油价格的上涨，导致石油的相对价格上升，人们对石油的需求量就会减少，从而转向其替代品天然气的需求。因此，可以看到，当一种商品的替代品价格上涨后，必然导致该商品的相对价格降低，人们对其的需求量就会增加，反之，当替代品价格下降后，该商品的相对价格上升，人们对其的需求量就会减少。我们将在功能和用途等方面必须同时使用才能满足人的某种需要的两种商品称为互补品。例如，眼镜的镜片和镜架就是互补品；汽车和汽油两者就是互补品。当一种商品的互补品价格上升后，该种商品的需求量就会减少，反之，当互补品价格下降后，该商品的需求量就会增加。

(4) 消费者偏好

消费者偏好对商品的需求也有重要的影响。当消费者对某种商品的偏好增强时，该商品的需求量就会增加；相反，偏好减弱，需求量就会减少。

(5) 消费者对商品价格的预期

当消费者预期某种商品价格将会上涨时，就会增加该种商品的现期需求量；当他预期价格会下降时，就会减少对该种商品的现期需求量。

一般而言，需求函数是表示一种商品的需求数量和影响该需求数量的各种因素之间的相互关系，用公式表示为

$$Q_d = f(P, Y, P_t, H, P_f)$$

式中，Q_d 表示对商品的需求量；P 表示商品本身的价格；Y 表示消费者的收入水平；P_t 表示相关商品的价格；H 是消费者偏好；P_f 是消费者对商品价格的预期；f 表示各种影响因素与商品需求量之间的函数关系。

虽然说需求函数是表示需求量与各种影响因素之间的相互关系。但是为了分析简单，我们采取的办法经常是将注意力集中在一个基本的影响因素上，而同时假定其他影响因素保持不变。在这里，商品自身的价格是决定需求量最基本的因素，所以，我们一般假定其他因素保持不变，仅仅分析一种商品的价格对该商品需求量的影响，也就是说，把一种商品的需求量仅看成是这种商品价格的函数，用公式表示为

$$Q_d = f(P) \tag{2.1}$$

2.2.2　需求表和需求曲线

需求函数 $Q_d = f(P)$ 表示在其他影响因素不变的情况下，一种商品的需求量与该商品价格之间的相互关系。这种相互关系，可以用需求表和需求曲线来表示。

需求表是用数字序列表的方式表示一种商品的各种价格水平与相对应的该商品的需求量之间的关系。表 2-1 所示为某商品的需求表。

表 2-1　某商品的需求表

价格-数量组合	A	B	C	D	E	F	G
价格/元	1	2	3	4	5	6	7
需求量/单位数	800	700	600	500	400	300	200

从表 2-1 中可以清楚地看出该商品价格与其需求量之间的函数关系。例如，当商品价格为 1 元时，商品的需求量为 800 单位，当价格上升到 3 元时，需求量下降到 600 单位。根据这种价格和需求量一一对应的关系，我们就可以绘制出该商品的需求曲线。

所谓需求曲线，即用几何图形的方式表示的需求表。它也可以表示在影响消费者购买数量的其他因素都保持不变的情况下，一种商品的价格与其需求量的直接关系，如图 2.2 所示。

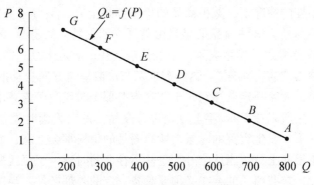

图 2.2　某商品的需求曲线

在图 2.2 中，横轴 OQ 表示商品的需求量，纵轴 OP 表示商品的价格。这里需要注意，在微观经济学分析需求曲线和供给曲线时，通常以纵轴表示自变量 P，以横轴表示因变量 Q。

图 2.2 中的需求曲线是根据表 2-1 中的数据得到的。将表 2-1 中每一种商品的价格-需求量的组合，在平面坐标系中描绘出相应的各点 A、B、C、D、E、F、G，然后依次连接这些点，就得到需求曲线 $Q_d = f(P)$。这条需求曲线表示的是在不同的价格水平下消费者愿意而且能够购买的商品数量。

同时还需要注意，在微观经济学分析中，一般假定商品的价格和相应的需求量的变化具有无限分割性，也就是说它们具有连续性。因此，我们就能够仅仅将 A、B、C、D、E、F、G 连接起来，构成一条光滑而且连续的需求曲线。

一般而言，需求曲线不一定都是直线，也可能是曲线。只是为了便于学习和简化学习过程，在不影响结论的前提下使用直线需求曲线。通常情况下，线性需求曲线函数的公式可以表示为

$$Q_d = \alpha - \beta \cdot P \tag{2.2}$$

式中，Q_d 为商品的需求量；α、β 为常数，且均大于 0；P 为商品的价格。

结合式 (2.2) 以及图 2.2，能够发现需求曲线的特点：①它是向右下方倾斜的；②其斜率为负。

根据这些特点，能够得到需求定理：在一般的情况下，保持其他条件不变，一种商品的需求量和价格之间呈反方向变动的关系。当商品的价格上升时，其需求量将会减少；反之，当商品的价格下降时，其需求量将会增加。

需要注意的是，对于需求定理的把握必须要注意两点。第一点是要理解把握需求定理的前提，即必须保持其他条件不变。所谓保持其他条件不变的意思是指影响商品需求量的其他因素不变，只考虑价格对需求量的影响。当其他条件也发生变化时，价格的变动可能与需求量之间不呈反方向变动。例如，在其他的影响因素不变的时候，某种品牌的自行车价格上涨，则对其的需求量就会降低；反之，当自行车价格下降，则对其的需求量就会上升。但是假如其他影响因素发生改变，如消费者的工资增加，此时即便是自行车价格上涨，可能对其的需求量也会上升。

第二点就是需求定理也有例外，即并不是所有商品的价格和需求量都呈反方向变动。主要情况有两种：一种是吉芬商品，另一种是炫耀性商品。

（1）吉芬商品

当在其他因素不变的情况下，某种商品的价格如果上升，消费者对其需求量反而增加，这样的商品称为吉芬商品。这种商品最早是由英国人罗伯特·吉芬（Robert Giffen，1837—1910）发现的，1845年爱尔兰发生灾荒，土豆价格上升，但是土豆的需求量却反而增加了。这一现象在当时被称为"吉芬难题"。这类需求量与价格呈同方向变动的特殊商品也因此被称为吉芬商品。但是，大家一定要注意，土豆在吉芬那个时代属于吉芬商品，但是并不能说土豆就是吉芬商品。之所以在1845年土豆是吉芬商品，是因为当时爱尔兰发生灾荒这个关键外部条件。试想一下，发生灾荒的时候，所有商品的价格都会上涨，而此时人们的收入并没有发生变化，只买得起土豆。当这个外部条件不存在的时候，土豆就变成了符合需求定理的一般商品了。因此，吉芬商品的存在必须要具备一定的外部条件。当这些条件出现时，吉芬商品才会出现。

（2）炫耀性商品

如果用价格进行衡量的话，这种商品在价格低的时候买得少，而价格高的时候则买得多，如首饰中的钻石、黄金。这类商品是定位性物品，具有显示财富的效用。

2.3 供给理论

需求理论是相对于消费者来说的，而供给理论则是相对于生产者而言的。本节将主要介绍有关生产者供给量与其各种影响因素之间的关系。

2.3.1 供给函数

与需求的定义类似，一种商品的供给是指生产者在一定时期内在各种可能的价格水平下愿意而且能够提供出售的该种商品的数量。

对于这个定义，也需要从两个方面加以理解：一个方面，商品的供给必须是生产者有出售意愿的供给；另一个方面，商品的供给必须是生产者有出售能力的供给。只有两者结合起来的供给，才称为有效供给。

影响一种商品供给的因素很多，主要有商品本身的价格、生产成本、技术进步、相关商品的价格、政府政策和生产者对未来的预期。

（1）商品本身的价格

在其他条件不变的情况下，商品本身的价格与该商品的供给量呈同方向变动。商品价格越高，生产者提供的产量就越大；反之，商品的价格越低，生产者提供的产量就越小。

（2）商品的生产成本

在其他条件特别是商品价格不变的情况下，生产成本的变动与商品的供应量呈反方向变动。生产成本上升就会导致生产者利润降低，从而减少商品的供应量；相反，生产成本降低会增加利润，从而使商品的供应量增加。

（3）技术进步

技术进步与商品的供给量呈同方向变动。所谓技术进步，是指降低生产等量产出所需要的投入品数量的变化。这种进步包括从应用科学突破到现有技术的更新与挖掘，或者仅是生产流通的重新组织。例如，技术进步使得现在生产一台计算机所需要的劳动时间远远低于十年前，从而使计算机制造商可以在相同生产成本下生产更多的计算机。

（4）相关商品的价格

相关商品主要包括互补品和替代品。一种商品的互补品价格上升就会导致该种商品的供给量减少；反之，则会增加。而一种商品的替代品价格上涨则会导致该种商品的供给量增加；反之，则会减少。

（5）政府政策

政府政策会对供给产生很大影响。政府出于环境和健康等方面的考虑所采取的政策会影响企业采取的技术，从而决定其供给量；同时，税收和最低工资法会大大增加投入品的价格，导致企业生产商品的成本提高，供给量减少。当然，政府扶持性产业政策可能也会导致商品的供给量增加。例如，为扶持某产业发展，政府的减免税政策会使企业的生产成本降低，供给量增加。

（6）生产者对未来的预期

当生产者预期未来商品价格会上涨，则会扩大生产，增加商品供给；反之，当预期未来商品价格下降，生产者就会缩减生产，减少商品供给。

与需求分析一样，供给函数也是所有影响商品供给量因素的函数。但是为了分析简单，在不影响结论的情况下，我们都是假定其他因素不变，仅考虑商品价格变化对其供给量的影响。所以供给函数可以表示为

$$Q_s = f(P) \tag{2.3}$$

2.3.2 供给表和供给曲线

供给函数 $Q_s = f(P)$ 表示的是一种商品的供给量与该商品价格之间存在一一对应关系。这种关系可以分别使用供给表和供给曲线来表示。

一种商品的供给表是以数字序列表的方式表示该商品的各种价格与各种价格所对应的该商品供给数量之间的关系的，如表 2-2 所示。

表 2-2　某商品的供给表

价格-数量组合	A	B	C	D	E	F	G
价格/元	1	2	3	4	5	6	7
供给量/单位数	100	300	500	700	900	1 100	1 300

从表 2-2 中可以清楚地看到商品的价格与其供给量之间的函数关系。例如，当价格为 3 元时，商品的供给量为 500 单位；而价格上升到 4 元时，商品的供给量增加到 700 单位；而当价格下降到 2 元时，商品的供给量减少到 300 单位。

同样，商品的供给函数还可以用供给曲线表示。一种商品的供给曲线是用几何图形的方式来表示该商品的各种价格与其供给量之间的对应关系的。供给曲线是根据表 2-2 得到的，如图 2.3 所示。

图 2.3 中，横轴表示商品数量，纵轴表示商品的价格。将表 2-2 中每一个商品的价格—供给量的组合，在平面坐标系中描绘出相应的各点 A、B、C、D、E、F、G，然后依次连接这些点，就得到供给曲线 $Q_s = f(P)$。这条供给曲线表示的是在不同的价格水平下生产者愿意而且能够出售的商品数量。

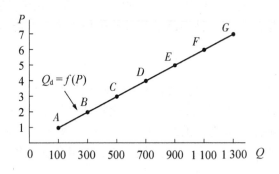

图 2.3　某商品的供给曲线

与需求曲线一样，基于连续性假定，供给曲线也是一条光滑且连续的曲线。同时，供给曲线可以是线性的，也可以是非线性的。为了分析简单，我们采用线性供给函数进行分析。线性供给函数通常可以表示为

$$Q_s = -\delta + \gamma \cdot P \tag{2.4}$$

式中，δ、γ 为常数，且均大于 0。

结合式（2.4）以及图 2.3，能够发现供给曲线的特点：①它是向右上方倾斜的；②其斜率为正。

根据这些特点，能够得到供给定理：在一般的情况下，保持其他条件不变，一种商品的供给量和价格之间呈正方向变动的关系。当商品的价格上升时，其供给量将会增加；反之，当商品的价格下降时，其供给量将会减少。

2.4　均衡价格的决定及其变动

到现在为止，我们一直孤立地分析供给和需求。其中，需求曲线表示的是在不同的价格

水平下消费者愿意而且能够购买的商品数量。供给曲线表示的是在不同的价格水平下生产者愿意而且能够出售的商品数量。但是它们都没有说明商品本身的价格是如何决定的。本节将需求曲线和供给曲线结合起来分析商品的价格是如何决定的。

2.4.1 均衡的含义

在经济学中，均衡是一个被广泛运用的重要概念。均衡最一般的意义是指经济事物中的有关变量在一定条件相互作用下所达到的一种相对静止的状态。

在微观经济分析中，英国经济学家阿尔弗雷德·马歇尔和法国经济学家里昂·瓦尔拉斯是均衡概念较早的引入者和均衡分析方法的创立者。马歇尔运用均衡概念和均衡分析研究价格，建立了均衡价格论。他主要考察了单个市场上某一种商品的供给和需求，以及由供求所决定的商品的均衡价格和均衡数量，或单个市场的均衡的建立与破坏。这种分析称为局部均衡分析。瓦尔拉斯在研究价格时，考察了所有商品市场的供给和需求，注重各种商品市场之间、各种生产要素市场之间，以及各种商品市场和生产要素市场之间价格和数量的相互影响和相互联系，或所有各个市场的均衡的建立与破坏。这种分析方法称为一般均衡分析。

2.4.2 均衡价格的决定

经济学家认为，经济学所研究的经济均衡都是在一定条件下经济事物的变化最终趋于相对静止的均衡状态。在微观经济分析中，当某种商品的市场供给量和市场需求量相等时，称此时达到市场均衡。市场均衡时决定的价格，称为均衡价格。在均衡价格水平下相等的供求量被称为均衡数量。从几何意义上说，一种商品的市场均衡发生在该商品的市场需求曲线和市场供给曲线的交点上，该交点被称为均衡点。均衡点上的价格和相等的供求量分别称为均衡价格和均衡数量。市场上供求量相等的状态，也称为市场出清。

如果将图2.2中的需求曲线和图2.3中的供给曲线结合在一起形成图2.4，就能够说明某种商品的市场均衡价格的决定。

在图2.4中，假定D曲线为市场需求曲线，S曲线为市场供给曲线。两条曲线相交于E点，则E点为均衡点。在均衡点E点，均衡价格为P^*，均衡数量为Q^*。在均衡价格水平上，消费者愿意购买的数量正好等于生产者愿意出售的数量，均为Q^*单位。正是这一点使得消费者和生产者都感到满足并愿意维持下去，在这一点上达到了市场均衡。

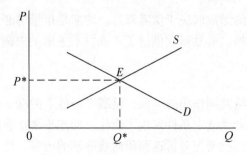

图2.4 某商品市场均衡价格决定

为什么说这一点就是均衡点，而且能够维持下去呢？或者说商品的均衡价格是如何形成的呢？

商品的均衡价格表现为商品市场上需求和供给这两种相反力量共同作用的结果,是在市场的供求力量自发调节下形成的。当市场价格偏离均衡价格时,市场上就会出现需求量和供给量不相等的状态。一般来说,在市场机制的作用下,这种供求不相等的非均衡状态会逐步消失,实际的市场价格会自动恢复到均衡价格水平,如图2.5所示。

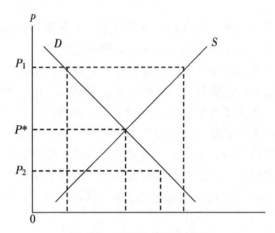

图 2.5　均衡价格形成过程

当市场价格高于均衡价格,即 $P_1 > P^*$ 时,在这一点上,生产者愿意出售的商品数量超过消费者愿意购买的数量,从而导致该商品的供给量大于需求量,这种情况称为生产过剩。生产过剩会导致两个方面的变动:一方面会使消费者压低价格来得到他所要购买的商品;另一方面,又会使供给者减少商品的供给量。这样,必将导致价格下跌。在此过程中,只要供求曲线不发生移动,价格就会一直下跌到 P^* 为止,从而使供求量相等,又恢复了均衡。

当市场价格低于均衡价格,即 $P_2 < P^*$ 时,在这一点上,由于价格较低,消费者愿意购买的数量远远大于生产者愿意出售的数量,从而导致该商品的需求量大于供给量,这种情况称为需求过剩。由于需求量大于供给量,也会产生两个方面的变动:一方面迫使消费者提高价格来得到他所要购买的商品量;另一方面,又会使供给者增加商品的供给量。这样,必然会使价格上升。在此过程中,只要供求曲线不发生移动,价格就会一直上升到 P^* 为止,从而使供求量相等,又恢复了均衡。

总之,市场均衡价格的形成取决于供需双方。均衡是市场的必然趋势,也是市场的正常状态。而脱离均衡点的价格,必然形成供过于求或供不应求的失衡状态。

2.4.3　均衡价格的变动

均衡价格是需求和供给共同作用的结果,是既定条件下的动态平衡。因此,需求曲线或供给曲线的位置移动,或者说既定条件发生了变化,动态平衡也会随之变化,均衡价格水平就要发生变动。因此,我们就要先分析这两条曲线移动的内容,然后再说明这两种移动对于均衡价格以及均衡数量的影响。

1. 需求的变动:需求曲线的移动

在了解需求曲线移动的过程中,有必要区分需求量变动和需求变动这两个概念。它们的主要区别是导致这两种变动的因素不同，而且在几何图形中的表示也不同。

（1）需求量的变动及其曲线的移动

需求量变动是指在其他条件（收入、相关商品价格、消费者偏好和消费者对于商品价格预期等）不变时，由某商品的价格变动所引起的该商品需求数量的变动。在几何图形中，需求量的变动表现为商品的价格－需求数量组合点沿着同一条既定的需求曲线的运动。在图2.2中，当商品的价格从3元涨到5元后，所导致的商品需求数量由600单位减少到400单位，商品的价格－需求数量组合由 C 点沿着既定的需求曲线 $Q_d = f(P)$，经过 D 点，运动到 E 点。需要注意的是，这种变动虽然是需求数量的变动，但仅仅是需求曲线上点位置的移动，而不是整条需求曲线的变动。

（2）需求的变动及其曲线的移动

需求的变动表示在某商品价格不变的条件下，由于其他因素的变动（收入变动、相关商品价格变动、消费者偏好变化和消费者对于商品价格预期变动等）所引起的该商品需求数量的变动。在几何图形中，需求的变动表现为需求曲线的位置向左或向右所发生的移动。对于需求的变动，可用图2.6来说明。

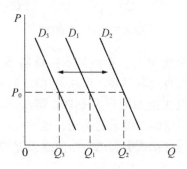

图2.6　需求的变动

在图2.6中，原有的需求曲线为 D_1。在商品本身价格不变的前提下，如果其他因素的变动使得需求增加，那么将引起需求曲线将向右平移，即从 D_1 曲线向右平移到 D_2 曲线的位置。如果其他因素的变化使需求减少，将引起需求曲线向左平移，即从 D_1 曲线向左平移到 D_3 曲线的位置。由需求变动所引起的这种需求曲线位置的移动，表示在每一个既定的价格水平需求数量都增加或都减少。显然，需求的变动所引起的是需求曲线位置的移动，表示整个需求状态发生改变。

2. 供给的变动：供给曲线的移动

与需求曲线一样，在了解供给曲线移动之前，有必要区分供给量变动和供给变动这两个概念。它们的主要区别是导致这两种变动的因素不同，而且在几何图形中的表示也不同。

（1）供给量的变动及其曲线的移动

供给量的变动是指在其他条件（生产成本、技术水平、相关商品价格、政府政策和生产者对商品价格预期等）不变时，由某商品的价格变动所引起的该商品的供给数量的变动。在几何图形中，表现为商品的价格－供给数量组合点沿着同一条既定供给曲线的运动。

前面图 2.3 表示了供给量的变动，随着价格的上升，供给数量逐步增加，A 点沿着同一条供给曲线逐步运动到 G 点。

（2）供给的变动及其曲线的移动

供给的变动是指在某商品本身价格不变的条件下，由于其他因素变动（生产成本的变动、生产技术水平的变动、相关商品价格的变动和生产者对商品价格预期的变动等）所引起的该商品供给数量的变动。在几何图形中，供给的变动表现为供给曲线的位置向左或向右所发生的移动。对于供给的变动，可用图 2.7 来说明。

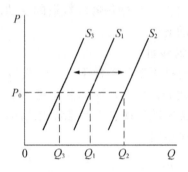

图 2.7 供给的变动

在图 2.7 中，原有的供给曲线为 S_1。在商品本身价格不变的前提下，如果其他因素的变动使得供给增加，则供给曲线将向右平移，即从 S_1 曲线向右平移到 S_2 曲线的位置；如果其他因素的变化使供给减少，则供给曲线向左平移，即从 S_1 曲线向左平移到 S_3 曲线的位置。由供给变动所引起的这种供给曲线位置的移动，表示在每一个既定的价格水平供给数量都增加或都减少。显然，供给的变动所引起的供给曲线位置的移动，表示整个供给状态发生改变。

3. 需求的变动和供给的变动对均衡价格和均衡数量的影响

关于供求的变动对均衡价格和均衡数量的影响，首先分析供给不变时，需求变动的影响；然后分析需求不变时供给变动的影响。

（1）供给不变时需求变动的影响

当供给不变时，需求增加，需求曲线向右平移，从而导致均衡价格和均衡数量都增加；需求减少会使需求曲线向左平移，从而使得均衡价格和均衡数量减少，如图 2.8 所示。

在图 2.8 中，原有的供给曲线 S 和最初的需求曲线 D_1 相交于 E_1，均衡价格和均衡数量分别为 P_1 和 Q_1。一种外界力量（如消费者收入增加）导致对商品的需求增加，需求增加使需求曲线向右平移到 D_2 曲线位置，D_2 曲线与 S 曲线相交于 E_2 点，对应的均衡价格和均衡数量均上升到 P_2 和 Q_2。相反，外界力量（如替代品价格降低）导致对商品的需求降低，从而使得需求曲线向左平移到 D_3 曲线位置，D_3 曲线与 S 曲线相交于 E_3 点，对应的均衡价格和均衡数量均下降到 P_3 和 Q_3。

（2）需求不变时供给变动的影响

在需求不变的情况下，供给增加会使供给曲线向右平移，从而使得均衡价格下降，均衡数量增加；供给减少会使供给曲线向左平移，从而使得均衡价格上升，均衡数量减少，如图 2.9 所示。

在图 2.9 中，原有的需求曲线 D 和最初的供给曲线 S_1 相交于 E_1，均衡价格和均衡数量分别为 P_1 和 Q_1。某外界力量（如生产成本降低）导致对商品的供给增加，供给增加使供给曲线向右平移到 S_2 曲线位置，S_2 曲线与 D 曲线相交于 E_2 点，对应的均衡价格下降到 P_2，而均衡数量上升到 Q_2。相反，外界力量（如互补品价格降低）导致对商品的供给降低，从而使得供给曲线向左平移到 S_3 曲线位置，S_3 曲线与 D 曲线相交于 E_3 点，对应的均衡价格上升到 P_3，而均衡数量下降到 Q_3。

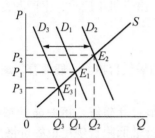 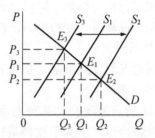

图 2.8　供给不变时需求变动的影响　　　　图 2.9　需求不变时供给变动的影响

综上所述，可以得到供求定理：在其他条件不变的情况下，需求变动分别引起均衡价格和均衡数量的同方向变动；供给变动分别引起均衡价格的反方向变动和均衡数量的同方向变动。市场竞争导致市场上实际价格趋向于供求相等的均衡价格。

2.5　均衡价格理论的应用

在前面，我们已经明白供给和需求如何决定一种商品的价格和销售量，也知道了供给、需求的移动如何改变均衡价格和均衡数量。本节将要研究利用上述理论去解决实际问题的政策。众所周知，政府会根据不同的经济形势采取不同的经济政策，在此主要利用供求工具去分析各种类型的政府政策。这些政策比较典型的有价格管制和对农产品的价格支持。

在价格管制方面，政府政策主要有最高限价和最低限价。

（1）最高限价

最高限价又称限制价格，是政府所规定的某种产品的最高价格。一般而言，最高限价总是低于市场均衡价格。

图 2.10 所示为政府对某种商品实行最高限价的情形。开始时，该商品的均衡价格为 P^*，均衡数量为 Q^*。政府为了限制这种产品价格的上涨采取价格上限，规定该产品的市

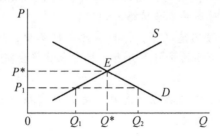

图 2.10　政府价格上限对市场的影响

场最高价格为 P_1。从图中可以看到，由于 $P_1 < P^*$，并且在最高限价 P_1 的水平上，市场的需求量 Q_2 大于市场供给量 Q_1，市场上出现供不应求的情形。

一般而言，限制价格是政府为了抑制某些产品的价格上涨，特别是为了对付通货膨胀。有时也为了限制某些行业，特别是某些垄断性较强的公用事业的价格，政府会采取限制价格。但是限制价格往往会导致商品供不应求，从而形成市场上消费者排队抢购或黑市交易。在这样的情况下，政府不得不采取配给制分配产品，我国曾经盛行的粮票、布票等票证制度就是政府限制价格的结果。同时，在限制价格的情况下，由于供不应求，生产者也可能粗制滥造，降低产品质量，变相提高价格。

（2）最低限价

最低限价又称支持价格，是政府所规定的某种产品的最低价格。一般而言，最低限价总是高于市场均衡价格。

图2.11所示为政府对某种商品实行最低限价的情形。开始时，该商品的均衡价格为 P^*，均衡数量为 Q^*。为了支持某行业的发展，政府实行最低限价规定市场价格为 P_0。从图中可以看到，价格下限 P_0 大于均衡价格 P^*，并且在价格下限 P_0 水平上，市场供给量 Q_2 大于市场需求量 Q_1，市场上出现产品过剩的情形。

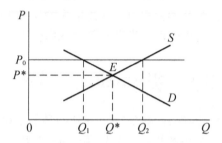

图2.11　价格下限对市场的影响

政府实行最低限价的目的通常是扶持某行业的发展。农产品的支持价格就是西方国家普遍采取的政策。在实行这一政策时，政府通常会收购市场上过剩的农产品。

本 章 小 结

（1）需求：一种商品的需求是指在一定时期内，消费者在各种可能的价格水平下愿意并且能够购买的该种商品的数量。

（2）影响商品需求数量的因素有：商品本身的价格、消费者的收入水平、相关商品的价格、消费者偏好、消费者对商品未来价格的预期。

（3）需求定理：是在一般的情况下，保持其他条件不变，一种商品的需求量和价格之间呈反方向变动的关系。当商品的价格上升时，其需求量将会减少；反之，当商品的价格下降时，其需求量将会增加。

（4）供给：一种商品的供给是指生产者在一定时期内在各种可能的价格水平下愿意而且能够提供出售的该种商品的数量。

（5）影响一种商品供给的因素主要有：商品本身的价格、生产成本、技术进步、相关商品的价格、政府政策和生产者对未来的预期。

（6）供给规律：在一般的情况下，保持其他条件不变，一种商品的供给量和价格之间呈正向变动的关系。当商品的价格上升时，其供给量将会增加；反之，当商品的价格下降时，其供给量也会减少。

（7）均衡价格：商品的市场需求量和市场供给量相等时的价格称为均衡价格。

（8）均衡数量：在均衡价格水平下相等的供求量称为均衡数量。

（9）需求变动对均衡价格和均衡数量的影响：当供给不变时，需求增加，会使需求曲线向右平移，从而导致均衡价格和均衡数量都增加；需求减少，会使需求曲线向左平移，从而导致均衡价格和均衡数量都减少。

（10）供给变动对均衡价格和均衡数量的影响：在需求不变的情况下，供给增加会使供给曲线向右平移，从而使均衡价格下降，均衡数量增加；供给减少会使供给曲线向左平移，从而使均衡价格上升，均衡数量都减少。

（11）最高限价又称限制价格，是指政府所规定的某种产品的最高价格。一般而言，最高限价总是低于市场的均衡价格。

（12）最低限价又称支持价格，是指政府所规定的某种产品的最低价格。一般而言，最低限价都高于市场均衡价格。

加油站前的长队

近些年来，国际市场油价整体高位震荡上行。2003 年，国际油价平均为 28.4 美元/桶，2006 年 1 月至 9 月，平均为 66 美元/桶。受国际市场影响，自 2003 年年初至 2006 年 5 月份，我国汽油价格从 3 020 元/吨涨至 5 200 元/吨。虽然 2007 年有所下调，但是 2008 年，国际石油价格又一次上涨。综合考虑国际市场油价上涨和社会各方面承受能力，2008 年 6 月 2 日，我国又一次提高了石油价格。这次汽油、柴油价格每吨提高 1 000 元，航空煤油价格每吨提高 1 500 元，液化气、天然气价格不调整。汽油和柴油在全国平均零售基准价分别由每吨 5 980 元和 5 520 元调整为 6 980 元和 6 520 元，上浮 8% 后的全国平均零售价分别为每吨 7 540 元和 7 040 元，折合每升约分别提高 0.8 和 0.92 元。航空煤油出厂价格由每吨 5 950 元调整为 7 450 元。较高的石油价格减少了汽油的供给。加油站前的长队已经司空见惯，而且司机常常不得不为了加几升汽油而等待几个小时。是什么导致人们排队加油呢？

分析：大多数人将问题归咎于国际油价的上涨。他们认为如果国际油价不提高，汽油的短缺就不会出现。但是经济学家更愿意把它归咎于限制石油公司汽油销售价格的政府管制。

图 2.12 描述了上述所出现的情况。在图 2.12（a）中，在国际石油价格没有提高之前，汽油的均衡价格为 P^*，低于价格上限。因此，价格管制没有影响。但是当原油价格上升后，情况就不同了。原油价格上升增加了生产汽油的成本，减少了汽油的供给。在图 2.12（b）中，供给曲线从 S_1 向右移动到 S_2。如果没有价格管制，供给移动将使汽油的均衡价格从 P^* 上升到 P_1，而且不会引起短缺。相反，价格上限使价格不能上升到均衡水平。在价格上限时，生产者愿意出售 Q_S，而消费者愿意购买 Q_D。因此，供给移动引起了受管制价格水平下的严重短缺。从而必然会导致加油站前排长队的现象。

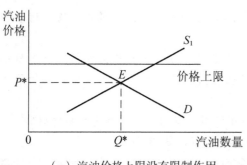
（a）汽油价格上限没有限制作用

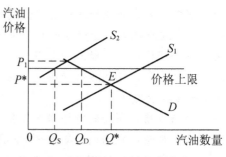
（b）汽油价格上限有限制作用

图 2.12　有价格上限的汽油市场

资料来源：http：//www.doc88.com/p-3177135524713.html.

习　题

一、名词解释

需求　　　需求函数　　　供给　　　供给函数　　　需求量变动

需求变动　　供给量变动　　供给变动　　支持价格　　限制价格

二、单项选择

1. 在得出某种商品的个人需求曲线时，下列因素中除哪一种外均保持常数？（　　）。

　　A. 个人收入　　　　　　　　　　B. 其余商品价格

　　C. 个人偏好　　　　　　　　　　D. 所考虑商品的价格

2. 保持所有其他因素不变，某种商品的价格下降将导致（　　）。

　　A. 需求增加　　　　　　　　　　B. 需求减少

　　C. 需求量增加　　　　　　　　　D. 需求量减少

3. 消费者预期某种商品的价格将要上升，那么对该商品当前需求会（　　）。

　　A. 减少　　　　　　　　　　　　B. 增加

　　C. 不变　　　　　　　　　　　　D. 上述 3 种情况都可能

4. 一种商品价格下降对其互补品最直接的影响是（　　）。

　　A. 互补品的需求曲线向右移动　　B. 互补品的需求曲线向左移动

　　C. 互补品的供给曲线向右移动　　D. 互补品的价格上升

5. 如果某种商品供给曲线的斜率为正，在保持其他因素不变的条件下，该商品价格的上升，会导致（　　）。

　　A. 供给增加　　　　　　　　　　B. 供给量增加

　　C. 供给减少　　　　　　　　　　D. 供给量减少

6. 生产者预期某商品未来价格要下降，那么对该商品当前的供给会（　　）。

　　A. 增加　　　　　　　　　　　　B. 减少

　　C. 不变　　　　　　　　　　　　D. 上述 3 种情况都可能

7. 建筑工人工资提高将使（　　）。

　　A. 新房子供给曲线左移并使房子价格上升

B. 新房子供给曲线右移并使房子价格下降
C. 新房子需求曲线左移并使房子价格下降
D. 新房子需求曲线右移并使房子价格上升

三、计算题

1. 已知某商品的需求函数为 $Q_d = 20 - 2P$，供给函数为 $Q_s = -20 + 3P$。

(1) 计算出均衡价格和均衡数量，并绘制几何图形。

(2) 假定供给函数不变，由于消费者收入水平提高，使得需求函数变为 $Q_d = 28 - 5P$，计算出相应的均衡价格和均衡数量，并绘制几何图形。

(3) 假定需求函数不变，由于生产技术水平提高，使得供给函数变为 $Q_s = -12 + 3P$，计算出相应的均衡价格和均衡数量，并绘制几何图形。

(4) 根据以上问题，说明需求变动和供给变动对均衡价格和均衡数量的影响。

2. 假设篮球赛门票的价格是由市场力量决定的。篮球赛门票的需求量与供给量如表2-3所示。

表2-3 篮球赛门票的需求量与供给量

价格/元	需求量/张	供给量/张
4	10 000	8 000
8	8 000	8 000
12	6 000	8 000
16	4 000	8 000
20	2 000	8 000

(1) 绘制需求曲线和供给曲线。这条供给曲线有什么不寻常之处？

(2) 篮球赛门票的均衡价格和均衡数量是多少？

3. 指出发生下列几种情况时某种蘑菇的需求曲线的移动方向，是左移、右移，还是不变？为什么？

(1) 卫生组织发布一份报告，称这种蘑菇会致癌。

(2) 另一种蘑菇的价格上升了。

(3) 消费者的收入增加了。

(4) 培育蘑菇的工人工资增加了。

4. 下列事件对 x 产品的市场供给有何影响？

(1) 生产该产品的技术有重大革新。

(2) 在该产品行业内，企业数目减少了。

(3) 生产该产品的人工成本和原材料价格上涨了。

(4) 预计该产品的价格会下降。

四、分析讨论题

1. 通过本章的学习，结合近年来的实际情况，你认为我国房地产价格为什么会迅速上涨？

2. 什么因素决定了消费者对一种商品的需求量？

3. 决定生产者对某种商品的供给量的因素有哪些？
4. 列举一些能够使需求曲线向右移动的因素。
5. 列举一些导致供给曲线向左移动的因素。
6. 需求和需求量的变动以及供给和供给量的变动有什么区别？
7. 举例说明市场均衡价格是如何形成的？

【第 2 章　在线答题】

第3章

弹 性 理 论

教学目标

通过本章的学习,读者能够了解需求弹性和供给弹性的含义,了解决定需求弹性的因素有哪些,在各种不同的市场上运用弹性工具解决经济问题。

教学要求

能够计算需求价格弹性;掌握需求价格弹性对总收益的影响。

思维导图

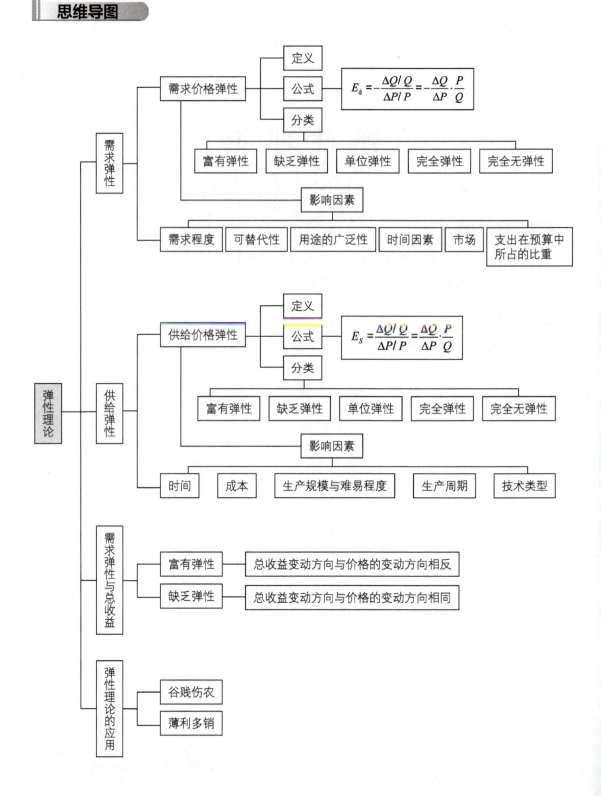

关于弹性理论的提出，可以追溯到19世纪初期。1838年，法国经济学家古诺就初步阐述了弹性理论的思想，但他的思想直到1871年后才被人们发现和重视。在此之前，马克思在1857—1865年的一系列著作中，已开始从定性分析的角度探讨了弹性理论。1890年，英国经济学家马歇尔首先提出度量弹性的定量公式并系统而完整地论述了微观弹性理论，1936年，英国经济学家约翰·梅纳德·凯恩斯提出了宏观弹性理论。20世纪70年代后，供给学派和理性预期学派更进一步地丰富和发展了弹性理论，从而使弹性理论更加完善。

3.1 弹性的一般定义

弹性原是物理学的概念，是指某一物体受外力作用而做出的反应程度。把"弹性"这一物理学的概念引入经济学中，是用来说明某经济变量对另一经济变量变化的反应程度的。如果从数学的角度看，作为一般概念的弹性是表示在一个函数中因变量对自变量变化的反应程度。度量弹性大小的弹性系数就是因变量的变化率与自变量的变化率之比。

$$弹性系数 = \frac{因变量的变化率}{自变量的变化率} \tag{3.1}$$

弹性系数是这样一个数字，它告诉我们，当一个经济变量发生1%的变动时，由它引起的另一个经济变量变动的百分比。例如，它可以表示当一种商品的价格上升1%时，相应的需求量和供给量变化的百分比具体是多少。

一般来说，只要两个经济变量之间存在函数关系，就可用弹性来表示因变量对自变量变化的反应程度。

设两个经济变量之间的函数关系为 $Y=f(X)$，则弹性的一般公式为

$$E = \frac{\Delta Y/Y}{\Delta X/X} = \frac{\Delta Y}{\Delta X} \cdot \frac{X}{Y} \tag{3.2}$$

式中，E 为弹性系数；ΔY、ΔX 分别为因变量 Y、自变量 X 的改变量。

该式表示，当自变量 X 变化百分之一时，因变量 Y 变化百分之几。

3.2 需求弹性

3.2.1 需求价格弹性的含义

需求价格弹性也称需求弹性，是指在一定时期内一种商品价格变动所引起的需求量变动的比率，即需求量变动对价格变动的反应程度，或者说价格变动百分之一会使需求量变动百分之几。一般用弹性系数来表示弹性的大小。

用 E_d 表示需求的价格弹性系数。对大多数商品而言，由于需求量与价格变动的方向相反，因此，用式（3.2）计算出的需求价格弹性系数是负值。为了便于比较，在需求价格弹性公式中加了一个负号，即

$$E_d = -\frac{\Delta Q/Q}{\Delta P/P} = -\frac{\Delta Q}{\Delta P} \cdot \frac{P}{Q} \tag{3.3}$$

式中，$\Delta Q/Q$ 表示需求量变动的比率；$\Delta P/P$ 表示价格变动的比率。

例如，某商品的价格从 5 元降到 4 元时，需求量从 400 个单位增加到 800 个单位。则

$$E_d = -\frac{800-400}{4-5} \times \frac{5}{400} = 5$$

反之，如果价格从 4 元涨到 5 元时，需求量就从 800 个单位减少到 400 个单位，则

$$E_d = -\frac{400-800}{5-4} \times \frac{4}{800} = 2$$

可见，一种商品的降价和涨价其弹性系数值是不同的。其原因在于，尽管在上面两个计算中，ΔQ 和 ΔP 的绝对值相等，但由于 Q 和 P 所取的基数值不相同，所以计算结果便不相同。这样一来，涨价和降价所产生的需求价格弹性系数值就不相等。

3.2.2 需求价格弹性的分类

各种商品的需求价格弹性有可能是不同的，根据其弹性系数值的大小，可以把需求的价格弹性分为以下 5 类。

（1）需求富有弹性，即 $|E_d| > 1$

在这种情况下，需求量变动的比率大于价格变动的比率。这时的需求曲线是一条比较平坦的线。现实生活中，奢侈品和享受性劳务多属此类商品，如珠宝、首饰、化妆品，本属可有可无、锦上添花之物。如果降价，需求量不仅会增加，而且会增加很多；如果涨价，需求量不仅会减少，而且会减少很多，如图 3.1（a）所示。

（2）需求缺乏弹性，即 $|E_d| < 1$

在这种情况下，需求量变动的比率小于价格变动的比率。这时的需求曲线是一条比较陡峭的线。现实生活中，柴、米、油、盐等生活必需品多属此类商品。涨价可能导致需求量减少，但不会减少很多；降价可能导致需求量增加，但不会增加很多，如图 3.1（b）所示。

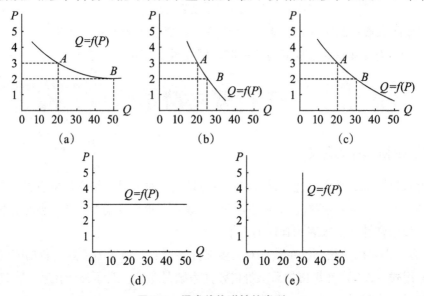

图 3.1　需求价格弹性的类型

(3) 单位弹性，即 $|E_d|=1$

在这种情况下，需求量变动的比率与价格变动的比率相等。这时的需求曲线是一条正双曲线，如图 3.1（c）所示。

(4) 完全弹性，即 $E_d = \infty$

在这种情况下，当价格为既定时，需求量是无限的，如图 3.1（d）所示。

(5) 完全无弹性，即 $E_d = 0$

在这种情况下，无论价格如何变动，需求量都不会变化，如图 3.1（e）所示。

上面 5 种情况中，第一种和第二种比较常见，后面的 3 种情况都是需求弹性的特例，在现实生活中很少见到。

3.2.3 影响需求价格弹性系数的因素

现实市场上各种商品的需求价格弹性大小不等，为什么会这样呢？这是因为有许多因素影响着需求价格弹性的大小，概括起来主要有以下几种因素。

1. 消费者对某种商品的需求程度

这是指商品是生活必需品，还是奢侈品。一般而言，消费者对生活必需品的需求强度大而且稳定，所以生活必需品的需求弹性小，而且，越是生活必需品，其需求弹性就越小。例如，粮食、食盐、日用小商品、蔬菜等生活必需品的需求弹性是较小的，属于需求缺乏弹性的商品。消费者不可能因其价格提高就不买或少买；同样，消费者也不会因为这些商品的价格大幅度降低而增加其购买量。相反，消费者对高档消费品、耐用消费品和奢侈品等的需求强度小而且不稳定，所以像住宅、金银首饰、高档化妆品、钢琴、外出旅游、电影票、音乐会、球赛门票等消费品的需求弹性比较大。根据美国经济学家在 20 世纪 70 年代的估算，在美国，肉的需求价格弹性系数为 0.20，咖啡的需求价格弹性系数为 4。

2. 商品的可替代性和替代程度

一般来说，一种商品的可替代品数量越多，或与其替代品的相近程度越高，则该商品的需求价格弹性就越大；反之，需求价格弹性就越小。例如，城市的出租车有比较高的价格弹性，因为当出租车费上涨时，乘客可能会更多地乘坐公共汽车、地铁，甚至骑自行车。再如，食盐，因为没有很好的替代品，所以其价格变化所引起的需求量的变化几乎等于零，其需求的价格弹性是极小的。

3. 商品用途的广泛性

一般来说，一种商品的用途越多，其需求弹性就越大；用途越少，其需求弹性就越小。这是因为，如果一种商品具有多种用途，当它的价格较高时，消费者只购买较少的数量用于最重要的用途上。当它的价格逐步下降时，消费者的购买量就会逐渐增加，将商品更多地用于其他各种用途上。例如，原油可以制成多种化工用品，当市场上原油价格上升时，以其为原料的各种化工品的价格也会提高，市场开始减少这些化工品的需求，从而从多个渠道影响对原油的需求，使对原油的需求有较大幅度的减少。

4. 时间因素

人们的消费在短期和长期的调整情况不同，商品的需求价格弹性也会不同。在短期内，当一种商品的价格发生变化时，消费者可能由于没有充足的时间去寻找该商品的替代品或者无法短期内改变某些消费习惯等，因而不能很快调整对该商品的购买。因此，该商品的价格变动不会引起其需求量的大幅度变动，其需求的价格弹性就会比较小。反之，在长期内，消费者有足够的时间对其消费进行调整，当某种商品价格变动时，消费者的需求量随之会有较大幅度的变化，其需求的价格弹性就会比较大。20世纪70年代石油价格的急剧上涨就是一个很好的例子。汽油的短期价格弹性为0.2，而长期价格弹性为0.7甚至更大；燃油的短期价格弹性为0.2，而长期价格弹性为1.2。

5. 市场的定义

一般来说，定义的市场越狭窄，相近的替代品可能越多，而且，需求更加富有价格弹性。例如，啤酒与百威啤酒相比较，百威啤酒的需求更富有弹性，因为它的市场定义比啤酒更狭窄，从而百威啤酒比啤酒更敏感，弹性更大。再如，某种特定商标的豆沙甜馅面包的需求要比一般的甜馅面包的需求更有弹性，甜馅面包的需求又比一般的面包需求更有弹性。

6. 商品的消费支出在消费者预算总支出中所占的比重

一种商品的价格弹性与其价格相对于消费者收入的高低有密切关系。一般来说，在消费者预算总支出中所占比重较小的商品，其价格变动对消费者总支出的影响较小，因而需求弹性就小，如食盐、钢笔、牙刷、肥皂等，只占消费者预算总支出中较小的部分。反之，在消费者预算总支出中所占比重较大的商品，其价格变动对消费者总支出的影响就大，因而需求弹性就大，如汽车在家庭支出中的比例较大，其需求弹性也较大。

另外，人们的消费习惯、商品的使用范围、商品质量、售后服务等因素也都会不同程度地影响需求价格弹性系数的大小。

在以上6种影响需求弹性的因素中，最重要的是需求程度、替代程度和在消费者预算总支出中所占的比重。一种商品的需求价格弹性的大小是各种因素综合作用的结果。

3.2.4 需求收入弹性

需求量的变动不仅取决于价格，还取决于收入。需求收入弹性又称收入弹性，是指在一定时期内，一种商品的需求量对消费者收入变动的反应程度，或者说，消费者收入变动百分之一会使需求量变动百分之几。其计算公式为

$$需求收入弹性系数 = \frac{需求量变动百分比}{收入变动百分比} \tag{3.4}$$

在价格不变的情况下，需求量是收入的函数，即 $Q=f(I)$，I 表示收入。以 E_I 代表需求的收入弹性系数，则计算收入弹性系数的公式为

$$E_I = \frac{\Delta Q/Q}{\Delta I/I} = \frac{\Delta Q}{\Delta I} \cdot \frac{I}{Q} \tag{3.5}$$

式中，$\Delta Q/Q$ 表示需求量变动的比率；$\Delta I/I$ 表示收入变动的比率。

一般而言，需求量与收入同方向变动，所以，需求收入弹性系数一般为正值。

根据需求收入弹性系数值的大小，可以对商品进行以下分类。

如果某种商品的需求收入弹性系数是正值，即 $E_I > 0$，则该商品为正常品。所谓正常

品，是指其需求量随消费者收入水平的提高而增加，随消费者收入水平的降低而减少的一类商品，即正常品的需求量与消费者的收入水平呈同方向变动。大多数商品都属于正常品。

在正常商品中，如果 $E_I>1$，则该商品属于奢侈品；如果 $E_I<1$，则该商品属于必需品。

如果某种商品的需求收入弹性系数是负值，即 $E_I<0$，则该商品为劣等品（或称低档品）。所谓劣等品，是指其需求量随消费者收入水平的提高而减少，随消费者收入水平的减少而增加，即劣等品的需求量与消费者的收入水平呈反方向变动。

19 世纪，德国统计学家 N. 恩格尔长期从事家庭消费研究，他发现了这样一条规律：随着家庭收入的增加，食物支出在全部支出中所占的比例会越来越小。这就是著名的恩格尔定律。

食物支出与总支出的比值称为恩格尔系数，计算公式为

$$\text{恩格尔系数} = \frac{\text{食物支出}}{\text{总支出}} \tag{3.6}$$

恩格尔系数可用来反映一国社会经济发展和人民生活水平的状况。恩格尔系数也是国家之间、地区之间进行比较研究的一个重要指标。一般来说，恩格尔系数越高，富裕程度和生活水平越低；恩格尔系数越低，富裕程度和生活水平越高。

经济学家根据长期统计资料分析得出，生活必需品的收入弹性小，而奢侈品和耐用品的收入弹性大。这可以用来解释恩格尔定律。当消费者收入增加时，食物的支出也在增加，但由于食物需求是缺乏弹性的，因此食物支出增加的幅度小于总支出增加的幅度，从而食物支出与总支出之比即恩格尔系数会随着收入增加而下降。

改革开放以来，随着我国经济的迅猛发展，人们的生活水平不断提高，恩格尔系数是不断降低的。

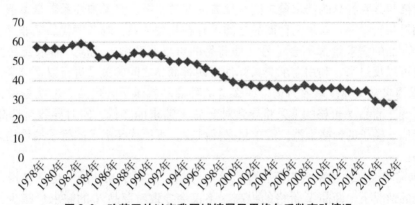

图 3.2　改革开放以来我国城镇居民恩格尔系数变动情况

根据联合国粮农组织提出的标准，恩格尔系数在 59% 以上为贫困，50%～59% 为温饱，40%～50% 为小康，30%～40% 为富裕，低于 30% 为最富裕。从图 3.2 可以看出，我国城镇居民恩格尔系数变化大体上可以划分为以下几个阶段。

第一阶段是温饱阶段（1978—1995 年）。这一阶段，我国城镇居民恩格尔系数从 1978 年的 57.5% 降低到 1995 年的 50.1%，城镇居民生活处于温饱阶段。

第二阶段是小康阶段（1996—1999 年）。这一阶段，我国城镇居民恩格尔系数从 1996

年的 48.4% 降低到 1999 年的 42.1%，城镇居民生活水平极大提高，达到了小康阶段。

第三阶段（2000—2015 年）是富裕阶段。这一阶段，我国城镇居民恩格尔系数从 2000 年的 39.4% 降低到 2015 年的 34.8%，城镇居民生活水平极大提高，达到了富裕阶段。

第四阶段（2016—2018 年）恩格尔系数降低到 30% 以下，达到了最富裕阶段。

恩格尔系数的不断降低说明我国经济迅猛发展给人民的生活水平带来了极大的变化，城镇居民的生活水平已经达到了富裕的程度，人民在满足了基本的食物支出外，向更高层次的需求迈进。

3.2.5　需求交叉价格弹性

商品需求量的变动不仅取决于其价格和收入水平，也受相关商品价格的影响。需求交叉价格弹性是指在一定时期内，一种商品的需求量变动对其相关商品的价格变动的反应程度。也就是说，如果另一种相关商品的价格变动百分之一，这种商品的需求量将变动百分之几。其计算公式为

$$需求交叉价格弹性 = \frac{商品1需求量变动百分比}{商品2价格变动百分比} \tag{3.7}$$

假定商品 X 的需求量 Q_X 是其相关商品 Y 的价格 P_Y 的函数，即 $Q_X = f(P_Y)$，以 E_{XY} 代表商品 X 对商品 Y 的需求交叉价格弹性系数，则计算公式为

$$E_{XY} = \frac{\Delta Q_X / Q_X}{\Delta P_Y / P_Y} = \frac{\Delta Q_X}{\Delta P_Y} \cdot \frac{P_Y}{Q_X} = \frac{\mathrm{d} Q_X}{\mathrm{d} P_Y} \cdot \frac{P_Y}{Q_X} \tag{3.8}$$

需求交叉弹性系数可以是正值，也可以是负值，它取决于所考察的两种商品的关系。如果两种商品是互为替代品，则一种商品的价格与其替代品的需求量之间呈同方向变动，需求交叉弹性系数是正值，如茶叶与咖啡、公共汽车与出租车等。如果两种商品是互补品，则一种商品的价格与其互补品的需求量之间呈反方向变动，需求交叉弹性系数是负值，如汽车与汽油、照相机与胶卷等。如果两种商品之间不存在相关关系，既非替代品又非互补品，则其中任何一种商品的需求量都不会对另一种商品的价格变动做出反应，需求交叉弹性系数为零。当然也可以反过来，利用需求交叉弹性对两种商品之间的关系进行以下分类。

① 如果需求交叉弹性系数为正，那么这两种商品就属于替代品。也就是说，如果其他因素保持不变，商品 Y 价格的上升将导致对商品 Y 需求的降低，同时导致对商品 X 需求量的增加。例如，橘子的价格上涨，需求量必然减少，可以代替橘子的橙子的价格未变，需求量势必增加。

② 如果需求交叉弹性系数为负，那么这两种商品就属于互补品。也就是说，在其他因素保持不变的情况下，商品 Y 价格的提高，不仅会导致对商品 Y 的需求量减少，也会导致对商品 X 需求量的减少。例如，汽车的价格上涨，消费者减少汽车的需求量，汽车必需的汽油价格虽然未变，但其需求量也势必减少。

③ 如果需求交叉弹性系数为零，那么这两种商品就属于独立品。

总之，需求交叉弹性的系数可以明确地表明两种商品之间的关系，它的取值可以说明这种关系的强弱程度。

3.3 供给弹性

供给理论论述了决定和影响供给的多种因素,其中任何一种因素的变化都会影响到供给量,那么这些因素对供给的影响程度怎样,就需要运用供给弹性来分析和考察。供给弹性一般包括供给价格弹性、供给交叉价格弹性以及供给预期价格弹性等。供给价格弹性是最基本、最重要的一种类型,通常讲的供给弹性就是指供给的价格弹性。本节只介绍这一种。

3.3.1 供给弹性的含义

供给价格弹性简称供给弹性,是指在一定时期内一种商品供给量的变动对于该商品的价格变动的反应程度,其公式为

$$供给价格弹性系数 = \frac{供给量变动百分比}{价格变动百分比} \tag{3.9}$$

3.3.2 供给弹性的计算

设供给函数为 $Q_s = f(P)$,以 E_s 代表供给价格弹性系数,则有

$$E_s = \frac{\Delta Q/Q}{\Delta P/P} = \frac{\Delta Q}{\Delta P} \cdot \frac{P}{Q} \tag{3.10}$$

在通常的情况下,商品的供给量和商品的价格是呈同方向变动的,故 E_s 为正值。

3.3.3 供给弹性的分类

与需求价格弹性类似,供给价格弹性也可以根据其弹性系数的大小分为5类。

(1) 供给富有弹性,即 $E_s > 1$

在这种情况下,供给量变动的百分比大于价格变动的百分比。这时的供给曲线是一条向右上方倾斜,且较为平坦的线,如图3.3(a)所示。

(2) 供给缺乏弹性,即 $E_s < 1$

在这种情况下,供给量变动的百分比小于价格变动的百分比。这时的供给曲线是一条向右上方倾斜,且较为陡峭的线,如图3.3(b)所示。

(3) 单位弹性,即 $E_s = 1$

在这种情况下,价格变动的百分比与供给量变动的百分比相同。这时的供给曲线是一条过原点向右上方倾斜的直线,如图3.3(c)所示。

(4) 完全弹性,即 $E_s = \infty$

在这种情况下,价格既定而供给量无限。这时的供给曲线是一条与横轴平行的直线,如图3.3(d)所示。

(5) 完全无弹性,即 $E_s = 0$

在这种情况下,无论价格如何变动,供给量都不变。这时的供给量是固定不变的,如土地、文物等的供给。这时的供给曲线是一条与横轴垂直的直线,如图3.3(e)所示。

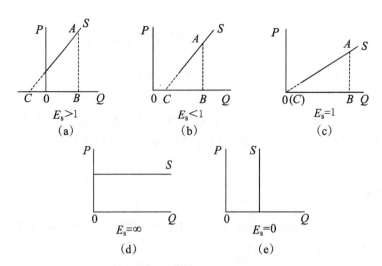

图 3.3 供给弹性的类型

3.3.4 影响供给价格弹性系数的因素

现实经济活动中影响供给价格弹性的因素比需求还要复杂,主要有以下几点。

(1) 供给时间的长短

时间因素是影响供给弹性的重要因素之一。当商品价格发生变化时,厂商对产量的调整需要一定的时间。在很短时间内,厂商如果根据商品价格的上涨及时增加产量,或者根据商品价格的下跌及时地缩减产量,都存在不同程度的困难,相应地,供给弹性是比较小的。但是在长期内生产规模的扩大与缩小,甚至转产,都是可以实现的,供给量可以对价格变动做出较充分的反应,供给价格弹性也就比较大了。

(2) 生产成本的变化

如果产量的增加只引起边际成本较小的提高,厂商的利润所受的影响较小,就意味着厂商的供给曲线比较平坦,供给价格弹性就可能比较大。相反,如果产量的增加引起边际成本较大的提高,厂商的利润所受的影响较大,则意味着厂商的供给曲线比较陡峭,供给价格弹性就可能比较小。

(3) 生产规模与生产的难易程度

一般来说,生产规模越大,产品越复杂或产品生产越困难时,产品的供给弹性较小;而生产规模较小、产品比较容易生产的情况下,其价格变动时,产量可以较快地变动,因而供给弹性较大。

(4) 商品的生产周期

在一定时期内,对于生产周期较短的产品,厂商可以根据市场价格的变化及时地调整产量,供给价格弹性相应就比较大;相反,对于生产周期较长的产品,厂商难以随价格变化及时调整产量,供给价格弹性往往比较小。

(5) 生产所采用的技术类型

生产技术类型主要分为资本密集型和劳动密集型两类。前者的供给弹性小,后者的供给弹性大。有些产品采用资本密集型技术,这些产品的生产规模一旦固定,由于受生产设备、技术水平的制约,变动较难,从而其供给弹性比较小;而有些产品采用劳动密集型技术,这些产品的生产规模主要受劳动力投入的限制,变动比较容易,从而导致供给弹性比较大。

除此之外,企业的生产能力及企业对未来的预期等因素,都会影响产品的供给弹性。

3.4 弹性理论的应用

经济理论和实践的发展,使人们把物理学中的弹性概念引入经济研究中,这又推动了经济理论与经济实践的紧密结合,使弹性理论不断充实与发展,并且在社会经济实践中得到了广泛的应用。弹性理论在分析许多实际问题时是非常有用的工具,本节介绍几个典型事例。

3.4.1 需求弹性与总收益

在产品的市场竞争中,企业在推行其定价策略时常常被以下问题所困惑:为什么有时企业提高产品价格反而导致其总收益下降?为什么有时在与对手竞争中主动降价,尽管薄利却并未多销?对于这些问题,人们易于在弹性理论中寻找答案。

总收益也称销售收入,是指厂商出售一定量商品所得到的全部收入,也就是销售量与价格的乘积。如果以 TR 代表总收益,Q 代表销售量(需求量),P 为价格,则有

$$TR = P \cdot Q$$

不同需求弹性的商品应制定不同的价格策略。

当 $|E_d|>1$,即商品的需求富有弹性。总收益的变动方向与价格的变动方向相反。也就是说,当价格上涨时,总收益在减少;反之,当价格下降时,总收益在增加。因此,为了增加总收益,此时应该采取降价策略。

当 $|E_d|<1$,即商品的需求缺乏弹性。总收益的变动方向与价格的变动方向相同。也就是说,当价格上涨时,总收益会增加;反之,当价格下降时,总收益会减少。因此,为了增加总收益,此时的价格策略是涨价。

根据弹性理论做出的价格决策,有许多成功的案例。例如,在20世纪30年代,美国州际贸易委员会要求东部铁路降低票价,铁路当局认为降低票价会减少收入使其利益受损,拒不采纳和执行。州际贸易委员会认为,铁路客运需求弹性接近于2,是富有弹性的。最后,东部铁路当局勉强同意降价,结果收益反而增加了。

需要注意的是,总收益中包括成本与利润。因此,总收益增加并不等于总利润增加,在根据价格弹性来调整价格时能否使利润增加,还要考虑成本的情况。

3.4.2 谷贱伤农与薄利多销

在实际生活中经常有这样的问题,商品 A 的价格由 10 元/件涨到 11 元/件,商品 B 的价格由 1 000 元/件涨到 1 001 元/件,两种商品价格的绝对改变量是相同的,但其实质意义不同。很显然,商品 A 的涨幅要比商品 B 的涨幅大得多。因此,在经济活动中,我们不仅要分析一些经济量的绝对改变量,而且需要考虑一些经济量的相对改变量。如果两个经济变量之间存在一定的函数关系,则还需要考虑一个经济量的变化对另一个经济量的影响程度。这里就涉及弹性的问题了。下面来看我国古代的两个事例。

司马迁在《史记·平准书》上这样写道:"魏用李悝,尽地力,为强君。自是之后,天下争于战国。"也就是说,李悝劝教农民提高土地亩产粮食的能力,特别重视农业劳动力的作用,颁布了"平籴法",魏国因此成为当时最强盛的国家。对此,《汉书·食货志上》对李悝的观点作了解读:"籴甚贵,伤民;甚贱,伤农。民伤则离散,农伤则国贫。故甚贵与甚贱,其伤一也。善为国者,使民不伤而农益劝。"李悝认为,粮价太贱,农民入不敷出,生活困难,国家就要贫困;粮价太贵,城市居民负担不起,生活困难,就要流徙他乡。因此粮价无论太贵还是太贱,都不利于巩固国家统治。

先秦大商理论家计然认为"贵上极则反贱,贱下极则反贵",主张"贵出如粪土,贱取如珠玉"。司马迁说过:"贪买三元,廉买五元",就是说贪图重利的商人只能获利30%,而薄利多销的商人却可获利50%。《郁离子》中记载:汉高祖刘邦的谋士张良,早年师从黄石公时,白天卖剪刀,晚上读书,后来他觉得读书时间不够用,就把剪刀分成上、中、下三等,上等的价钱不变,中等的在原价的基础上少一文钱,下等的少两文钱。结果,只用了半天的时间,卖出剪刀的数量比平日多了两倍,赚的钱比往日多了一倍,读书的时间也比往日多了,所以民间有句谚语"张良卖剪刀——贵贱一样货"。

实际上,上述两个事例解释了两个谚语,即谷贱伤农和薄利多销。这都与需求价格弹性有直接关系。对于粮食,需求弹性比较小,属于缺乏弹性的商品,当粮食丰收的时候,粮食的供给量就会增加,粮价就会降低,但是粮食是缺乏弹性的,需求量并不会因为粮价降低而增加太多,从而导致种粮食的农民虽然丰收了但总收入还是会降低。这就是谷贱伤农的道理。反过来,如果粮食歉收,粮价就会上升,这样对种粮的农民是件好事情,但对城市的人却不利。因此,对于粮食这种关系国计民生的商品,各国的政策往往是通过支持价格来稳定粮价,当粮食丰收了,国家把农民多余的粮食买过来放入国库储备;而当粮食歉收了,就将丰年储备的粮食拿出来出售,从而保证各方面的利益。

而张良卖的剪刀属于富有弹性的商品。剪刀价格降低后,对剪刀的需求量则会因为富有弹性而大幅度提高,张良的总收入就会增加。这就是薄利多销的道理。

从上述两个事例中可以看到古人的智慧,同时也告诉我们,并不是所有的商品都适合薄利多销。商品的售卖应该根据这种商品的弹性大小采取不同的策略。凡是富有弹性的商品,应该采取降价的策略,而对于缺乏弹性的商品,则应该采取提高价格的策略。

本 章 小 结

(1) 当两个经济变量之间存在函数关系时,可以用弹性来表示因变量对于自变量变化的反应程度。

(2) 需求的价格弹性表示商品需求量对于价格变化的反应程度。需求的收入弹性表示商品的需求量对于收入变化的反应程度。需求交叉弹性表示一种商品的需求量对于另一种商品的价格变化的反应程度。供给价格弹性表示商品的供给量对于价格变化的反应程度。

(3) 利用弹性公式可以具体计算出一种商品的弹性系数值。通常,弹性系数的大小可以归纳为5类,分别是富有弹性、缺乏弹性、单位弹性、完全弹性与完全无弹性。

(4) 对于富有弹性的商品,商品的价格与厂商的销售收入呈反方向的变化;对于缺乏弹性的商品，商品的价格与厂商的销售收入呈同方向的变化；对于单位弹性的商品，商品价格的变化对厂商的销售收入没有影响。

（5）对于正常商品来说，需求的收入弹性大于零；对于劣等品来说，需求的收入弹性小于零。在正常商品中，必需品需求的收入弹性小于1；而奢侈品需求的收入弹性大于1。

（6）如果两种商品之间为替代关系，则需求交叉弹性系数大于零；如果两种商品之间为互补关系，则需求交叉弹性系数小于零；如果两种商品之间无相关关系，则需求交叉弹性系数等于零。

（7）恩格尔定律是指对于一个国家或一个家庭而言，随着收入水平的提高，购买食物的支出在总收入中所占的比重不断下降。

弹性理论在市场营销中的应用

1. 需求价格弹性在市场营销中的应用

由于企业的销售收入 TR 由商品的市场价格 P 和销售量 Q 决定，即

$$\text{TR} = P \cdot Q$$

对上式求全微分，即

$$d\,\text{TR} = P \cdot dQ + Q \cdot dP = Q \cdot dP(1 + dQ \cdot dP \cdot PQ) = Q \cdot dP(1 - E_d)$$

由此可见，边际收益的变动既受价格变动的影响，又受需求弹性的影响。在市场营销中，正确的价格策略应根据产品需求弹性的大小来制定。

当 $E_d > 1$，且 $dP < 0$ 时，得 $d\,\text{TR} > 0$。即对需求富有弹性的商品，适当降价可增加销售量和销售收入，应采用渗透价格策略。渗透价格策略是指企业将产品的市场价格定得较低，产品以价廉物美的形象吸引顾客挤占市场，谋取远期的稳定利润，又称薄利多销策略。这种策略是利用顾客求廉的消费心理，扩大销售，逐渐形成稳定的市场占有率，有利于企业批量生产，降低成本，增强竞争力。这种策略一般适用于生产批量大、销售潜量高、产品成本低、顾客比较熟悉的发展性尤其是享受性产品。

当 $E_d < 1$，且 $dP > 0$ 时，得 $d\,\text{TR} > 0$。即对需求缺乏弹性的商品，适当提价会减少销售量但能增加收入，应采用取脂定价策略。取脂定价策略是指企业在产品寿命周期的投入期或成长期，有目的地将价格定得较高，在尽可能短的时期内获得较高收入的一种定价策略，又称高利厚利策略。这种策略是利用消费者求新、求奇的心理，以高价在短期内获取丰厚利润，提高产品威望，抬高身价，为将来广泛占领市场打下基础。当然，企业的高利厚利策略必然导致"花香招蝶"，随着竞争者不断涌入，企业难以实现达到满意的长期获利的目的。因此，这种策略适宜作为短期性的定价策略，适用于供不应求产品、有差异性的产品和生产能力不大或是有专有技术等缺乏需求弹性的基础生活品、生产资料商品等。

2. 需求收入弹性在市场营销中的应用

需求收入弹性直接反映了消费者收入变化对商品需求的影响程度。一般来说，对于高档商品，随着人们收入的提高，会增加对它们的消费。当一个国家或地区经济处于持续增长阶段时，销售量会大幅度增加，企业应主要选择生产经营收入弹性大的各类奢侈品，如价廉物美的小汽车、高档家用电器等；对于那些需求收入弹性小的生活必需品，其需求量增加幅度小于收入增加幅度。当一个国家或地区经济处于不景气阶段时，销售量会不断减少，企业应迅速减少收入弹性大的产品，转向生产收入弹性较小的各类生活必需品，如食用油、普通家具和衣服、鞋等；对于低档消费品，则更要警惕在人们收入提高以后会减少需求，市场会萎缩，企业要及时减少生产。

3. 需求交叉弹性在市场营销中的应用

需求交叉弹性的分析有助于企业制定正确的价格策略。

当 $E_{XY}>0$ 时，说明 X、Y 两种产品是替代关系。即在消费者实际收入不变的情况下，X 产品价格的小幅变动将会引起其关联产品 Y 的需求量出现大幅度的变动。因此，企业有时有意提高某种商品的价格是为了将消费者需求引向企业的其他产品上去，实现"醉翁之意不在酒"的目的。

当 $E_{XY}<0$ 时，说明 X、Y 两种产品是互补关系。即在消费者实际收入不变的情况下，X 产品价格大幅度变动，但其关联产品 Y 的需求量不发生太大的变化。因此，企业有时将主要产品以低价出售，却将购买频率高的次要产品以高价出售，实现赢利之目的。当然，采用这种策略的企业必须是次要产品与主要产品有使用用途上的互补性，谁缺谁都不行，而且要求次要产品要有较强的竞争力。

当 $E_{XY}=0$ 时，说明 X、Y 两种产品是无关品。一种商品价格变动，另一种商品需求量基本不受影响。

结论：通过对需求价格弹性、需求收入弹性和需求交叉弹性等弹性理论的重要概念的介绍，区分现实生活中的产品分类和产品之间的关系，探讨弹性理论在市场营销中的运用，企业管理者只有深刻理解需求弹性与企业经营的关系，根据需求弹性做出科学决策，才能为他们的生产经营带来可观的经济效益，取得竞争优势。

资料来源：匡爱民，2008. 弹性理论与市场营销 [J]. 湘南学院学报（1）.

习　　题

一、名词解释

弹性　　　　　　　需求弹性　　　　　　　需求价格弹性
需求收入弹性　　　需求交叉弹性　　　　　恩格尔定律

二、单项选择

1. 需求价格弹性是指（　　）。
   A. 需求函数的斜率　　　　　　　B. 收入变化对需求的影响程度
   C. 消费者对价格变化的反应程度　D. 以上说法都正确

2. 如果一条直线型的需求曲线与一条曲线型的需求曲线相切，则在切点处两条线的需求弹性（　　）。
   A. 相同　　　　　　　　　　　　B. 不同
   C. 可能相同也可能不同　　　　　D. 依切点所在的位置而定

3. 直线型需求曲线的斜率不变，因此其价格弹性也不变，这种说法（　　）。
   A. 正确　　　　　　　　　　　　B. 不正确
   C. 有时正确，有时不正确　　　　D. 难以确定

4. 假定某商品的价格从 10 美元下降到 9 美元，需求量从 70 增加到 75，则需求为（　　）。
   A. 缺乏弹性　　　　　　　　　　B. 富有弹性
   C. 单一弹性　　　　　　　　　　D. 难以确定

5. 假定商品 X 和商品 Y 的需求交叉弹性是 −3，则（　　）。
   A. X 和 Y 是互补品　　　　　　　B. X 和 Y 是替代品
   C. X 和 Y 是正常商品　　　　　　D. X 和 Y 是劣质品

6. 假定某商品的供给曲线是一条过原点的直线，那么该商品供给价格弹性（　　）。
   A. 随价格的变化而变化　　　　　B. 恒等于 1

C. 为其斜率值   D. 难以确定

7. 某类电影现行平均票价为 4 元，对该类电影需求的价格弹性为 -1.5，经常出现许多观众买不到票的现象，这些观众大约占可买到票的观众的 15%，采取（ ）的方法，可以使所有想看电影而且有购买能力的观众都能买到票。

  A. 电影票降价 10%   B. 电影票提价 15%
  C. 电影票提价 10%   D. 电影票降价 15%

8. 下列情况中，（ ）使总收益增加。

  A. 价格上升，需求缺乏弹性   B. 价格下降，需求缺乏弹性
  C. 价格上升，需求富有弹性   D. 价格下降，需求富有弹性

9. 如果一种商品的价格变动 5%，需求量因此变动 2%。那么（ ）。

  A. 该商品需求富有价格弹性   B. 如果价格上升，收入会增加
  C. 如果价格上升，收入会减少   D. 如果价格下降，收入会增加

10. 如果一种商品的供给价格弹性等于 0.5，价格由 1 美元上升至 1.04 美元，会导致供给量（ ）。

  A. 增加 4%   B. 减少 2%
  C. 减少 4%   D. 增加 2%

三、计算题

1. 表 3-1 是某小镇汽车旅馆房间的需求表。用所提供的信息填充此表。根据你对这个表的理解，回答以下问题。

表 3-1 某小镇汽车旅馆房间的需求表 1

价格/元	需求量/间	总收益/元	价格变动/%	数量变动/%	弹性
20	24				
40	20				
60	16				
80	12				
100	8				
120	4				

（1）在哪个价格范围内汽车旅馆房间的需求富有弹性？为了使总收益最大化，小镇汽车旅馆应该在这个范围内提价还是降价？

（2）在哪个价格范围内汽车旅馆房间的需求缺乏弹性？为了使总收益最大化，小镇汽车旅馆应该在这个范围内提价还是降价？

（3）在哪个价格范围内汽车旅馆房间的需求是单位弹性？为了使总收益最大化，小镇汽车旅馆应该在这个范围内提价还是降价？

2. 用上题的需求量再做一个需求表，如表 3-2 所示。这时消费者的收入从 5 万元增加到 6 万元。根据你对这个表的理解，回答以下问题。

表 3-2 某小镇汽车旅馆房间的需求表 2

价格/元	收入为 5 万元时的需求量/间	收入为 6 万元时的需求量/间
20	24	34
40	20	30
60	16	26
80	12	22
100	8	18
120	4	14

（1）当旅馆以 40 元的租金出租房间时，需求收入弹性是多少？
（2）当旅馆以 100 元的租金出租房间时，需求收入弹性是多少？
（3）汽车旅馆房间是正常品还是劣等品？为什么？
（4）汽车旅馆房间可能是必需品还是奢侈品？为什么？

3. 假设某厂商通过市场调查和统计分析得到如表 3-3 所示的需求函数表。请根据此表回答以下问题。

表 3-3 某厂商生产的商品价格弹性与销售收入的关系表

价格/元	需求量/间	价格弹性系数/%	弹性情况	销售收入/元
120	100			
110	200			
100	270			
90	330			
85	350			
80	370			
70	400			
60	425			

（1）计算价格弹性系数。
（2）确定弹性情况（富有弹性、缺乏弹性还是单位弹性）。
（3）计算对应每一个价格水平的销售收入。
（4）确定使得销售收入最大的价格水平。

四、分析讨论题

1. 如果需求是缺乏弹性的，那么当价格上升时，总收益会增加还是减少？为什么？
2. 如果汽水的价格翻了一番，从每罐 1 元上升到每罐 2 元，而你仍购买相同的量，你的汽水需求价格弹性是多少？是富有弹性还是缺乏弹性？
3. 如果百事可乐的价格上升了 0.1 元，而且，这使你完全不买百事可乐而转向可口可乐，你对百事可乐的需求价格弹性是多少？是富有弹性还是缺乏弹性？
4. 假设你的收入增加了 20%，而你对鸡蛋的需求量减少了 10%。你对鸡蛋的需求收入弹性是多少？对你来说，鸡蛋是正常品还是劣等品？

5. 假设当橙子的价格上升 20% 时，橘子的需求量增加了 6%。橙子与橘子之间的需求交叉价格弹性是多少？这两种商品是替代品还是互补品？

6. 需求的价格弹性等同于需求曲线的斜率吗？为什么？

7. 假设你想要为你生产的某种产品确定价格，且你对这种产品的需求曲线有正确的估计。假设你定价的目标是使利润（收益减去成本）最大化。那么，你就决不能把这个价格定在需求弹性小于 1 的地方，也就是说，你决不能把这个价格定在需求缺乏弹性的水平上。为什么？

【第 3 章　在线答题】

第4章

消费者行为理论

教学目标

通过本章的学习,读者能够了解基数效用论和序数效用论的消费者行为理论,掌握基数效用论的边际效用递减规律,序数效用论的无差异曲线;掌握序数效用论的消费者均衡。

教学要求

了解基数效用论对消费者行为的分析;掌握序数效用论对消费者行为的分析。

思维导图

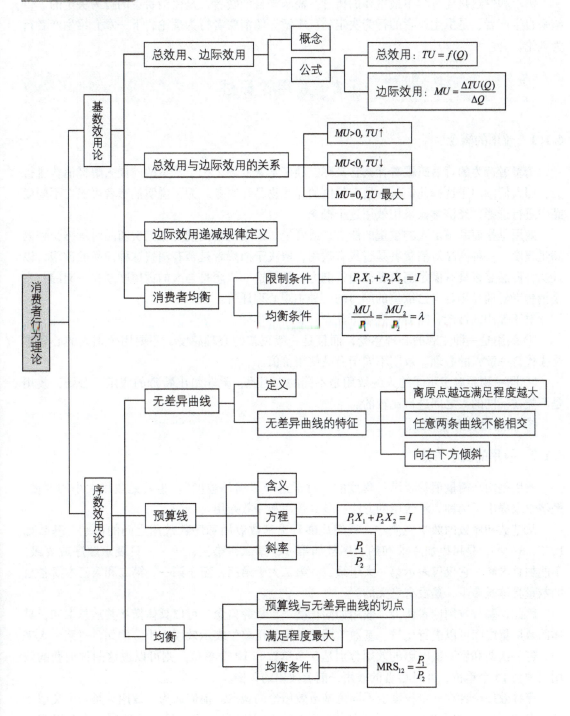

需求和供给是经济学中最重要的概念。需求来自消费者，是由消费者的行为决定的。供给来自生产者，是由生产者的行为决定的。本章介绍消费者行为理论，下一章介绍生产者行为理论。

4.1 效用论概述

4.1.1 效用的概念

消费者行为的背后蕴藏着什么含义呢？经济学家依赖于一个基本的前提去解释消费者行为，即人们倾向于选择他们认为最有价值的那些物品和服务。为了说明消费者可能在不同商品中进行选择，经济学家采用效用这个概念。

效用是指商品满足人的欲望的能力，或者说，效用是指消费者在消费商品时所感受到的满足程度。一种商品对消费者是否具有效用，取决于消费者是否有消费这种商品的欲望，以及这种商品是否具有满足消费者欲望的能力。效用这一概念是与人的欲望联系在一起的，它是消费者对商品满足自己欲望的能力的一种主观心理评价。

对于效用的概念，需要注意以下几点。

① 效用是一种主观的心理感受，而且是一般正常的心理感受，不要用个别人的心理感受去代替一般人的心理。效用不同于商品使用价值。

② 同一物品对于不同的人的效用是不同的。因此，除非给出特殊的假定，否则，效用是不能在不同的人之间进行比较的。

③ 效用因时因地而异。

4.1.2 效用的表示方法

效用是用来衡量消费者满足程度的。对于这个"满足程度"，也就是效用大小的度量，经济学家提出了两种表示效用的方法：基数效用和序数效用。

从基数和序数的数学性质中，我们能够看出基数效用和序数效用之间的区别。基数如1，2，3……，是可以加总求和的。序数如第一，第二，第三，……，只表示顺序或等级，不能加总求和。它仅仅表示第一大于第二，第二大于第三，至于第一、第二和第三本身各自的数量具体是多少，是没有意义的。

因此，基数效用论者认为，效用如同长度、重量等概念，可以具体衡量并加总求和，具体的效用量之间可以进行比较。基数效用论者用效用单位表示效用大小。例如，对某个人来说，逛一次街和看一次电影的效用分别是5个单位和10个单位，则可以说这两种消费的效用之和为15个单位，并且后者的效用是前者效用的2倍。

序数效用论者在一定程度上不同意基数效用论的观点。他们认为，效用只是一个类似于美、丑的概念，效用的大小是无法具体衡量的，效用之间的比较只能通过顺序或等级来表示。仍拿逛街和看电影比较，消费者要回答的是更偏好哪一种，即逛街的效用是第一的，而看电影的效用是第二的。或者说，要回答的是宁愿逛一次街，还是宁愿看一次电影。同时，序数效用论者还认为，基数效用的特征对于分析消费者行为来说是多余的，效用作为一种心理现象无法计量,也不能加总求和,而且即使能够度量也是没有意义的,以序数来衡量效用的假定比以基数来衡量效用的假定所受到的限制要少。

4.2 基数效用论与消费者行为

在分析方法上,基数效用论的消费者行为理论主要使用边际效用分析方法。边际效用递减规律贯穿于基数效用论的始终,是基数效用论者分析消费者行为的基础。

4.2.1 总效用、边际效用

基数效用论将效用分为总效用(Total Utility,TU)和边际效用(Marginal Utility,MU)。总效用是指消费者在一定时间内从一定数量的商品消费中所得到的效用量的总和。或者说,是指消费者在从事某一消费行为或消费一定量的某种物品中所获得的总满足程度。假定消费者消费某商品的数量为 Q,则总效用可以表示为

$$TU = f(Q) \tag{4.1}$$

边际效用是指消费者在一定时间内增加一单位商品的消费所得到的总效用的增量。其公式可以表示为

$$MU = \frac{\Delta TU(Q)}{\Delta Q} \tag{4.2}$$

当商品的增加量趋于无穷小的时候,即 $\Delta Q \to 0$ 时,有

$$MU = \lim_{\Delta Q \to 0} \frac{\Delta TU(Q)}{\Delta Q} = \frac{d\ TU(Q)}{d\ Q} \tag{4.3}$$

可以根据表 4-1 分析总效用和边际效用之间的关系。从表中可以看到,当商品的消费量由 0 增加到 1 时,总效用由 0 增加到 13 效用单位,总效用的增量即边际效用为 13 效用单位(因为 13-0=13)。当商品的消费量由 1 增加为 2 时,总效用由 13 效用单位上升为 24 效用单位,总效用的增量即边际效用下降为 11 效用单位(因为 24-13=11)。依此类推,当商品的消费量增加为 8 时,总效用达到最大值 50 效用单位,而边际效用已递减为 0(因为 50-50=0)。此时,消费者对该商品的消费已达到饱和点。当商品的消费量再增加为 9 时,边际效用会进一步递减为负值,即 -2 效用单位(因为 48-50=-2),总效用便下降为 48 效用单位。

表 4-1 某商品的效用表

商品消费量	总效用	边际效用
0	0	
1	13	13
2	24	11
3	33	9
4	40	7
5	45	5
6	48	3
7	50	2
8	50	0
9	48	-2

根据表 4-1 可以绘制出总效用和边际效用曲线，如图 4.1 所示。

在图 4.1 中，横轴表示消费的商品的数量，纵轴表示效用量，TU 曲线和 MU 曲线分别为总效用曲线和边际效用曲线。MU 曲线是向右下方倾斜的，它表明边际效用是递减的。TU 曲线以递减的速率先上升后下降。

由式（4.3）可知，边际效用是总效用对商品消费量 Q 的导数。正是出于这个原因，MU 曲线和 TU 曲线之间的关系为：当 MU 为正值时，TU 曲线呈上升趋势；当 MU 为 0 时，TU 曲线达到最高点；当 MU 为负值时，TU 曲线呈下降趋势。

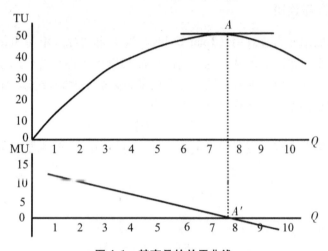

图 4.1　某商品的效用曲线

图 4.1 表明了边际效用是递减的。这就涉及经济学一个重要的规律——边际效用递减规律。

4.2.2　边际效用递减规律

边际效用递减规律是指在一定时间内，在其他商品的消费数量保持不变的情况下，随着消费者对某种商品消费数量的增加，消费者从该商品连续增加的每一消费单位中所得到的效用增量即边际效用是递减的。

1. 边际效用递减规律的解释

边际效用为什么会是递减的呢？这可以从心理和资源配置两个方面加以解释。

（1）心理方面的解释

效用是消费者的心理感受，消费某种物品实际上就是提供一种刺激，使人有一种满足的感受，或心理上有某种反应。消费某种物品时，开始的刺激一定大，从而人的满足程度就高。但不断消费同一种物品，即同一种刺激不断反复时，人在心理上的兴奋程度或满足必然减少。或者说，随着消费数量的增加，效用不断累积，新增加的消费所带来的效用增加越来越微不足道。

（2）资源配置方面的解释

设想每种物品都有几种用途，且可按重要性分成等级。消费者随着获得该物品数量的增加，会将其逐次用到不重要的用途上去。这本身就说明边际效用是递减的。例如水，按重要程度递减的顺序，分别有饮用、洗浴、洗衣、浇花等多种用途。水很少时，它被用作最重要的用途如饮用。随着得到水量的增加，它会被逐次用到洗浴、洗衣、浇花等相对越来越不重要的用途上。这说明水的边际效用是递减的。

无可置疑，边际效用递减规律是客观存在的，而且正是由于边际效用递减，才存在着如何使稀缺资源实现合理配置的问题。所以边际效用递减在经济学中很重要，它与后面要讲到的边际生产率递减，被看作是资源配置理论的两大支柱。边际效用递减规律可以作为解释消费者行为的基本规律。

2. 边际效用递减规律的特点

① 边际效用的大小，与欲望的强弱呈正比。

② 边际效用的大小，与消费数量的多少呈反向运动。由于欲望强度有限，并随满足程度的增加而递减，因此，消费数量越多，边际效用越小。

③ 边际效用是特定时间内的效用。由于欲望具有再生性、反复性，边际效用也具有时间性。

④ 边际效用实际上永远是正值。虽在理论上有负效用，但实际上，当一种产品的边际效用趋于零时，具有理性的消费者必然会改变其消费方式，去满足其他欲望，以提高效用。

⑤ 边际效用是决定产品价值的主观标准。边际效用价值论认为，产品的需求价格不取决于总效用，而取决于边际效用。消费数量少，边际效用高，需求价格也高；消费数量多，边际效用低，需求价格也低。

日常生活中有很多这样的例子。假设一个人已经一天没吃饭了，当一盘馒头放在他面前时，他吃第一个馒头时肯定觉得很好吃，这个时候馒头给他带来的效用最大；而紧接着他吃第二个馒头的时候，也觉得很好吃，接着第三个、第四个、……随着吃馒头数量的增加，馒头给他带来的效用会随着他越来越饱而变得越来越小，特别是当他完全吃饱的时候，下一个馒头不但不会给他带来满足的感觉，可能使他觉得吃起来很难受，这时，馒头开始给他带来负效用了。这个过程就是边际效用递减规律在起作用。

3. 货币的边际效用

货币也是一种商品，也具有效用，因此，商品的边际效用递减规律也适用于货币。对于一个消费者来说，随着货币收入的增加，货币的边际效用是递减的，即随着消费者货币收入的增加，每增加一元钱给该消费者带来的边际效用是逐渐减小的。

但是，在分析消费者行为的时候，基数效用论者假定货币的边际效用是不变的。他们认为，在消费商品的时候，消费者的收入是给定的，同时，单位商品的价格只占消费者总货币收入量的很小部分，当消费者对某种商品的购买量发生的变化很小时，其所支付的货币边际效用的变化也是很小的。这种微小的边际效用的变化是可以忽略不计的。

4.2.3 基数效用论的消费者均衡

消费者均衡是指消费者的偏好不变、商品现行价格和消费者的收入不变的条件下，消费者的总效用最大化时既不愿再增加，也不愿再减少购买数量的一种相对静止的状态。

根据基数效用论的观点，消费者实现效用最大化的均衡条件是：如果消费者的偏好给定，消费者的货币收入固定，市场上各种商品的价格是已知的，则消费者应该使自己所购买的各种商品的边际效用与价格之比相等。或者说，消费者应该使得自己花费在各种商品购买上的最后一元钱所带来的边际效用相等。

假定消费者的既定收入为 M，他可以购买 n 种商品，p_1, p_2, $\cdots$, p_n 分别为 n 种商品的既定价格，λ 为不变的货币的边际效用。以 X_1, X_2, $\cdots$, X_n 分别表示 n 种商品的数量，MU_1, MU_2, $\cdots$, MU_n 分别表示 n 种商品的边际效用，则消费者均衡的实现条件为

$$P_1X_1 + P_2X_2 + \cdots P_nX_n = I \tag{4.4}$$

$$\frac{\mathrm{MU}_1}{P_1} = \frac{\mathrm{MU}_2}{P_2} = \cdots \frac{\mathrm{MU}_n}{P_n} = \lambda \tag{4.5}$$

式（4.4）是限制条件，表明消费者花光自己全部的收入。式（4.5）是在限制条件下消费者实现均衡的条件，它表明，消费者应该选择最优的商品组合，使得自己花费在各种商品上的最后一元钱所带来的边际效用相等，且等于货币的边际效用。

为什么说只有当消费者实现了 $\frac{\mathrm{MU}_1}{P_1} = \frac{\mathrm{MU}_2}{P_2} = \cdots \frac{\mathrm{MU}_n}{P_n} = \lambda$ 的均衡条件，才能获得最大效用呢？可以以消费者购买两种商品为例来加以说明。

当消费者购买两种商品时，其效用最大化的条件为

$$P_1X_1 + P_2X_2 = I \tag{4.6}$$

$$\frac{\mathrm{MU}_1}{P_1} = \frac{\mathrm{MU}_2}{P_2} = \lambda \tag{4.7}$$

（1）先从分析 $\frac{\mathrm{MU}_1}{P_1} = \frac{\mathrm{MU}_2}{P_2}$ 的关系开始

如果 $\frac{\mathrm{MU}_1}{P_1} > \frac{\mathrm{MU}_2}{P_2}$，则说明对于消费者来说，同样的一元钱购买商品 1 所得到的边际效用大于购买商品 2 所得到的边际效用。根据边际效用递减规律可知，对于消费者来说，商品 2 购买得太多，而商品 1 购买得太少了。这样，理性的消费者应该增加商品 1 的购买量，同时减少商品 2 的购买量。在这个调整过程中，一方面，在消费者用减少 1 元钱的商品 2 的购买来相应地增加 1 元钱商品 1 的购买时，由此带来商品 2 的边际效用的减少量是小于商品 1 的边际效用增加量的，这就意味着消费者的总效用是增加的。另一方面，根据边际效用递减规律，商品 2 的边际效用会随着其购买量的不断减少而增加，而商品 1 的边际效用会随着购买量的增加而减少。当消费者将其商品组合调整到同样的 1 元钱购买的两种商品所得到的边际效用相等时，即达到 $\frac{\mathrm{MU}_1}{P_1} = \frac{\mathrm{MU}_2}{P_2}$ 时，消费者就得到了减少商品 2 的购买和增加商品 1 购买所带来的总效用增加的全部好处了。

相反，当 $\frac{\mathrm{MU}_1}{P_1} < \frac{\mathrm{MU}_2}{P_2}$ 时，则说明对于消费者来说，同样的一元钱购买商品 1 所得到的边际效用小于购买商品 2 所得到的边际效用。根据同样的道理，消费者会做与前面相反的调整，即增加对商品 2 的购买，减少对商品 1 的购买，直到 $\frac{\mathrm{MU}_1}{P_1} = \frac{\mathrm{MU}_2}{P_2}$，从而获得效用最大化。

(2) 再从 $\frac{MU_i}{P_i} = \lambda$，$i = 1, 2$ 的关系分析

当 $\frac{MU_i}{P_i} > \lambda$，$i = 1, 2$ 时，这说明消费者用 1 元钱购买第 i 种商品所得到的边际效用大于所付出的这 1 元钱的边际效用。也可以理解为，相对于 1 元钱的边际效用，消费者购买的第 i 种商品的数量太少了，他应该继续增加购买第 i 种商品，以获得更多的效用，直到 $\frac{MU_i}{P_i} = \lambda$，$i = 1, 2$ 的条件实现为止。

当 $\frac{MU_i}{P_i} < \lambda$，$i = 1, 2$ 时，这说明消费者用 1 元钱购买第 i 种商品所得到的边际效用小于所付出的这 1 元钱的边际效用。也可以理解为，相对于 1 元钱的边际效用，消费者购买的第 i 种商品的数量太多了，他应该减少购买第 i 种商品，用减少购买第 i 种商品的货币去购买更多的其他商品，以获得更多的效用，直到 $\frac{MU_i}{P_i} = \lambda$，$i = 1, 2$ 的条件实现为止。

4.3 序数效用论与消费者行为

序数效用论与基数效用论在分析消费者行为方面是不同的。序数效用论利用无差异曲线来对消费者行为进行考察，并在此基础上推导出消费者的需求曲线。

4.3.1 偏好的假定

序数效用论者是通过顺序或等级来表示商品给消费者带来的满足程度大小。因此，序数效用论者提出了消费者偏好的概念。所谓偏好，就是爱好或喜欢的意思。序数效用论者认为，对于各种不同的商品组合，消费者的偏好程度是有差别的，正是这种偏好程度的差别，反映了消费者对这些不同的商品组合效用水平的评价。例如，当消费者面对 A、B 两种商品组合时，如果他对 A 商品组合的偏好程度大于 B 商品组合，那么就可以说，消费者认为 A 组合的效用水平大于 B 组合，或者是 A 组合给消费者带来的满足程度要大于 B 组合。

基于此，序数效用论者提出了 3 个消费者偏好假定。

① 偏好的完整性。对于任何两个商品组合 A 和 B，消费者总是可以做出，而且也只能做出以下 3 种判断中的一种：对 A 的偏好大于对 B 的偏好；对 B 的偏好大于对 A 的偏好；对 A 和 B 的偏好相同。

② 偏好的可传递性。如果消费者对 A 的偏好大于 B，对 B 的偏好大于对 C 的偏好，那么，在 A、C 这两个组合中，必有对 A 的偏好大于 C。

③ 偏好的非饱和性。如果两个商品组合的区别仅在于其中一种商品的数量不相同，那么，消费者总是偏好含有这种商品数量较多的那个商品组合。例如，消费者对于 5 支钢笔和 6 支铅笔的组合偏好大于对于 4 支钢笔和 6 支铅笔的组合偏好。

注意，偏好不取决于商品的价格，也不取决于收入，只取决于消费者对商品的喜爱或不喜爱的程度。

4.3.2 无差异曲线及其特征

序数效用论者利用无差异曲线分析消费者行为。为了分析简单,我们假定消费者只消费两种商品。

1. 无差异曲线的概念

无差异曲线是用来表示两种商品的不同数量的组合给消费者所带来的效用完全相同的一条曲线。或者说,它是表示对于消费者来说能产生同等满足程度的各种不同组合点的轨迹。表 4-2 和图 4.2 具体说明了无差异曲线的构建。

表 4-2 描述了某消费者对梨(其数量用 Y 表示)和苹果(其数量用 X 表示)这两种商品的 A、B、C、D 这 4 种不同的消费组合。其中,A 组合包括 10 个梨,1 个苹果;B 组合包括 6 个梨,2 个苹果;C 组合包括 4 个梨,3 个苹果,D 组合包括 2.5 个梨,4 个苹果。而且,消费者对这 4 种组合的偏好程度是相同的,即 A、B、C、D 组合带给消费者的满足程度是相同的。

表 4-2 某消费者的商品无差异组合

组合	梨(Y)/个	苹果(X)/个
A	10	1
B	6	2
C	4	3
D	2.5	4

根据表 4-2,可以绘制出无差异曲线,如图 4.2 所示。

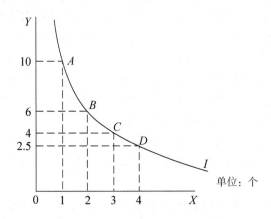

图 4.2 某消费者的无差异曲线

在图 4.2 中,横轴代表苹果的数量 X,纵轴代表梨的数量 Y。A、B、C、D 这 4 个点代表了 4 种商品的组合,消费者对于梨和苹果的这 4 种商品组合的满足程度是相同的,把这 4 个点顺次连接起来(在假定商品数量可以无限细分的情况下),便形成了光滑的无差异曲线 I。

无差异曲线 $U_0 = f(X_1, X_2)$ 是在一定价格和收入水平下得出的,它代表某一特定的消费水平或满足水平。当价格和收入水平发生变化时,$U = f(X_1, X_2) = U_0$ 的取值也会发生变化。

① 当价格不变而消费者的收入改变时,情况会发生变化。如果消费者的收入增加,他

可以购买更多的商品，无差异曲线相应向右上方移动；反之，如果他的收入减少，他可以购买的商品数量减少，无差异曲线应向左下方移动。因此，对应不同的收入水平，应有许多条无差异曲线。

② 当消费者的收入不变，价格下降时，同样的收入可以购买更多的商品，无差异曲线相应向右上方移动；反之，价格上升，同样的收入可以购买的商品数量下降，无差异曲线相应向左下方移动。

③ 当收入与价格同时变动时，变动幅度大的决定无差异曲线的移动方向。

2. 无差异曲线的特征

无差异曲线具有以下3个基本特征。

① 在同一坐标平面上的任何两条无差异曲线之间，可以有无数条无差异曲线，而且离原点越远的无差异曲线代表的效用水平越高，离原点越近的无差异曲线代表的效用水平越低。如图4.3所示，简单罗列了3条无差异曲线，I_1曲线离原点最近，所以代表了最低的效用水平，I_2、I_3曲线离原点越远，分别代表了较高的效用水平。

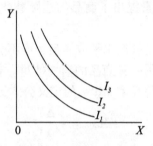

图4.3 一组无差异曲线

② 在同一坐标平面上，任何两条无差异曲线都不可能相交。对于这个特征可以使用反证法加以证明。如图4.4所示，两条无差异曲线相交于a点，其中b点在无差异曲线I_1上，c点在无差异曲线I_0上。这种画法是错误的。因为根据无差异曲线定义，由无差异曲线I_0可知，a、c的效用水平是相等的。而由无差异曲线I_1可知，a、b的效用水平是相等的。根据偏好可传递的假定，必有b、c这两点的效用水平是相等的。但是，观察和比较图中b和c

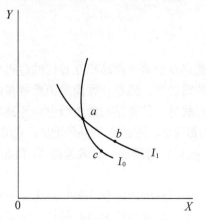

图4.4 违背偏好假定的无差异曲线

这两点的商品组合，可以发现 b 组合中每一种商品的数量都多于 c 组合，于是，根据偏好的非饱和性假定，必有 b 点的效用水平大于 c 点的效用水平。这样就产生了矛盾，该消费者认为 b、c 点无差异的同时，又认为 b 点优于 c 点，这就违背了偏好的完整性假定。由此证明了对于任何一个消费者，两条无差异曲线相交是错误的。

③ 无差异曲线以凸向原点的形状，向右下方倾斜。无差异曲线向右下方倾斜表明其斜率为负值，而凸向原点则表明无差异曲线斜率的绝对值是递减的。无差异曲线之所以凸向原点，并且向下方倾斜，是由于商品的边际替代率递减规律决定的。有关这个问题，将在第 4.3.3 节详细介绍。

4.3.3　商品的边际替代率递减规律

1. 商品的边际替代率

从无差异曲线上可以看出，当一个消费者沿着一条既定的无差异曲线上下滑动时，两种商品的数量组合会不断发生变化，而效用水平却保持不变。这说明了两种商品的消费数量之间存在替代关系。因此，经济学家提出了商品的边际替代率（Marginal Rate of Substitution, MRS）的概念。

商品的边际替代率是指在维持效用水平或满足程度不变的前提下，消费者增加一单位的某种商品的消费时所需要放弃的另一种商品的消费数量。若用商品 1 替代商品 2，以 MRS_{12} 表示，则商品 1 对商品 2 的边际替代率 MRS_{12} 的定义公式为

$$\mathrm{MRS}_{12} = -\frac{\Delta X_2}{\Delta X_1} \tag{4.8}$$

式（4.8）中，ΔX_2、ΔX_1 分别表示商品 2 和商品 1 的变化量。由于 ΔX_2 是减少量，而 ΔX_1 是增加量，两者的符号肯定是相反的。因此，为了使 MRS_{12} 的计算结果是正值，以便于比较，就在公式中加上一个负号。

当商品数量的变化趋于无穷小时，则商品的边际替代率公式为

$$\mathrm{MRS}_{12} = \lim_{\Delta X_1 \to 0} -\frac{\Delta X_2}{\Delta X_1} = -\frac{\mathrm{d}X_2}{\mathrm{d}X_1} \tag{4.9}$$

从上述公式中可以看出，无差异曲线上某一点的边际替代率就是无差异曲线在该点的斜率的绝对值。

2. 边际替代率递减规律

边际替代率递减规律普遍存在于两个商品相互替代的过程中。商品的边际替代率递减规律是指在维持效用水平不变的前提下，随着一种商品消费数量的连续增加，消费者为得到每一单位的这种商品所需要放弃的另一种商品的消费数量是递减的。之所以会出现边际替代率递减的现象，主要原因是物以稀为贵。随着 X_1 商品的增加，它的边际效用在减少，而 X_2 商品的减少，它的边际效用在增加。这样，每增加一定数量的 X_1 商品，所能代替的 X_2 商品的数量就越来越少。

从几何意义上来看，由于某一点的边际替代率就是无差异曲线在该点斜率的绝对值，所以，边际替代率递减规律决定了无差异曲线的斜率的绝对值是递减的，即无差异曲线是凸向原点的。

4.3.4 消费者的预算线

无差异曲线仅仅表示了消费者的消费意愿，这种意愿构成分析消费者行为的一个方面，但是消费者在购买商品时，还受到自己的收入水平和市场上商品价格的限制，这就是预算约束。经济学上用预算线来表示预算约束。

1. 预算线的含义

预算线又称预算约束线、消费可能线或价格线。预算线表示在消费者的收入和商品的价格给定的条件下，消费者的全部收入所能购买到的两种商品的各种组合。

既定某一个消费者的全部收入为 80 元，全部用来购买商品 1 和商品 2，其中商品 1 的价格 $P_1=2$ 元，商品 2 的价格 $P_2=4$ 元。那么，如果该消费者将全部收入都用于购买商品 1 可得到 40 单位，全部收入都用于购买商品 2 可得到 20 单位。由此，可以绘制出的预算线如图 4.5 所示。

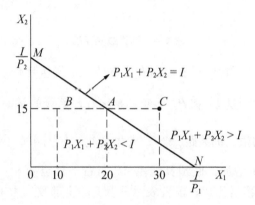

图 4.5 预算线

图 4.5 中，预算线的横截距和纵截距分别表示全部收入用于购买商品 1 和商品 2 的数量。预算线的斜率是两种商品的价格之比，即 $-\dfrac{P_1}{P_2}$。

下面具体分析一下预算线。

假定，I 表示消费者既定收入，X_1 和 X_2 分别为商品 1 和商品 2 的购买数量，P_1 和 P_2 分别为商品 1 和商品 2 的价格，P_1X_1 和 P_2X_2 分别为购买商品 1 和商品 2 的支出。那么，预算线可以表示为

$$P_1X_1+P_2X_2=I \tag{4.10}$$

式（4.10）表明，消费者的全部收入等于他购买商品 1 和商品 2 的总支出。同时，可以用 $\dfrac{I}{P_1}$、$\dfrac{I}{P_2}$ 来分别表示全部收入仅购买商品 1 或商品 2 的数量，它们分别表示预算线的横截距和纵截距。还可以将式（4.10）变形为

$$X_2=-\dfrac{P_1}{P_2}X_1+\dfrac{I}{P_2} \tag{4.11}$$

式（4.11）表明，预算线的斜率是 $-\dfrac{P_1}{P_2}$，纵截距为 $\dfrac{I}{P_2}$。

除此之外，图 4.5 还将预算线分割成为三个部分。预算线以外的区域中的任何一点，如 C 点，是消费者利用全部收入都不可能实现的商品购买的组合点，即 $P_1X_1+P_2X_2>I$。预算线以内的区域中任何一点，如 B 点，表示消费者的全部收入在购买该点的商品组合后还有剩余，即 $P_1X_1+P_2X_2<I$。只有预算线上的任何一点，如 A 点，才是消费者全部收入刚好花完所能购买到的商品组合点，即 $P_1X_1+P_2X_2=I$。预算线以内的部分称为消费者的预算空间。

2. 预算线的移动

预算线的斜率变化和水平移动情况如图 4.6 所示，由此可见预算线具有以下特征。

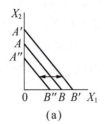 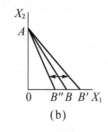 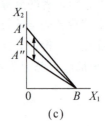

图 4.6　预算线的变动

① 两种商品的价格 P_1 和 P_2 不变，消费者的收入 I 发生变化。这时，相应的预算线的位置会发生平移。主要原因是 P_1 和 P_2 不变，意味着预算线的斜率 $-\dfrac{P_1}{P_2}$ 保持不变。于是，I 的变化只是使得预算线的横、纵截距 $\dfrac{I}{P_1}$、$\dfrac{I}{P_2}$ 发生变化。如图 4.6（a）所示，假定原有的预算线为 AB，消费者收入 I 增加，使预算线由 AB 向右平移至 $A'B'$；相反，消费者收入 I 减少，使预算线 AB 向左平移至 $A''B''$；前者表示消费者的全部收入用来购买任何一种商品的数量都因收入的增加而增加；后者表示消费者的全部收入用来购买任何一种商品的数量都因收入的减少而减少。

② 消费者的收入 I 不变，两种商品的价格 P_1 和 P_2 同比例同方向发生变化。这时，相应的预算线的位置也会发生平移。究其原因是，P_1 和 P_2 同比例同方向发生变化，并不影响预算线的斜率 $-\dfrac{P_1}{P_2}$，而只能使预算线的横、纵截距 $\dfrac{I}{P_1}$、$\dfrac{I}{P_2}$ 发生变化，如图 4.6（a）所示。

③ 当消费者的收入 I 不变，商品 1 的价格 P_1 发生变化而商品 2 的价格 P_2 保持不变。这时，预算线斜率 $-\dfrac{P_1}{P_2}$ 发生变化，预算线横截距 $\dfrac{I}{P_1}$ 发生变化，但是纵截距 $\dfrac{I}{P_2}$ 保持不变。如图 4.6（b）所示，商品 1 的价格 P_1 下降，使得预算线由 AB 移动至 AB'，表明消费者全部收入用于购买商品 1 的数量因为 P_1 下降而增加，但是全部收入用于购买商品 2 的数量并没有发生改变；相反，当商品 1 的价格 P_1 上升，使得预算线由 AB 移动至 AB''，表明消费者全部收入用于购买商品 1 的数量因为 P_1 上升而减少，但是全部收入用于购买商品 2 的数量并没有发生改变。图 4.6（c）描绘的是当消费者的收入 I 不变，商品 2 的价格 P_2 发生变化而商品 1 的价格 P_1 保持不变，预算线变化的情形，读者可以根据上述分析自己研究其理由和经济含义。

④ 消费者的收入 I 与两种商品的价格 P_1 和 P_2 都同比例同方向发生变化。这时，预算

线不发生变化。因为此时，预算线斜率$-\frac{P_1}{P_2}$、横截距$\frac{I}{P_1}$、纵截距$\frac{I}{P_2}$都保持不变。它表示消费者的全部收入用来购买任何一种商品的数量都未发生变化。

4.3.5　序数效用论的消费者均衡

当我们知道消费者的偏好及预算线约束的时候，就可以把消费者的无差异曲线和预算线结合起来，来分析消费者追求效用最大化的购买选择行为。

序数效用条件下，消费者最优购买行为的条件有两个：最优的商品购买组合必须是能够给消费者带来最大效用的商品组合；最优的商品购买组合必须位于给定的预算线上。

第一个条件相对比较容易理解。至于第二个条件可以用上一节的图4.5来理解。预算线以外区域中的任意点对于消费者来说是无力购买的，而预算线以内区域中的任意点，虽然消费者可以购买，但是消费者的收入并没有花完，消费者应该将其全部收入都用于实现其效用最大化的目标上。所以，最优的购买组合只能发生在预算线上。

下面用图4.7具体分析消费者均衡的实现过程。

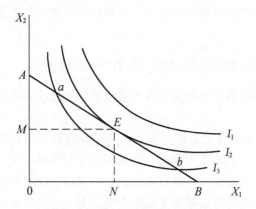

图4.7　消费者均衡的实现过程

首先，分析的前提有两个。一是假定消费者的偏好给定。这样就意味着给定了一个由该消费者的无数条无差异曲线所构成的无差异曲线簇。为了分析简单，从中选取3条，如图4.7中的I_1、I_2、I_3。二是假定消费者的收入和两种商品的价格给定。这就意味着给定了该消费者的一条预算线，如图4.7中的预算线AB。

其次，消费者均衡的实现。消费者实现效用最大化的商品组合点是在既定的预算线和无差异曲线相切的切点上。在图4.7中，预算线AB和无差异曲线I_2的相切点E是消费者在给定的预算约束下能够获得的最大效用的均衡点，也正是在这一点消费者实现均衡。

为什么只有E点才是消费者效用最大化的均衡点呢？

先分析无差异曲线I_3。虽然它代表的效用水平高于无差异曲线I_2，但是它与既定的预算线AB没有交点也没有切点。这表明，消费者在既定的收入水平下无法购买到无差异曲线I_3上任何一点的商品组合。

再分析无差异曲线I_1。虽然它与给定的预算线AB相交于a、b两点，这只是表明消费者利用既定的收入可以购买 a、b 两点的商品组合，但是这两点的效用水平低于无差异曲线 I_2，因此，消费者不会用全部的收入去购买无差异曲线 I_1 上 a、b 两点的商品组合。其实，通过观察图4.7就可以知道，消费者只要选择线段 AB 上位于 a 点右边和 b 点左边的任何一点的商品组合，则都可以达到比 I_1 更高的无差异曲线，以获得比 a 点或 b 点更大的效用水平。

因此，只有当既定的预算线 AB 和无差异曲线 I_2 相切于 E 点时，消费者才在既定的预算约束条件下获得最大的满足。所以 E 点就是消费者实现效用最大化的均衡点。

最后，分析消费者实现均衡的条件。已经知道，E 点是无差异曲线与预算线相切的点，在这一点上两条曲线的斜率是相等的。无差异曲线的斜率的绝对值是商品的边际替代率 MRS，而预算线的斜率的绝对值可以用两种商品的价格之比 $\dfrac{P_1}{P_2}$ 来表示，所以在 E 点上有

$$\text{MRS}_{12} = \frac{P_1}{P_2} \tag{4.12}$$

式（4.12）就是消费者效用最大化的均衡条件。它表示在一定的预算约束下，为了实现最大的效用，消费者应该选择最优的商品组合，使得两种商品的边际替代率等于两种商品的价格之比。或者在消费者的均衡点上，消费者愿意用一单位的某种商品去交换的另一种商品的数量，应该等于该消费者能够在市场上用一单位的这种商品去交换得到的另一种商品的数量。

4.3.6　序数效用消费者均衡与基数效用消费者均衡的联系

序数效用论者所得出的消费者均衡条件与基数效用论者所得出的均衡条件从本质上讲是相同的。

观察图4.7，可以看到，在无差异曲线上，消费者沿着一条既定的无差异曲线上下滑动时，两种商品的数量组合会不断发生变化，而效用水平却保持不变。按照基数效用论者的观点，在保持效用水平不变的前提下，消费者增加一种商品的数量所带来的效用增量和相应减少的另一种商品数量所带来的效用减少量的绝对值必定是相等的，即

$$|\text{MU}_1 \cdot \Delta X_1| = |\text{MU}_2 \cdot \Delta X_2|$$

式（4.13）可以写为

$$\text{MRS}_{12} = -\frac{\Delta X_2}{\Delta X_1} = \frac{\text{MU}_1}{\text{MU}_2} \tag{4.13}$$

或

$$\text{MRS}_{12} = \lim_{\Delta x_1 \to 0} -\frac{\Delta X_2}{\Delta X_1} = \frac{\text{MU}_1}{\text{MU}_2} \tag{4.14}$$

再由前面的关于消费者均衡条件即式（4.12）可以得到

$$\text{MRS}_{12} = \frac{\text{MU}_1}{\text{MU}_2} = \frac{P_1}{P_2} \tag{4.15}$$

或

$$\frac{\text{MU}_1}{P_1} = \frac{\text{MU}_2}{P_2} = \lambda \tag{4.16}$$

这就是基数效用论者关于消费者均衡的条件。

通过上述分析可以清晰地看到，基数效用论和序数效用论在分析消费者行为的过程中，虽然使用的方法不同，但结论是相同的。

本 章 小 结

（1）消费者行为理论分为基数效用论和序数效用论。

（2）基数效用论利用边际效用递减规律分析消费者行为。基数效用论者认为商品的边际效用是递减的，消费者实现效用最大化的条件是消费者应该使得自己花费在各种商品购买上的最后1元钱所带来的边际效用相等。

（3）序数效用论者利用无差异曲线和预算线分析消费者行为。序数效用论者认为，在一定的预算约束下，为了实现最大的效用，消费者应该选择最优的商品组合，使得两种商品的边际替代率等于两种商品的价格之比。或者在消费者的均衡点上，消费者愿意用一单位的某种商品去交换的另一种商品的数量，应该等于该消费者能够在市场上用一单位的这种商品去交换得到的另一种商品的数量。

案例分析

丹尼尔·卡尼曼教授的试验

美国普林斯顿大学丹尼尔·卡尼曼教授将心理学的知识引入经济学，并因此获得2002年诺贝尔经济学奖。他用微积分经济学回答了这样的问题：什么让人幸福，或者起码少一点不幸？什么因素决定着我们最后做出的决定？

分析：卡尼曼得出的结论看上去颇为荒谬，甚至违反直觉。1996年，卡尼曼做了一个著名的实验，他研究了682名做结肠镜检查的患者。这种检查是把一个可伸缩的管子伸入肠内，同时往里面吹气，以使结肠镜（其冰凉的电子眼旁边有一个小小的解剖刀）能切取任何可疑组织。结肠镜检查往往要持续一个半小时，虽然事先要做镇静止痛，但身外之物在体内穿行仍有痛感。不想做这种检查的患者有一个替代办法，吃钡餐再照X光。这个办法很难受，但无痛感。

卡尼曼的实验是，将病人随机分为两组，其中一组病人的结肠镜检查稍做延长，即检查结束后，先不抽出管子，而是静静地放一会儿，这时候病人会感到不舒服，但已没什么大痛。

做延长检查的病人（不管开始阶段有多么痛苦）事后都反映不错，觉得下次选择还是要选结肠镜而不是钡餐和X光。而那些没有延长检查时间的病人下来则大叫："真像下地狱啊"。

卡尼曼由此得出结论：我们在评价某种经验时，有一个时间长短的因素。也就是说，最后阶段的痛苦（或欣悦）程度决定了我们对整个事件的记忆与评价。这对我们预期某种决策以及每天利用这一"捷径"做出上百个决定极为有用。

资料来源：编者根据道客巴巴网站资料整理。

习 题

一、名词解释

效用　　　　边际效用　　　　　　偏好　　　　无差异曲线
预算线　　　商品的边际替代率

二、单项选择

1. 总效用达到最高点时，（　　）。
   A. 边际效用达到最大值　　　　　　B. 边际效用为零
   C. 边际效用为正

2. 已知商品 X 的价格是 15 元，商品 Y 的价格是 10 元，如果消费者从这两种商品得到最大效用的时候，商品 Y 的边际效用是 30，那么商品 X 的边际效用应该是（　　）。
   A. 20　　　　　B. 30　　　　　C. 45

3. 预算线上每一点所反映的可能购买的两种商品的数量组合是（　　）。
   A. 相同的　　　　　　　　　　　B. 在某些场合下相同的
   C. 不同的

4. 两种商品的价格按相同的比例上升，而消费者的收入不变，则预算线（　　）。
   A. 向左下方平移　　　　　　　　B. 向右上方平移
   C. 不发生变动

5. 无差异曲线的位置和形状取决于（　　）。
   A. 消费者的偏好　　　　　　　　B. 消费者的收入和偏好
   C. 消费者的收入、偏好和商品的价格

6. 预算线的位置和斜率取决于（　　）。
   A. 消费者的收入
   B. 消费者的收入和商品的价格
   C. 消费者的收入、商品价格和消费者的偏好

7. 已知消费者的收入是 500 美元，商品 X 的价格是 5 美元，商品 Y 的价格是 4 美元。假定该消费者打算购买 60 单位商品 X 和 50 单位商品 Y，商品 X 和商品 Y 的边际效用分别是 60 和 30。如果要得到最大效用，他应该（　　）。
   A. 增购 X 和减少 Y 的购买量
   B. 增购 Y 和减少 X 的购买量
   C. 同时减少 X 和 Y 的购买量

三、计算题

1. 某人的效用函数为 $U = x^3 y^2$，其消费的商品 X 和商品 Y 的价格分别为 $P_X = 2$、$P_Y = 1$，其收入为 $M = 20$，求其对商品 X 和商品 Y 的购买量。

2. 根据表 4-3 计算效用。
   （1）消费第二个面包时的边际效用是多少？
   （2）消费 3 个面包的总效用是多少？

表 4-3　面包的总效用和边际效用

面包的数量	总效用	边际效用
1	20	20
2	30	
3		5

四、分析讨论题
1. 说明总效用与边际效用的关系。
2. 说明边际效用递减规律的内容与原因。
3. 说明序数效用论与基数效用论的区别与联系。
4. 简述无差异曲线的特征。
5. 序数效用论消费者均衡的实现条件是什么?

【第4章 在线答题】

第 5 章 生产者行为理论

教学目标

通过本章的学习,读者能够了解生产函数的概念;掌握在成本既定的情况下如何实现产量最大,或者在产量既定的情况下如何实现成本最小,从而达到利润最大的目的。

教学要求

了解厂商生产的目的和企业的本质;掌握可变要素的生产函数、最优的生产要素组合以及规模经济等有关问题;能够运用边际报酬递减规律解释经济生活中的相关现象。

思维导图

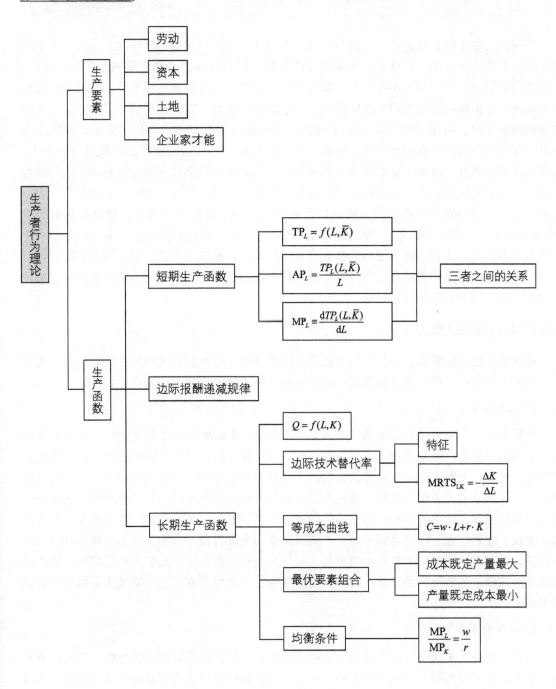

5.1 厂　　商

厂商，又称生产者或企业。一提起厂商，人们往往就会想起各种各样的公司和大大小小的工厂。在现实生活中，厂商也是以各种各样的具体形态出现的，如汽车制造厂、水泥厂、钢铁公司、百货公司，甚至小吃店等，都是厂商。这些厂商生产的产品不同，提供的服务也各具特色；它们使用的技术可能非常尖端，也可能相当原始；它们的规模可以大到超过一个国家的经济规模，如在1990年，美国通用汽车公司的销售额即为1 260亿美元，而同期土耳其、泰国的国内生产总值却只有800亿～900亿美元；同时规模也可以小到只有一个人，如街头小贩。不过，这些企业都有一个共同特征，那就是它们都以利润为目标组织生产经营活动，向社会提供商品和劳务的最终目的是获得利润。因此，在经济学中，厂商被定义为以利润为目标，能够独立核算和自主经营的经济单位。以这种定义来衡量，政府和慈善组织（如社会福利院、红十字会等）都不是厂商，因为它们不是以营利为目标；大工厂下的一个车间也不是厂商，因为它并不是独立核算和自主经营的；家庭也不是厂商，因为它并不进行生产经营活动；甚至传统社会主义体制下的工厂和银行也不是厂商，因为它们是以完成国家计划为目标，而不是以利润为目标。

5.1.1 厂商的组织形式

根据市场经济的要求，现代厂商的组织形式按照财产的组织形式和所承担的法律责任划分，国际上主要有3种厂商组织形式：独资企业、合伙制企业和公司制企业。

1. 独资企业

独资企业，在西方国家也称为"单人业主制"。它是由某个人出资创办的，有很大自由度。他做出一切生产经营决策，获得全部利润，只要履行法定手续，即可进行营业。该业主具有无限责任。无限责任是企业要用自己的全部财产为企业的所有债务承担法律上的责任。如果一个单人业主无力偿还债务，债权人就有权占有业主的个人财产。一般情况下这种企业的利润仅仅是单人业主收入的一部分，他们的收入中还要加上其他收入，并扣除应缴纳的个人所得税。独资企业的优点是容易建立，具有简单的决策过程，利润只作为所有者的收入纳一次税；缺点是业主对债务负有无限责任，筹集资金能力有限，不易扩大经营规模，另外这种组织形式随业主的死亡而终止。例如，街头商店、个体经营者、艺术家等多采用独资企业的形式。

2. 合伙制企业

合伙制企业是由两个人以上共同出资创办的企业。他们之间订立合伙契约，共同出资开办该企业，并分享利润。与单人业主制一样，在合伙制中合伙者的利润收入也要扣除个人所得税，每个合伙人对合伙制企业的全部债务都要承担法律责任。合伙制企业的优点是筹资比独资企业容易，合伙人能进行经营管理方面的分工，有利于提高效益，并且有多样化的决策；缺点是筹资只靠合伙人个人所有资金，达成一致意见缓慢而代价昂贵。和独资企业一样，每一个合伙人对合伙所发生的债务有无限责任，如因意见不一致，一个合伙人退出，或因一个合伙人死亡，这个合伙即告结束。

3. 公司制企业

公司制企业是指按《公司法》建立和经营的具有法人资格的厂商组织，是一种重要的现代企业组织形式，以下简称公司。公司由股东所有，公司的控制权在董事监督下的总经理手中。公司的优点是通过发行股票和债券可以筹集大量资本。绝大多数公司是有限责任公司，即股东对公司债务负有限责任，清偿债务只以他们持有的股票金额为限，公司是永续存在的，不因个别股东的退出或死亡而倒闭。公司可雇用专业人员担任管理工作，使所有权与经营权分开。在现代市场经济条件之下，企业更多的是采取公司的组织形式。公司的缺点是复杂的管理体系使决策缓慢而且代价昂贵，股东人数众多，意见难以统一，难以替换不称职的经理人员，股东利益和管理人员目标难以一致。股东希望公司获得最大利润，使其股票升值，而经理则希望长期在位，或使其收入最大化，利润由公司纳税，红利作为股东收入不纳税。

可以看出，厂商一词比工商企业的内容要广泛得多。它不但包括工商企业，还包括农业企业和独立经营的专业性、技术性和服务性活动的生产单位。如果一家大公司只要求其分厂或分支机构，接受总公司的方针政策的指导，独立经营，自负盈亏，那么各个分厂或分支机构也应看作是独立的厂商。

5.1.2 厂商的目标

厂商为什么要进行经营活动，或者说厂商经营活动的目标是什么呢？

厂商的目标是多种多样的，但其中最重要、最基本的目标是利润最大化。经济学家认为，能够在激烈的市场竞争中长期生存和发展的企业，都是以利润最大化为目标的企业。因此他们将利润最大化假定为厂商的目标。

必须指出的是，经济学家对利润的定义与会计学家对利润的定义不同。经济学家所说的利润，不同于会计学家所说的短期的利润，而是指在长时期内通过适当方法折为现值并且扣除了业主所提供的资本和劳动的报酬之后的利润。

厂商的目标是利润最大化的这种假定，初看起来是天经地义、理所当然的，但它确实也有其局限性。

首先，赚取利润通常需要时间和精力，如果企业的所有者同时又是经理，他们可能觉得为了闲暇时间而牺牲利润更合适一些，在这种情况下，假定所有者兼经理的目标同消费者一样，都是追求效用最大化而不是利润最大化可能更准确一些。效用是企业的所有者兼经理所赚取的利润和享受闲暇时间的函数。

其次，现实世界具有不确定性。在一个具有不确定性的世界中，最大利润并没有明确的定义。由于特定的行动不一定会产生唯一的、特定水平的利润，也许是多种不同水平的利润，每一种利润水平都有出现的概率。这样，谈论利润最大化似乎就没有什么意义。但是，如果企业能够知道从每一个行动中，实现一定水平的利润的概率，假定企业的目标是预期利润的最大化还是有意义的。预期利润是指每一种可能水平的利润率乘上它出现的概率后，加总起来得到的利润的长期平均值，企业可能会对利润的期望值和均方差感兴趣。为了简便起见，在后文中我们假定企业完全了解有关变量，不存在不确定性。

最后，现代的公司经常说利润不是企业的唯一目标，公司发言人也常说下列目标同样是重要的：在企业界实现更好的社会地位、增加或至少保持其市场份额、塑造一个良好的雇主形象以及扮演一个积极的社会角色等。例如，石油公司经常强调它们对环境问题的关心。先不考虑应该在多大程度上相信这些目标，而是把重点放在这些目标与利润最大化目标的本质区别上。这些目标大部分直接就是为了实现长期利润最大化，从这一意义上讲，利润最大化的假定比初看起来更不接近实际。

近年来，西方国家的经济学家开始探讨，建立假定不以利润最大化为目标的企业模型，虽然对于某种分析目的来说，这种模型是有用的，但利润最大化仍然是微观经济学中的标准假定。这在很大程度上是因为对于微观经济学的许多重要目的来说，利润最大化是一个最接近实际的假定，一些替换利润最大化模型的新模型的倡导者也承认，利润最大化也许是表明价格体系如何起作用的经济模型中一个合适的假定。

5.2 生产要素与生产函数

5.2.1 生产要素

生产是指人们将生产要素进行组合从而创造物质财富的行为。在生产中要投入各种生产要素并生产出产品，所以，生产也就是把投入变为产出的过程。

生产要素是指生产中所使用的各种资源。这些资源可以分为劳动、资本、土地和企业家才能。劳动是指劳动力在生产过程中所提供体力和智力的总和。资本可以变现为实物形态和货币形态。资本的实物形态又称资本品或投资品，如厂房、机器设备、原料等。资本的货币形态通常称为货币资本。土地是指生产中所使用的各种自然资源，即地上地下所有的自然资源，如土地、水、矿藏、森林等。企业家才能是指企业家组织建立和经营管理企业的能力。经济学家特别强调企业家才能，他们认为把劳动、资本、土地组织起来，使之演出有声有色的"生产戏剧"的关键正是企业家才能。生产是这4种生产要素合作的过程，产品则是这4种生产要素共同努力的结果。

5.2.2 生产函数

在生产过程中，生产要素的投入量和产品的产出量之间的关系，可以用生产函数来描述。

生产函数是指在一定技术水平不变的条件下，生产中所使用的各种生产要素与所能生产出来的最大产量之间的依存关系。它是反映生产过程中投入和产出之间的技术数量关系的概念。其一般表达式为

$$Q = f(L, K, N, E \cdots) \tag{5.1}$$

式中，Q 表示生产某种产品的产量；L、K、N、E 等分别代表投入的劳动、资本、土地和企业家才能等生产要素的数量。

一般来说，在一个生产体系的生产活动中，所需要的生产要素是多种多样的，生产函数是一个多元函数。但为了分析的方便，只研究二元函数。假如把各种生产要素归结为劳动和资本两个要素，用 L 表示生产过程中投入的一切劳动，用 K 表示生产过程中所需要的资本，则生产函数一般形式可表示为

$$Q = f(L, K) \tag{5.2}$$

这一函数式表明，在一定技术水平时，生产 Q 的产量，需要一定数量劳动与资本的组合。

同样，生产函数也表明，在劳动与资本的数量与组合已知时，也就可以推算出最大的产量。

5.3 短期生产函数

微观经济学的生产理论可以分为短期生产理论和长期生产理论。短期和长期的划分是以生产者能否变动全部要素投入的数量作为标准的。

短期是指生产者来不及调整全部生产要素的数量，至少有一种生产要素的数量是固定不变的时间周期。在短期内生产要素投入可以分为不变要素投入和可变要素投入。生产者在短期内无法进行数量调整的那部分要素投入是不变要素投入（或称固定要素投入），如厂房、机器设备、管理人员等。生产者在短期内可以进行数量调整的那部分要素投入是可变要素投入，如生产工人、原材料、燃料等。

长期是指生产者可以调整全部生产要素数量的时间周期。由于在长期中所有的要素投入量都是可变的，因而也就不存在不变要素投入和可变要素投入的区分。

需要注意的是，对于不同的产品生产，短期和长期的界限规定是不相同的。例如，变动一个大型炼油厂的规模可能需要3年的时间，而变动一个豆腐作坊的规模可能只需要一个月的时间。即前者短期和长期的划分界限为3年，而后者仅为一个月。

微观经济学通常以一种可变生产要素的生产函数考察短期生产，以两种可变生产要素的生产函数和规模经济考察长期生产。本节主要介绍短期生产函数。

5.3.1 总产量、平均产量和边际产量

根据生产函数的表达式 $Q=f(L,K)$，假定资本投入量固定，为不变要素，用 $\bar{K}$ 表示，劳动投入量可变，为可变要素，用 L 表示，则短期生产函数可写成

$$Q=f(L,\bar{K}) \tag{5.3}$$

它表示在资本投入量固定时，由劳动投入量变化所带来的最大产量的变化。由此，可以得出总产量、平均产量和边际产量3个概念。

1. 总产量

总产量（Total Product，TP）是指与一定的可变要素投入量（如劳动投入量）相对应的最大产量。在 K 不变的情况下，可用公式表示为

$$\mathrm{TP}_L=f(L,\bar{K}) \tag{5.4}$$

2. 平均产量

平均产量（Average Product，AP）是指平均每一单位可变要素投入量所生产的产量。在 K 不变的情况下，可用公式表示为

$$\mathrm{AP}_L=\frac{\mathrm{TP}_L(L,\bar{K})}{L} \tag{5.5}$$

3. 边际产量

边际产量（Marginal Product，MP）是指增加一单位可变要素投入量所增加的产量。在 K 不变的情况下，可用公式表示为

$$MP_L = \frac{\Delta TP_L(L, \overline{K})}{\Delta L} \tag{5.6}$$

$$MP_L = \lim_{\Delta L \to 0} \frac{\Delta TP(L, \overline{K})}{\Delta L} = \frac{d\,TP_L(L, \overline{K})}{dL} \tag{5.7}$$

下面用一个例子分别导出总产量曲线、平均产量曲线和边际产量曲线，具体数据如表5-1所示。

表5-1 总产量、平均产量和边际产量具体数据

劳动投入量	总产量	平均产量	边际产量
0	0	0	—
1	50	50	50
2	150	75	100
3	300	100	150
4	400	100	100
5	480	96	80
6	540	90	60
7	580	83	40
8	610	76	30
9	610	68	0
10	580	58	-30

用横轴表示可变要素劳动的投入量 L，纵轴表示产量，用 TP_L、AP_L 和 MP_L 这3条曲线分别表示总产量曲线、平均产量曲线和边际产量曲线。图5.1就是根据表5-1绘制的3条曲线。不难看出，这3条曲线都是先上升，达到高点后再下降，都是呈倒U形。

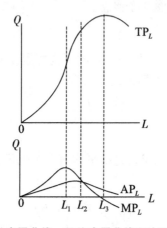

图5.1 总产量曲线、平均产量曲线和边际产量曲线

5.3.2 边际报酬递减规律

从图 5.1 的边际产量曲线来看，边际产量在递增阶段后，最终出现了递减的趋势。这反映了短期生产过程中的边际报酬递减规律。

边际报酬递减规律是指在技术水平不变的情况，当把一种可变的生产要素连续等量地投入一种或几种不变的生产要素中去的过程中，当这种可变要素的投入量小于某一特定值时，增加该要素所带来的边际产量是递增的；当这种可变要素的投入量连续增加并超过这个特定值时，增加该要素投入所带来的边际产量是递减的。

边际报酬递减规律是从科学实验和生产实践中得出来的，是短期生产的一条基本规律，它独立于任何社会价值观念和政治、经济制度。早在 1771 年，英国农学家 A. 杨格就用在若干相同的地块上施以不同量肥料的实验，证明了肥料施用量与产量增加之间存在着这种边际报酬递减的关系。此后国内外学者又以大量事实证明了这一规律。我国俗话所说的"一个和尚担水吃，两个和尚抬水吃，三个和尚没水吃"，正是对边际报酬递减规律的形象表述。但在理解这一规律时，要注意以下几点。

第一，这一规律发生作用的前提是技术水平不变。技术水平不变是指生产中所使用的技术没有发生重大变革。现在，技术进步速度很快，但并不是每时每刻都有重大的技术突破，技术进步总是间歇式进行的，只有经过一定时期的准备以后，才会有重大的进展。无论在农业还是工业中，一种技术水平一旦形成，总会有一个相对稳定的时期，这一时期就可以称为技术水平不变时期。离开了技术水平不变这一前提，边际报酬递减规律就不能成立。在这里，值得一提的是英国经济学家、人口学家托马斯·罗伯特·马尔萨斯，他认为，由于土地是有限的，随着人口的增长，光靠劳动投入的增加必然导致劳动边际产出递减，最后造成普遍的饥荒。但马尔萨斯没有预见到农业技术的进步导致劳动生产力大大提高，使很多国家的农业增长超过了人口的增长。

第二，这一规律是短期生产的一条基本规律。它研究的是不断增加一种可变生产要素到其他不变的生产要素中时对产量或收益的影响。而只有在短期生产中才有不变要素和可变要素之分，故该规律在长期生产中不成立。

第三，特别强调定义中的"特定值"。在将可变要素投入不变要素的过程中，产量增量的变化是分阶段的。在达到"特定值"之前，增加可变要素带来的边际产量是递增的；但是如果超过了这个"特定值"说明不变生产要素已经得到充分利用，再增加可变生产要素时边际产量就会减少。

第四，它假定所有的可变要素投入是同质的，即所有劳动者在操作技术、劳动积极性等各个方面都没有差异。

5.3.3 总产量、平均产量和边际产量之间的关系

由图 5.1 可以进一步比较总产量、平均产量和边际产量相互之间的关系。

第一，在资本投入量不变的情况下，随着劳动量的增加，最初总产量、平均产量和边际产量都是递增的，但各自增加到一定程度之后就分别递减。所以，总产量曲线、平均产量曲线和边际产量曲线都是先上升而后下降的。这反映了边际报酬递减规律。

第二，边际产量曲线与平均产量曲线相交于平均产量曲线的最高点。在相交前，平均产

量虽是递增的,但边际产量大于平均产量($MP_L > AP_L$);在相交后,平均产量是递减的,边际产量小于平均产量($MP_L < AP_L$);只有在相交时,平均产量达到最大,边际产量等于平均产量($MP = AP$)。

第三,当边际产量为零时,总产量达到最大。根据边际产量的定义可以推知,边际产量等于总产量曲线上任何一点的切线的斜率值。因此,当边际产量为正数时,总产量是增加的;当边际产量为负数时,总产量就会绝对减少。

第四,平均产量曲线是总产量曲线上各点与原点连线的斜率值曲线。因此,其斜率值最高的一点,即通过原点所作直线与总产量曲线的切点,是平均产量曲线的最高点。

5.3.4 短期生产的3个阶段

根据短期生产的总产量曲线、平均产量曲线和边际产量曲线之间的关系,可以将短期生产划分为3个阶段,如图5.2所示。

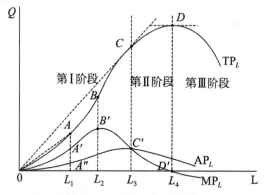

图 5.2 生产的 3 个阶段

在第Ⅰ阶段,平均产量一直在增加,且达到最大值,边际产量上升达到最大值后开始下降,且边际产量始终大于平均产量。这说明,在这一阶段,相对于不变要素资本的投入量过多,而劳动量不足,所以劳动量的增加可以使资本得到充分利用,从而产量递增。由此来看,劳动量还应该增加,否则资本无法得到充分利用。因此,理性的厂商都会继续增加劳动的投入量,以增加总产量,并将生产扩大到下一阶段。

在第Ⅱ阶段,随着劳动量的增加,平均产量开始下降,同时边际产量继续递减,由于边际产量仍大于零,总产量仍在增加。当劳动量增加使得边际产量为零时,总产量达到最大。

在第Ⅲ阶段,随着劳动量的增加,平均产量继续下降,边际产量进一步降为负数,同时总产量开始下降。这说明,在这一阶段,相对于不变要素资本量而言,劳动量过剩。因此,理性的厂商都不会在这一阶段进行生产。

从以上的分析可以看出,理性的厂商只会在短期生产的第Ⅱ阶段进行生产。但应在第Ⅱ阶段的哪一点生产呢?这就还要考虑到其他因素。如果厂商以利润最大化为目标,那就要考虑成本、产品价格等因素。因为平均产量为最大时,并不一定是利润最大;总产量为最大时,利润也不一定最大。劳动量增加到哪一点所达到的产量能实现利润最大化,还必须结合成本、收益和利润来分析。

5.4 两种可变要素的生产函数

前文介绍了以一种可变要素为代表的短期生产函数,本节将通过两种可变要素的生产函数来介绍长期生产函数。

5.4.1 长期生产函数

长期生产函数是考察厂商在可以调整其一切生产要素投入的情况下,生产要素投入与产出之间的关系。在长期生产中,厂商的生产要素不再分为可变投入和不变投入,所有的生产要素投入的数量都是可变的。

为了使研究的问题简化,经济学家根据投入生产的要素种类的多少,把长期生产函数分为许多类别,例如,两种可变要素的长期生产函数、3种可变要素的长期生产函数等。如果结合生产的产品种类,可以列出无数个长期生产函数。例如,根据投入和产出的部门及产品的多少,列出多种相应的投入产出表,它们就代表了各种长期生产函数。在各种长期生产函数中,最简单的一种是两种可变要素的生产函数。微观经济学通常把它作为长期生产函数的代表来进行研究。这两种可变要素通常被假定为劳动和资本。并且,这两种生产要素可以互相替代,它的一般形式为

$$Q = f(L, K) \tag{5.8}$$

式中,L 表示可变要素劳动的投入量;K 表示可变要素资本的投入量;Q 表示产量。

在长期生产中,劳动和资本这两种生产要素都是可以变化的,这就涉及等产量曲线和等成本曲线,以及规模报酬或规模收益的问题。

5.4.2 等产量曲线

等产量曲线是指在技术水平不变的前提下,生产同一产量的两种生产要素投入量的所有不同组合的轨迹。如果以常数表示既定的产量水平,则与等产量曲线相对应的生产函数为

$$Q = f(L, K) \tag{5.9}$$

表 5-2 描述的是两种可变要素的生产函数。它反映了一个既定的产量,如 80 单位的产品可以由 4 单位的劳动和 2 单位的资本生产出来,也可以由 3 单位的劳动和 3 单位的资本生产出来。根据表 5-2,可以画出一组等产量曲线来,如图 5.3 所示。

表 5-2 两种可变要素的生产函数

劳动量	资本量			
	1	2	3	4
	产量			
1	5	11	18	24
2	14	50	58	100
3	22	60	80	99
4	50	80	100	150
5	34	84	150	145

图 5.3 中的横轴和纵轴分别为单位时间使用的劳动量 L 和单位时间使用的资本量 K，3 条曲线分别代表单位产量为 50、100、150 的劳动和资本的组合。例如，为生产 50 单位产量，可以使用 4 单位劳动和 1 单位资本的组合，也可以使用 2 单位劳动和 2 单位资本的组合，等等。

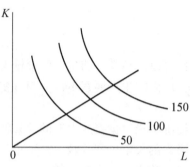

图 5.3　等产量曲线

一般来说，等产量曲线具有以下特征。

① 等产量曲线向右下方倾斜，其斜率为负。因为等产量曲线上的每一个点都代表生产同一产量的两种投入的有效组合。同时，每增加 1 单位某种要素的使用量，要保持产量不变，就必须相应地减少另一种要素的使用量，否则，说明这一点所代表的要素组合是无效率的。

② 同一坐标图上的任意两条等产量曲线不能相交。因为两条等产量曲线的交点代表着两种投入的同一组合。这与两条等产量曲线代表不同的产量水平相矛盾。

③ 等产量曲线是凸向原点斜率递减的。

④ 同一坐标平面上可以有无数条等产量曲线，离原点越远的等产量曲线，代表的产量水平越高；离原点越近的等产量曲线，代表的产量水平越低，但在同一条等产量曲线上的各点，代表的产量相同。

5.4.3　边际技术替代率递减规律

1. 边际技术替代率

等产量曲线表明，当两种生产要素投入量都可以变化时，生产中往往会出现用一种生产要素投入替代另一种生产要素投入的情况。这意味着，生产者可以通过对两种生产要素之间的相互替代，来维持一个既定的产量水平。从图 5.3 中可以发现，为了生产 50 单位的产品，当生产者增加劳动投入时，资本的投入就会减少；相反，当生产者增加资本投入时，劳动的投入就会减少。前者可以看成是劳动对资本的替代，后者可以看成是资本对劳动的替代。从图 5.3 中还可以看出，在产出不变的前提下，要增加 1 单位一种生产要素投入的数量必须减少另一种生产要素投入的数量，把这种在维持产量水平不变的条件下，一种生产要素投入的增加与另一种生产要素投入的减少的数量比率称为边际技术替代率，其英文缩写为 MRTS。根据上述定义，可推导出劳动对资本的边际技术替代率的公式为

$$\text{MRTS}_{LK} = -\frac{\Delta K}{\Delta L} \tag{5.10}$$

式中，ΔK 和 ΔL 分别为资本投入量和劳动投入量的变化量。为便于比较，在公式中加一负号，使得边际技术替代率在一般情况下为正值。

等产量曲线上任意一点的边际技术替代率，如果从几何意义上看，是过该点作等产量线的切线的斜率。如果用 ΔL 和 ΔK 分别代表劳动和资本的变化量，那么，当 ΔL 的变动趋于无穷小时，则相应的边际技术替代率的定义公式为

$$\text{MRTS}_{LK} = -\frac{\Delta K}{\Delta L} = -\frac{dK}{dL} \tag{5.11}$$

边际技术替代率还可以表示为两种生产要素的边际产量之比。这是因为，边际技术替代率是建立在等产量曲线的基础上的，所以，对于任意一条给定的等产量曲线来说，当用劳动投入去替代资本投入时，在维持产量水平不变的前提下，由增加劳动投入量所带来的总产量的增加量和由减少资本量所带来的总产量的减少量必定是相等的，即必有

$$|\Delta L \cdot \text{MP}_L| = |\Delta K \cdot \text{MP}_K| \tag{5.12}$$

整理得

$$-\frac{\Delta K}{\Delta L} = \frac{\text{MP}_L}{\text{MP}_K} \tag{5.13}$$

由边际技术替代率的定义公式得

$$\text{MRTS}_{LK} = -\frac{\Delta K}{\Delta L} = \frac{\text{MP}_L}{\text{MP}_K} \tag{5.14}$$

或者有

$$\text{MRTS}_{LK} = -\frac{dK}{dL} = \frac{\text{MP}_L}{\text{MP}_K} \tag{5.15}$$

2. 边际技术替代率递减规律

在两种生产要素相互替代的过程中，存在这样一种普遍现象，即在保持产量水平不变的前提下，当一种生产要素的数量不断增加时，每一单位的这种生产要素所能替代的另一种生产要素数量是递减的，这就是边际技术替代率递减规律。这表明，在产量水平不变的条件下，在劳动投入量不断增加和资本量不断减少的替代过程中，边际技术替代率是递减的。因为边际技术替代率是等产量曲线上相应点切线的斜率，而边际技术替代率是递减的，正因如此，等产量曲线凸向原点。

5.4.4 等成本曲线

仅仅依靠等产量曲线，厂商还无法确定究竟用哪一种要素组合来生产是最有效率的。因此，必须同时考虑生产要素投入的成本状况。

在生产过程中企业购买各种生产要素所支出的费用就是生产成本。

等成本曲线又称企业预算线，是指在既定的成本和生产要素价格的条件下，生产者所能购买到的两种生产要素的各种不同数量组合的轨迹。假定要素市场上，既定的劳动价格即工资率为 w，资本的价格即利息率为 r，厂商既定的成本为 C，则成本方程为

$$C = w \cdot L + r \cdot K \tag{5.16}$$

由成本方程可得

$$K = -\left(\frac{w}{r}\right)L + \frac{C}{r} \tag{5.17}$$

根据上述方程可以得到等成本曲线，如图5.4所示。

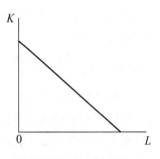

图5.4　等成本曲线

图5.4中横轴上的截距为$\frac{C}{w}$，表示既定的全部成本都购买劳动时的数量，纵轴上的截距为$\frac{C}{r}$，表示既定的全部成本都购买资本时的数量。等成本曲线表明了厂商进行生产的限制条件，即它购买的生产要素所花的钱不能大于或小于所拥有的货币成本。大于货币成本是无法实现的，小于货币成本又无法实现产量最大化。等成本曲线上的任何一点，都是在货币成本与生产要素价格既定条件下，所能购买到的劳动与资本的最大数量的组合。等成本曲线以内区域中的任何一点，表示既定的全部成本都用来购买劳动和资本的组合以后还有剩余。等成本曲线以外区域中的任何一点，表示用既定的全部成本购买劳动和资本的组合是不够的。只有等成本曲线上的点，才表示用既定的全部成本能刚好购买到的劳动和资本的组合。

当成本增加时，等成本曲线向右上方平移；当成本下降时，等成本曲线向左下方平移。当两种生产要素价格等比例下降了，等成本曲线向右平移；相反，向左平移，如图5.5所示。

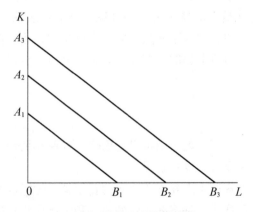

图5.5　等成本曲线的移动

5.4.5　最优的生产要素组合

理性企业的目标是利润最大化。在长期生产中，所有生产要素的投入数量都是可变的，理性企业都会选择最优的生产要素组合进行生产。即在成本既定的情况下使产量最大，或者在产量既定的情况下使成本最小。在本小节中，先分析成本既定产量最大的要素组合，然后分析产量既定成本最小的要素组合。

1. 既定成本条件下的产量最大化

假定企业用两种可变生产要素劳动和资本生产一种产品，劳动的价格 w 和资本的价格 r 是已知的，企业用于购买这两种生产要素的全部成本 C 是既定的。如果企业要从既定的成本中获得最大的产量，那么，它应该如何选择最优的劳动投入量和资本投入量的组合呢？

把企业的等产量曲线和相应的等成本曲线画在同一个平面坐标系中，就可以确定企业在既定成本下实现最大产量的最优要素组合点，即生产的均衡点。既定的等成本曲线必定会与无数条等产量曲线中的一条相切于一点。在这个切点 E，就实现了生产者均衡，即既定成本条件下产量最大的要素组合，如图5.6所示。

在图5.6中，Q_1、Q_2、Q_3 是3条不同的等产量曲线，它们分别代表不同的产量水平，其顺序为 $Q_1 < Q_2 < Q_3$。AB 为等成本曲线。由于相互平行的等产量曲线和等成本曲线相遇时，只有3种情况，即相交、相切和既不相交也不相切，故只画 Q_1、Q_2、Q_3 这3条等产量曲线来代表上述3种情况。AB 线与 Q_2 相切于 E 点，这时实现了生产要素的最优组合。也就是说，在生产者的货币成本与生产要素价格既定的条件下，均衡点 E 的劳动与资本结合，能够实现利润最大化，即既定成本下产量最大。

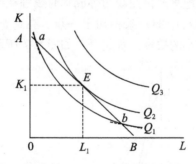

图5.6 既定成本条件下产量最大的要素组合

为什么 E 点就是最优的要素组合点呢？这就需要分析代表既定成本的等成本曲线 AB 与3条等产量曲线 Q_1、Q_2 和 Q_3 之间的关系。先看等产量曲线 Q_1，它与等成本曲线 AB 相交于 a、b 两点，但等产量曲线 Q_1 所代表的产量较低。此时，厂商在不增加成本的情况下，只要由 a 点出发向右或由 b 点出发向左沿着既定的等成本曲线 AB 改变要素组合，就可以增加产量，理性厂商当然不会维持 Q_1 的产量水平，而是在不增加成本的前提下，通过调整要素组合提高产量水平。再看等产量曲线 Q_3，它代表的产量虽然高于等产量曲线 Q_2，但唯一的等成本曲线 AB 与等产量曲线 Q_3 既无交点又无切点。这表明，等产量曲线 Q_3 所代表的产量是企业在既定的成本下无法实现的产量，因为厂商利用既定成本只能购买到位于等成本曲线 AB 上或等成本曲线 AB 以内区域的要素组合。所以，只有在唯一的等成本曲线 AB 和等产量曲线 Q_2 的相切点 E，才是既定成本条件下的最大产量的要素组合。任何更高的产量在既定成本条件下都是无法实现的，任何更低的产量都是低效率的。

由于生产者均衡点是等产量曲线和等成本曲线的切点 E，即等产量曲线上 E 点的切线就是等成本曲线,因此等产量曲线上 E 点的边际技术替代率和等成本曲线的斜率相等,可以用以下公式来表达这一切点的特征。

$$\text{MRTS}_{LK} = \frac{w}{r} \tag{5.18}$$

式(5.18)表示,厂商应该选择最优的生产要素组合,使得两种生产要素的边际技术替代率等于两种生产要素的价格之比,从而实现成本既定条件下的产量最大。

由于边际技术替代率可以表示两种生产要素的边际产量之比,因此,上式可以写为

$$\text{MRTS}_{LK} = \frac{\text{MP}_L}{\text{MP}_K} = \frac{w}{r} \tag{5.19}$$

进一步,可以有

$$\frac{\text{MP}_L}{w} = \frac{\text{MP}_K}{r} \tag{5.20}$$

式(5.29)表示,厂商可以通过对两种生产要素投入量的不断调整,使得最后一单位的货币成本无论用来购买哪一种生产要素所获得的边际产量都相等,从而实现既定成本条件下的最大产量。

2. 既定产量条件下的成本最小化

如同生产者在既定成本条件下会力求实现最大的产量一样,生产者在既定的产量条件下也会力求实现成本最小。如果把等产量曲线与等成本曲线画在一张图中,那么,既定的等产量曲线必定与无数条等成本曲线中的一条相切于一点。在这个切点上,就实现了生产者均衡,即既定产量条件下成本最小的要素最优组合,如图5.7所示。

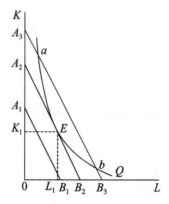

图 5.7 既定产量条件下成本最小的要素最优组合

在图5.7中,A_1B_1、A_2B_2、A_3B_3 是3条不同的等成本曲线。它们分别代表不同的成本水平,其顺序为 $A_1B_1 < A_2B_2 < A_3B_3$。Q 为既定的等产量曲线,它与 A_2B_2 相切于 E 点,这时实现了生产要素的最优组合。也就是说,在产量与生产要素价格既定的条件下,E 点的劳动与资本结合,能实现利润最大化,即既定产量下成本最小。

为什么 E 点就是最优的要素组合点呢?这就需要分析代表既定产量的唯一的等产量曲线 Q 与3条等成本曲线之间的关系。先看等成本曲线 A_1B_1,它虽然代表的成本较低,但它与既定的等产量曲线 Q 既无交点又无切点,无法实现等产量曲线 Q 所代表的产量。再看等

成本曲线 A_3B_3，它虽然与既定的等产量曲线 Q 相交于 a、b 两点，但它代表的成本过高，通过沿着等产量曲线 Q 由两个交点向 E 点的移动，就可以获得相同的产量而使成本下降。所以，只有在相切点 E，才是在既定产量条件下实现最小成本的要素组合。任何更高的产量在既定成本条件下都是无法实现的，任何更低的产量都是低效率的。

由于生产者均衡点是等产量曲线和等成本曲线的切点 E，即等产量曲线上 E 点的切线就是等成本曲线，因此等产量曲线上 E 点的边际技术替代率和等成本曲线的斜率相等，可以用以下公式来表达这一切点的特征。

$$\text{MRTS}_{LK} = \frac{\text{MP}_L}{\text{MP}_K} = \frac{w}{r} \tag{5.21}$$

进一步，可以有

$$\frac{\text{MP}_L}{w} = \frac{\text{MP}_k}{r} \tag{5.22}$$

式（5.22）表示，为了实现既定产量条件下的最小成本，企业应该通过对两种生产要素投入量的不断调整，使得花费在两种生产要素上的最后一单位的货币成本所带来的边际产量相等。

以上就是厂商在既定产量条件下实现最小成本的两种要素的最优组合原则，该原则与厂商在既定成本条件下实现最大产量的两要素的最优组合原则是相同的。

3. 扩展线

既然等产量曲线和等成本曲线的切点就是要素的最优组合点，那么当等产量曲线和等成本曲线变动时，要素的最优组合也会变动。等产量曲线的形状取决于技术水平，等成本曲线的位置取决于成本量和要素价格。如果技术水平和要素价格既定不变，但成本变动，则等成本线会平行移动，进而引起最优要素组合的变动。这种由成本变动引起的最优要素组合变动的轨迹就称为"扩展线"，如图 5.8 所示。

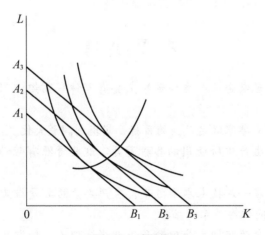

图 5.8　扩展线

在图 5.8 中，设初始的等成本线为 A_2B_2，它同第二条等产量曲线相切。如果成本增加，等成本线就右移到 A_3B_3，与第三条等产量曲线相切。如果成本减少，等成本线就左移到 A_1B_1，与第一条等产量曲线相切。连接三个最优要素组合点的光滑曲线就是生产的扩展线。

由于要素价格既定，即要素价格的比率既定，扩展线上的各点都存在要素的边际技术替代率等于要素价格的比率这种关系。若扩展线是直线状的，表明劳动和资本的比例不变；如果向下弯曲，表明劳动的比重增加，生产扩展走的是劳动密集型的道路；如果向上弯曲，表明资本的比重增加，生产扩展走的是资本密集型的道路。

在长期内，当所有投入都能改变时，产量变化与投入的变化存在什么关系呢？这就是本节将要讨论的规模报酬问题。

5.5 规 模 报 酬

在生产理论中，通常都是全部的生产要素以相同的比例发生变化来定义企业生产规模的变化。规模报酬是指厂商同比例地增加所有生产要素的投入从而引起的产量变动。如果劳动和资本代表厂商的一切生产要素，那么，规模报酬就是厂商按照相同比例增加劳动和资本这两种投入以扩大其产出水平的过程，即所有生产要素都按同一比例变动时，产出是否也按同一比例变动的问题。规模报酬是以技术水平不变为前提的，它与边际收益递减规律的差别在于不是考察一种生产要素变动对产量的影响，而是考察所有生产要素变动对产量的影响。

企业的规模报酬变化可以分为规模报酬递增、规模报酬不变和规模报酬递减3种情况。当所有生产要素投入量都变为原先的 λ 倍，若产出量大于原先的 λ 倍，则称为规模报酬递增；若产出量也变为原先的 λ 倍，则称为规模报酬不变；若产出量小于原先的 λ 倍，则称为规模报酬递减。

假定有生产函数 $Q = f(K, L)$：

若 $f(\lambda L, \lambda K) > \lambda f(L, K)$，则规模报酬递增；

若 $f(\lambda L, \lambda K) = \lambda f(L, K)$，则规模报酬不变，即投入以相同比例（$\lambda$）变化，产出也以相同比例变化；

若 $f(\lambda L, \lambda K) < \lambda f(L, K)$，则规模报酬递减。

本 章 小 结

（1）厂商又称生产者或企业。当今世界主要有3种厂商组织形式：独资企业、合伙制企业和公司制企业。

（2）一般来说，经济学家假定厂商的目标是实现利润最大化。

（3）生产要素是指生产中所使用的各种资源。这些资源有劳动、资本、土地和企业家才能。

（4）生产函数是指在一定技术水平之下，生产要素的数量与某种组合和这种组合所能生产出来的最大产量之间依存关系的函数。

（5）生产理论可以分为短期生产理论和长期生产理论。短期和长期的划分是以生产者能否变动全部生产要素投入的数量作为标准的。短期是指生产者来不及调整全部生产要素的数量，至少有一种生产要素的数量是固定不变的时间周期。长期是指生产者可以调整全部生产要素的数量的时间周期。

（6）边际报酬递减规律是指在技术水平不变的情况，当把一种可变的生产要素投入一种或几种不变的生产要素中去时，最初随着这种生产要素的增加会使产量增加，但当它的增加超过一定限度时，增加的产量将会递减，最终还会使产量绝对减少。

（7）总产量曲线、平均产量曲线和边际产量曲线都是先上升而后下降。边际产量大于平均产量（MP＞AP），平均产量是上升的；边际产量小于平均产量（MP＜AP），平均产量是下降的。

（8）当边际产量为正数时，总产量是增加的；当边际产量为负数时，总产量就会绝对减少。

（9）生产的3个阶段中，理性的厂商只会在生产的第Ⅱ阶段进行生产。应在第Ⅱ阶段的哪一点生产要考虑到其他因素，还要结合成本、收益和利润来分析。

（10）等产量曲线是指在技术水平不变的前提下，生产同一产量的两种生产要素投入量的所有不同组合的轨迹。

（11）边际技术替代率是指在维持产量水平不变的条件下，一种生产要素投入增加与另一种生产要素投入减少的数量比率，其英文缩写为 MRTS。

（12）等成本曲线又称企业预算线，是指在既定成本和生产要素价格的条件下，生产者所能购买到的两种生产要素的各种不同数量组合的轨迹。

（13）生产者均衡条件为 $MPTS_{LK} = \dfrac{w}{r}$。

（14）规模报酬是指厂商同比例地增加所有生产要素的投入从而引起的产量变动。企业的规模报酬变化可以分为规模报酬递增、规模报酬不变和规模报酬递减3种情况。

引进自动分拣机是好事还是坏事？

近年来中国邮政行业实行信件分拣自动化，引进自动分拣机代替人工分拣信件，从纯经济学的角度，即同时从技术效率和经济效率的实现来看，这是一件好事还是坏事呢？

分析：技术效率是指投入与产出之间的关系。当投入既定实现了产出最大，或者说当产出既定实现了投入最少时，就实现了技术效率。经济效率是指成本与收益之间的经济关系。当成本既定而收益最大，或者说当收益既定实现了成本最小时就实现了经济效率。技术效率并不等于经济效率。即实现了技术效率并不一定就实现了经济效率。因为经济效率涉及投入与产出的价格。例如，用100单位劳动和50单位资本，或者用50单位劳动和100单位资本，都可以生产出100吨小麦，如果劳动的价格低而资本的价格高，用后一种方法的成本就高于前一种方法，从而实现了技术效率而没有实现经济效率。区分技术效率和经济效率对企业决策是十分重要的。假设某邮局引进一台自动分拣机，只需一人管理，每日可以处理10万封信件。如果用人工分拣，处理10万封信件需要50个工人。在这两种情况下都实现了技术效率。但是否实现了经济效率还涉及价格问题。处理10万封信件，无论用什么方法，收益是相同的，但成本如何则取决于机器与人工的价格。假设一台分拣机为400万元，使用寿命为10年，按照平均年限法计算，每年折旧费为40万元，再假设利率为每年10%，每年利息为40万元，再加上分拣机每年维修费与人工费5万元。这样使用分拣机的成本为85万元。假设每个工人每年工资1.4万元，50个工人每年工资共70万元，使用人工分拣成本为70万元。在这种情况下，使用自动分拣机实现了技术效率，但没有实现经济效率，而使用人工分拣既实现了技术效率，又实现了经济效率。

资料来源：编者根据网络资料整理。

习 题

一、名词解释

生产函数　　　　　　　总产量　　　　　平均产量　　　　边际产量
边际技术替代率递减　　等产量曲线　　　等成本曲线

二、单项选择

1. 如果连续地增加某种生产要素的投入，当总产量达到最大值的时候，边际产量曲线与（　　）。

    A. 平均产量曲线相交　　　　　　　　B. 纵轴相交

    C. 横轴相交

2. 在总产量、平均产量和边际产量的变化过程中，（　　）。

    A. 边际产量的下降最先发生

    B. 平均产量的下降最先发生

    C. 总产量的下降最先发生

3. 在边际报酬递减规律的作用下，边际产量会发生递减。在这种情况下，如果要增加同样数量的产出，应该（　　）。

    A. 停止增加可变的生产要素

    B. 减少变动的生产要素

    C. 增加变动的生产要素

4. 等成本曲线向内平行移动表明（　　）。

    A. 产量减少了　　　　　　　　　　　B. 成本减少了

    C. 生产要素的价格下降了

5. 如果等成本曲线和等产量曲线既不相交也不相切，这表明要生产等产量曲线所表示的产量水平，应该（　　）。

    A. 增加投入　　　　　　　　　　　　B. 保持投入不变

    C. 减少投入

6. 如果等成本曲线与等产量曲线相交，这表明生产等产量曲线表示的产量水平，（　　）。

    A. 可以减少成本支出　　　　　　　　B. 不能减少成本支出

    C. 应该增加成本支出

7. 当边际产量大于平均产量时，（　　）。

    A. 平均产量递增　　　　　　　　　　B. 平均产量递减

    C. 平均产量不变

8. 边际报酬递减规律所研究的问题是（　　）。

    A. 各种生产要素同时变动对产量的影响

    B. 其他生产要素不变，一种生产要素变动对产量的影响

    C. 一种生产要素不变，其他生产要素变动对产量的影响

9. 如要使总产量达到最大，则一种生产要素的投入应该使（　　）。

    A. 边际产量为零　　　　　　　　　　B. 边际产量等于平均产量

C. 边际产量为正值

三、计算题

已知某企业的生产函数为 $Q = L^{2/3}K^{1/3}$，劳动的价格 $w = 2$，资本的价格 $r = 1$。

（1）当成本 $C = 3\,000$ 时，企业实现最大产量时的 L、K 和 Q 的均衡值是多少？

（2）当产量 $Q = 800$ 时，企业实现最小成本时的 L、K 和 C 的均衡值是多少？

四、分析讨论题

1. 作图说明生产的 3 个阶段。
2. 在既定成本下如何实现最大产量？

第 6 章

成 本 理 论

教学目标

通过本章的学习，读者能够对成本的概念有全面的了解，能对短期成本进行分析。

教学要求

了解成本的各种分类，重点掌握机会成本的概念；能够区别会计利润、正常利润和经济利润；掌握短期成本分析的方法。

思维导图

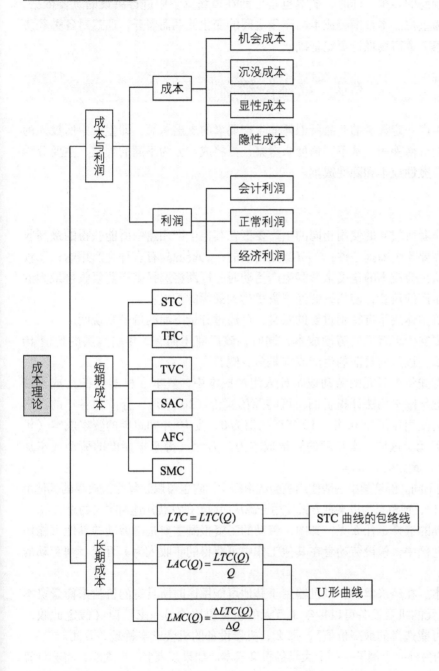

成本的高低决定利润的多少，同时，成本也是厂商在市场竞争中进行决策的重要依据，因此，厂商对成本极为重视。本章围绕成本与产量之间的变化关系而展开，通过对各种经济成本的分析，为学习第 7 章市场理论奠定基础。

6.1 成本的概念

成本是指厂商为生产一定数量的商品所消耗的生产要素的支出总额，即生产中所投入的生产要素与单位要素的价格乘积。从不同角度来考察，可将成本分为不同的种类，主要分为机会成本、沉没成本、显性成本和隐性成本。

6.1.1 机会成本

机会成本是指生产者所放弃的使用相同的生产要素在其他生产用途中所能获得的最高收入。机会成本的存在需要 3 个前提条件：①资源是稀缺的；②资源具有多种生产用途；③资源的投向不受限制。从机会成本的角度来考察生产活动时，厂商将选择生产要素收益最大的项目，从而避免带来生产的浪费，使稀缺的经济资源达到最优的配置。

机会成本对于经济主体决策有特别重要的意义，可通过分析下面的例子来说明。

假设某厂商每年要支付 1 万元的劳动成本，同时，该厂商还拥有 5 年前购买的价值 10 万元的机器设备，那么，该厂商目前的生产成本是多少呢？

会计师的处理是首先将 1 万元的劳动成本计入生产成本中，资本（机器设备）成本较难确定，不过假定依据年限平均法计提折旧，可将原始买价（10 万元）分摊到各年的成本中。假设该机器设备的使用年限为 10 年，10 年后残值为 0，则 10 年间每年的资本成本（机器设备折旧费）为 1 万元。这样，本年度的生产成本为 2 万元（等于本年度的劳动成本加上本年度的资本成本），此为会计成本。

经济学中的算法则不同。经济学中一般使用机会成本概念，它也可以解释为被放弃的其他可能选择所具有的最大价值，或解释为以某种方式使用资源从而放弃的次优用途所损失的总收益。

那么，此例中放弃的选择是什么呢？其中，劳动的工资报酬主要是由劳动的其他可能用途的价值所决定的。此例中，假设劳动者在其他工作中可获得的年收入为 1 万元，则劳动的机会成本就是 1 万元。

再来分析资本成本。在经济学中，以机器用于其他可能用途时所具有的价值来衡量资本成本。假设原价 10 万元的机器设备可以每年 3 万元的租金租赁给另一家厂商（假定此收入为该机器设备的其他可能选择的最高价值），那么，机器设备的机会成本就是 3 万元。

再来看机会成本的另外一个例子——上大学的机会成本。如果某人上一所大学，将会计算他每年要支付的学费、生活费、书费等成本。假定这些成本总额大约为 2 万元。这是否意味着上一年大学的机会成本就是 2 万元呢？当然不是，还必须考虑在学习和上课时间的机会成本。假定在我国一个 19 岁高中毕业生的全日制工作年平均工资为每年 2 万元，那么上大学一年的机会成本就应该等于上大学的实际开销 2 万元和必须放弃参加工作可获得的收入 2 万元，共计 4 万元。

由此可见，机会成本关注的是实际经济成本或在资源稀缺时所做决策的后果。所以，厂商的生产成本应该从机会成本的角度来理解，这才有利于将资源用于最佳用途，得到最优配置。

经济学家认为，经济学是要研究一个经济社会如何对稀缺资源进行合理配置的问题。从资源的稀缺性这一前提出发，当一个社会或一家厂商用一定的资源生产一定数量的一种或几种产品时，这些资源就不能同时被使用在其他的生产用途上。也就是说，这个社会或这家厂商所获得的一定数量的产品收入，是以放弃用同样的资源来生产其他产品时所能获得的收入作为代价的。由此，便产生了机会成本的概念。

在经济学中，厂商的生产成本应该从机会成本的角度来理解。

为什么经济学要用机会成本的概念来分析厂商的生产成本呢？这是因为经济学是从稀缺资源配置的角度来研究生产一定数量的某种产品所必须支付的代价的。当一定量的资源投入生产 A 产品的代价，不仅包括这一定量的经济资源的耗费，还包括没有用这些经济资源生产 B 产品可能获得的收益。这是因为，如果用一定量的经济资源生产 A 产品所获得的收益抵不上生产 B 产品所获得的收益，资源就要从 A 转到 B。由于被放弃的用途有很多种，而有些获利的情况也有很大的不确定性，因此，机会成本的确定往往很困难。

6.1.2 沉没成本

尽管机会成本是隐性的，但却是人们进行经济决策时必须要考虑的。与之相对应的沉没成本刚好相反，沉没成本是已经发生而无法收回的支出。就像泼出去的水、打碎的罐子一样有去无回。所以一旦发生后，在制定未来经济决策时我们就应该忽略它。

由于沉没成本是无法收回的，因而不应该影响厂商的决策。例如，我们可以考察一下一项按厂商要求而设计的专用设备。假定该项设备仅能用于起初设计的用途，而不能转作他用，这项支出就属于沉没成本。因为该项设备别无他用，其机会成本为零，从而这不应该包括在厂商的经济决策之中。不管购置该设备的决策是否正确，该项支出已付诸东流，不应该影响当期决策。例如，某些大的基础工程建设和与自然垄断有关的项目中的沉没成本较大，如通信光纤系统、城市供水系统等。沉没成本反映经济资源退出的难度，沉没成本越大，越难退出，决策时就越要慎重。

6.1.3 显性成本和隐性成本

厂商的生产成本可以分为显性成本和隐性成本两部分。

经济学家对于成本的看法是与会计人员不同的。会计人员通常关注与回顾厂商的资产和负债，以及向外部使用者报告以往的财务状况，就像在年报表中那样，因此会计人员所度量的会计成本可能包含一些经济学家度量时所不包含的成本，也可能不包含经济学家度量时包含的成本。经济学家关心的是稀缺资源的配置，因此他们关心的是将要发生的成本预期是多少，以及厂商如何通过重组资源来降低生产成本以提高利润率，正如我们将要看到的，经济学家关心的是经济成本，即厂商在生产过程中所使用的资源成本。因此会计成本与经济成本是不同的。

其实会计成本也就是厂商的显性成本。显性成本是指厂商在生产要素市场上购买或租用生产要素的实际支出。例如，某厂商雇用了一定数量的工人，从银行取得了一定数量的贷款，并租用了一定数量的土地，为此，这个厂商就需要向工人支付工资、向银行支付利息、向土地出租者支付地租，这些支出便构成了该厂商的显性成本。

隐性成本是指厂商本身所拥有的且被用于该厂商生产过程的那些生产要素的总价格。例如，为了进行生产，一家厂商除了雇用一定数量的工人、从银行取得一定数量的贷款和租用一定数量的土地之外（这些均属于显性成本支出），还动用了自己的资金和土地，并亲自管理工厂。经济学家指出，既然借用了他人的资本需要支付利息，租用了他人的土地需要支付地租，聘用他人来管理工厂需要支付薪金，那么，同样的道理，在这个例子中，当厂商使用了自有生产要素时，也应该得到收益。所不同的是，现在厂商是自己向自己支付利息、地租和薪金，这些费用在形式上没有支出，不体现在账面上，故称之为隐性成本。在经济分析中，除了考虑显性成本外，还要考虑隐性成本。也就是说，会计学中的成本只计算显性成本，而经济学中的成本包括显性成本和隐性成本，即

$$经济成本（机会成本）=显性成本+隐性成本$$

6.1.4 利润

利润有会计利润、正常利润和经济利润之分。

会计利润是指厂商的总收益减去会计成本（显性成本）后的余额。

正常利润是指厂商对自己所提供的企业家才能的报酬支付，是一家厂商继续留在原产业继续生产经营所必需的最低收益，是厂商投入自有生产要素的机会成本。如果一家厂商不能取得正常利润，也就意味着该厂商所取得的会计利润还不能够抵偿厂商投入的自有生产要素的机会成本，那么，该厂商将会把投入的自有生产要素转为他用，以获得好的收益。换句话说，厂商将自有生产要素投入生产，理所当然要求能得到一份收益，否则，它不会将自有生产要素投入生产经营过程中。而这份收益就是放弃将这些自有生产要素投入到其他用途的机会成本（代价）。因此，对于生产经营过程来说，这部分机会成本就表现为生产成本，而对于要素所有者——厂商来说，就表现为利润，即正常利润。

经济利润是指将厂商的总收益减去机会成本（所有显性成本和隐性成本之和）后的余额，也称为超额利润。经济利润可以是正值，可以是负值，也可以为零。微观经济学认为，经济利润是资源配置和重新配置的信号。如果某一行业的经济利润为正，意味着该行业的厂商总收益超过了总成本，这将吸引生产资源的所有者将资源从其他行业转入这个行业，因为进入这个行业获得的收益将超过把该资源用于其他用途的收益；反之，如果某一行业的经济利润为负，将会导致生产资源的所有者将资源从该行业撤出，进入其他行业；当经济利润为零时，它仍然得到了全部的正常利润。也就是说，经济利润中不包括正常利润，当厂商经济利润为零时，厂商仍得到了全部正常利润。

会计利润、正常利润和经济利润3个概念之间的数量关系可以用以下几个等式来表示。

$$会计利润 = 总收益 - 会计成本 = 总收益 - 显性成本$$
$$正常利润 = 厂商投入的自有生产要素的机会成本 = 隐性成本$$
$$经济利润 = 总收益 - 总机会成本$$
$$= 总收益 - （显性成本 + 隐性成本）$$
$$= 会计利润 - 隐性成本$$
$$= 会计利润 - 正常利润$$

6.2 短期成本

时间是与成本有关的重要因素。对于某一特定的厂商，考察的时间不同，厂商生产一定数量

产品所花费的成本也会有所不同。依照考察时间的长短，有短期成本和长期成本之分。

所谓短期是指厂商不能根据它所要达到的产量来调整其全部生产要素数量时间周期。具体来说，在这一时期内它只能调整原料、燃料及生产工人数量这类生产要素，而不能调整厂房、设备和管理人员这类生产要素。长期则是指所有生产要素都是可以调整的时间周期。短期内，由于厂商不能对所有的生产要素做出调整，因而成本可以划分为不变成本和可变成本。长期内，这种划分没有意义。

6.2.1 短期成本函数

厂商为了进行生产必须购买生产要素，为此而支付的代价即为厂商的成本。

微观经济学在讨论成本问题时，通常假定生产要素的价格不变，而把成本仅仅看成是产量的函数，所以成本函数又可以表示为

$$C = f(Q) \tag{6.1}$$

6.2.2 短期成本的分类

短期内，厂商的成本分为不变成本和可变成本。具体地讲，厂商的短期成本有7种：短期总成本、总不变成本、总可变成本、短期平均成本、平均不变成本、平均可变成本和短期边际成本。

（1）短期总成本

短期总成本（Short-run Total Cost，STC）是指短期内厂商生产既定产量所花费的成本总和。它包括总不变成本和总可变成本两部分。

（2）总不变成本

总不变成本（Total Fixed Cost，TFC）是指厂商在短期内必须支付的不能调整的生产要素的那一部分成本。它不随产量的变动而变动，是固定不变的，主要包括厂房和设备的折旧费、地租、利息及管理人员的工资等。由于在短期内不管厂商的产量为多少，这部分不变要素的投入量都是不变的，所以，总不变成本是一个常数，它不随产量的变化而变化。即使产量为零时，不变成本也仍然存在。如图6.1（a）所示，横轴Q表示产量，纵轴C表示成本，总不变成本曲线是一条水平线。TFC曲线表示，在短期内，无论产量如何变化，总不变成本是不变的。

（3）总可变成本

总可变成本（Total Variable Cost，TVC）是指厂商在短期内必须支付的可以调整的生产要素的那一部分成本。它随产量的变动而变动，是可变的，主要包括原材料费、燃料费、动力费及雇用工人的工资等。

总可变成本曲线如图6.1（b）所示，它是一条由原点出发向右上方倾斜的曲线。TVC曲线表示：最初在产量开始增加时由于固定生产要素与可变生产要素的效率未得到充分发挥，因此，总可变成本的增加率要大于产量的增加率；之后随着产量的增加，固定生产要素与可变生产要素的效率得到充分发挥，总可变成本的增加率小于产量的增加率；最后由于边际收益递减规律的作用，总可变成本的增加率又大于产量的增加率。总可变成本的函数形式为

$$TVC = TVC(Q) \tag{6.2}$$

短期总成本是总不变成本和总可变成本之和，总不变成本不会等于零，因此，短期总成

本必然大于零，而且因为短期总成本中包括总可变成本，所以，短期成本的变动规律与总可变成本相同。短期总成本曲线如图 6.1（c）所示，它是纵轴上相当于总不变成本高度的点出发的一条向右上方倾斜的曲线。STC 曲线表示，在每一个产量上的总成本由总不变成本和总可变成本共同构成。短期总成本用公式可以表示为

$$STC(Q) = TFC + TVC(Q) \tag{6.3}$$

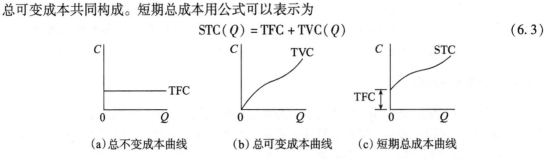

图 6.1　TFC、TVC 和 STC 曲线

(4) 短期平均成本

短期平均成本（Short-sun Average Cost，SAC）是指厂商在短期内平均生产一单位产品所消耗的全部成本。由于短期总成本可分为总不变成本和总可变成本，所以短期平均成本也可分为平均不变成本和平均可变成本。

(5) 平均不变成本

平均不变成本（Average Fixed Cost，AFC）是厂商在短期内平均每一单位产量所消耗的不变成本。平均不变成本用公式可以表示为

$$AFC = \frac{TFC}{Q} \tag{6.4}$$

平均不变成本曲线如图 6.2（a）所示，它是一条向两轴渐近的曲线。这是因为不变成本总量不变，产量增加，分摊到每一单位产品上的不变成本减少。它变动的规律是：起初减少的幅度很大，以后减少的幅度越来越小。

(6) 平均可变成本

平均可变成本（Average Variable Cost，AVC）是厂商在短期内平均每生产一单位产品所消耗的可变成本。平均可变成本用公式可以表示为

$$AVC = \frac{TVC}{Q} \tag{6.5}$$

平均可变成本变动的规律是：起初随着产量的增加，生产要素的效率逐渐得到发挥，因此平均可变成本减少；但当产量增加到一定程度后，平均可变成本由于边际收益递减规律的作用而增加。所以 AVC 线是一条 U 形的曲线，如图 6.2（b）表示。

知道了 AFC 和 AVC 之后，相应的也可以得到 SAC 的计算公式，可以表示为

$$SAC = \frac{STC}{Q} = \frac{TFC + TVC}{Q} = AFC + AVC \tag{6.6}$$

短期平均成本的变动规律是由平均不变成本和平均可变成本共同决定的。当产量增加时，平均不变成本迅速下降，加之平均可变成本也在下降，从而使短期平均成本也迅速下降。以后，随着平均不变成本越来越小，它在平均成本中所占的份额也越来越不重要，这时平均成本主要随着可变成本的变动而变动，即随产量的增加而下降。在产量增加到一定程度之

后，又随产量的增加而增加。所以短期平均成本的曲线如图6.2（c）表示，它也是一条U形的曲线。

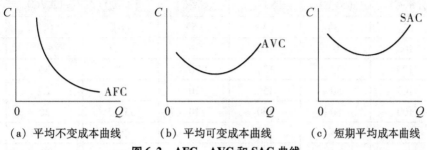

图 6.2　AFC、AVC 和 SAC 曲线

（7）短期边际成本

短期边际成本（Short-run Marginal Cost，SMC）是指厂商在短期内增加一单位产量所引起的总成本的增量。其公式为

$$\text{SMC} = \frac{\Delta \text{STC}}{\Delta Q} = \frac{\text{d STC}}{\text{d} Q} \tag{6.7}$$

短期边际成本的变动取决于总可变成本，因为所增加的成本只能是可变成本。因此，短期边际成本的变动规律是：开始时，边际成本随产量的增加而减少；当产量增加到一定程度时，就随产量的增加而增加。即在 STC 中，TFC 不随产量而变动，所以增加产量只影响 TVC，因此 SMC 的变动取决于 TVC，其变动规律与 SAC 曲线和 AVC 曲线相似，也是一条随产量增加先下降而后上升的 U 形曲线，如图 6.3 所示。

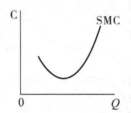

图 6.3　短期边际成本曲线

6.2.3　短期成本曲线的综合关系

虽然短期成本的种类很多，但是从它们各自的定义公式可以知道，由一定产量水平的总成本（TFC、TVC 和 STC）出发，是可以相应得到平均成本（AFC、AVC 和 SAC）和边际成本（SMC）的。在前面分别画出了各种不同类型的成本曲线，为了分析不同类型的短期成本曲线相互之间的关系，可以将这些不同类型的短期成本曲线置于同一张图中。

为了分析各类短期成本的变动规律及其相互之间的关系，利用表 6-1 来表示某厂商短期成本的情况。表中的平均成本和边际成本的各列都可以分别由相应的成本计算公式计算出来。

根据表 6-1 的情况，将各种不同的短期成本曲线绘制在同一张图中，来具体分析它们之间的关系。

表 6-1 厂商的各类成本（产量：实物单位，成本：货币单位）

产量 (Q)	总不变成本 (SFC)	总可变成本 (SVC)	总成本 (STC)	边际成本 (SMC)	平均不变成本 (AFC)	平均可变成本 (AVC)	平均成本 (SAC)
(1)	(2)	(3)	(4)	(5)	(6)	(7)	(8)
0	100	0	100	—	—	—	—
1	100	30	130	30	100	30	130
2	100	50	150	20	50	25	75
3	100	60	160	10	33.33	20	53.33
4	100	65	165	5	25	16.25	41.25
5	100	75	175	10	20	15	35
6	100	90	190	15	16.67	15	31.67
7	100	110	210	20	14.29	15.71	30
8	100	140	240	30	12.5	17.5	30
9	100	180	280	40	11.11	20	31.11
10	100	230	330	50	10	23	33

1. 短期总成本、总不变成本和总可变成本的变动规律及其特点

用横轴 Q 代表产量，纵轴 C 代表成本，则短期总成本、总不变成本和总可变成本的变动规律和它们之间的关系可以用图 6.4 来说明。

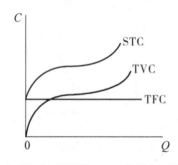

图 6.4 TFC、TVC 和 STC 曲线之间的关系

在图 6.4 中，TFC 为总不变成本曲线，它是一条与横轴平行的直线，表示与产量无关，是一个固定数。TVC 为总可变成本曲线，它从原点出发，表示产量为零时没有可变成本，然后向右上方倾斜，表示随产量的变动而同方向变动。TVC 曲线的形状开始比较陡峭，表示这时总可变成本的增加率大于产量的增加率；然后变得比较平坦，表示此时总可变成本的增加率小于产量的增加率；最后又比较陡峭，表示总可变成本的增加率又大于产量增加率。这种变化表明边际收益递减规律在发生作用。STC 为短期总成本曲线，它是从不变成本出发，表示产量为零时总成本也不为零，而是等于总不变成本。STC 曲线与 TVC 曲线形状完全相同，都向右上方倾斜，表明它们随产量的增加而增加的变化规律相同，并且两者之间的距离等于 TFC。

2. 短期平均成本、平均不变成本和平均可变成本的变动规律及其特点

同样用横轴 Q 代表产量，纵轴 C 代表成本，则短期平均成本、平均不变成本和平均可变成本的变动规律和它们之间的关系可以用图 6.5 来说明。

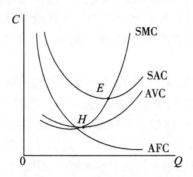

图 6.5　AFC、AVC 和 SAC 曲线之间的关系

在图 6.5 中，AFC 为平均不变成本曲线，可看出它随着产量的增加而减少，这是因为不变成本总量不变，随着产量增加，分摊到每一单位产量上的不变成本就减少了。所以它的曲线开始比较陡峭，说明在产量开始增加时，AFC 下降的幅度很大，以后越来越平坦，说明随着产量的增加，它下降的幅度越来越小。AVC 为平均可变成本曲线，它的变化规律是开始随着产量增加，生产要素的效率逐渐得到发挥，因此平均可变成本减少，但产量增加到一定程度后，由于边际收益递减规律，平均可变成本转而增加。所以它的曲线呈先下降而后上升的 U 形。SAC 为短期平均成本曲线，它的变化规律取决于平均不变成本和平均可变成本，所以其曲线是 AFC 与 AVC 的叠加，也是先下降而后上升的 U 形曲线，与 AVC 曲线之间的距离为 AFC。因此，SAC 曲线在随产量的增加而下降时，开始时比 AVC 曲线陡峭，说明下降的幅度比平均可变成本大，以后的形状与 AVC 曲线基本相同，说明其变动规律类似平均可变成本。

6.2.4　短期成本变动的决定因素——边际报酬递减规律

边际报酬递减规律是短期生产的一条基本规律，它决定了短期成本曲线的特征。

边际报酬递减规律是指在短期生产过程中，在其他条件不变的情况下，随着一种可变生产要素投入量的连续增加，它所带来的边际产量先是递增的，达到最大值后再递减。关于这一规律，也可以从产量变化所引起的边际成本变化的角度来理解。假定生产要素价格是固定不变的，在边际报酬递增的阶段，每增加一单位可变要素投入所生产的边际产量递增，则意味着可以反过来说，在这一阶段增加一单位产量所需要的边际成本是递减的；在以后的边际报酬递减阶段，增加一单位产量所需要的边际成本是递增的。显然，边际报酬递减规律作用下的短期边际产量和边际成本之间存在一定的对应关系。这种对应关系可以简单地表述如下：在短期生产中，边际产量的递增阶段对应的是边际成本的递减阶段，边际产量的递减阶段对应的是边际成本的递增阶段，与边际产量的最大值相对应的是边际成本的最小值。也正因为如此，在边际报酬递减规律作用下的边际成本曲线表现出先降后升呈 U 形的特征。

从边际报酬递减规律所决定的 U 形的 SMC 曲线出发，可以解释其他短期成本曲线的特征，以及短期成本曲线相互之间的关系。

第一，关于 STC 曲线、TVC 曲线和 SMC 曲线之间的关系。由于在每一个产量水平上的 SMC 值就是相应的 STC 曲线的斜率，又由于在每一个产量水平上的 STC 曲线和 TVC 曲线的斜率相等，所以，在每一产量水平的 SMC 值同时就是相应的 STC 曲线和 TVC 曲线的斜率。于是，STC 曲线、TVC 曲线和 SMC 曲线之间表现出的关系为：与边际报酬递减规律作用的 SMC 曲线先降后升的特征相对应，STC 曲线和 TVC 曲线的斜率也由递减变为递增。而且 SMC 曲线的最低点与 STC 曲线的拐点相对应，STC 曲线的最低点与 TVC 曲线的拐点相对应。

第二，关于 SAC 曲线、AVC 曲线和 SMC 曲线之间的关系。我们已经知道，对于任何一对边际量和平均量而言，只要边际量小于平均量，平均量就下降；只要边际量大于平均量，平均量就上升；当边际量等于平均量，平均量必然达到本身的极值点。将这种关系具体到 SAC 曲线、AVC 曲线和 SMC 曲线的相互关系上，同样可以推知，由于在边际报酬递减规律作用下的 SMC 曲线具有先下降而后上升的 U 形特征，所以 SAC 曲线和 AVC 曲线必定也有先降后升的 U 形特征。而且，SMC 曲线必定会分别与 SAC 曲线相交于 SAC 曲线的最低点，与 AVC 曲线相交于 AVC 曲线最低点。

6.3 长 期 成 本

经济学中所说的长期是指厂商能根据所要达到的产量来调整其全部生产要素的时间周期。因此，在长期中也就没有不变成本与可变成本之分，一切生产要素的投入都是可以调整的，一切成本都是可变的。在分析长期成本时，就只需分析其总成本、平均成本和边际成本。

6.3.1 长期总成本

厂商在长期对全部要素投入量的调整意味着对厂商生产规模的调整。也就是说，从长期看，厂商总是可以在每一产量水平上选择最优的生产规模进行生产。

长期总成本（Long-run Total Cost，LTC）是指厂商长期中在每一产量水平上通过选择最优的生产规模所能达到的最低总成本。长期总成本函数可表示为

$$LTC = LTC(Q) \tag{6.8}$$

根据长期总成本函数的规定，可以由短期总成本曲线出发，推导长期总成本曲线。

长期总成本曲线可以视为由一系列短期总成本组成的规划周期，这样就可以运用短期总成本曲线来分析长期总成本曲线。如图 6.6 所示，有 3 条短期总成本曲线 STC_1、STC_2 和 STC_3，分别代表 3 种不同的生产规模。由这 3 条短期总成本曲线在纵轴的截距可知，STC_1 曲线所表示的总不变成本小于 STC_2 曲线所代表的总不变成本，STC_2 曲线所表示的总不变成本小于 STC_3 曲线所表示的总不变成本。总不变成本的大小，往往可代表生产规模的大小。因此，从 3 条短期总成本曲线所代表的生产规模看，STC_1 最小，STC_2 居中，STC_3 最大。

在图 6.6 中，当生产量为 Q_1 时，厂商可以选择 3 种生产规模中任何一种进行生产，但 STC_2 曲线所代表的生产规模和 STC_3 曲线所代表的生产规模的总成本都大于 STC_1 曲线所代表的生产规模总成本，所以，在产量水平为 Q_1 时，厂商必然会选择 STC_1 曲线所代表的生产规模进行生产，因为在这个生产规模下总成本 A 为最低水平。

同样，当生产量为 Q_2 时，在短期厂商也可能面临 STC_1 曲线所代表的过小的生产规模

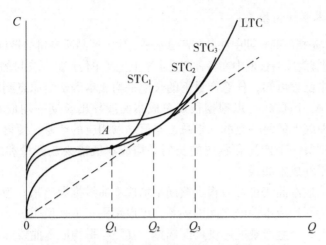

图 6.6 最优生产规模的选择和长期总成本曲线

或 STC_3 曲线所代表的过大的生产规模，因此，厂商只能按较高的总成本来保持产量 Q_2。但在长期，情况就会发生变化。厂商在长期内可以变动全部的生产要素投入量，选择最优的生产规模，因此厂商必然会选择 STC_2 曲线所代表的生产规模进行生产，从而将总成本降低到所能达到的最低水平。类似地，当生产量为 Q_3 时，厂商会选择 STC_3 曲线所代表的生产规模进行生产。这样，厂商就实现了既定产量下的最低总成本。

在图 6.6 中只有三条短期总成本曲线，如果规模可以细分，那么就有无数条短期总成本曲线，因此厂商在任何一个产量水平上，都可以找到相应的一个最优的生产规模，都可以把总成本降到最低水平。也就是说，可以找到无数个类似于点 A 的点，这些点的轨迹就形成了图中的长期总成本曲线 LTC。显然，长期总成本曲线是无数条短期总成本曲线的包络线。在这条包络线上，在连续变化的每一个产量水平上都存在着 LTC 曲线和一条 STC 曲线相切点（如 A 点），该 STC 曲线所代表的生产规模就是生产该产量的最优生产规模，该切点所对应的总成本就是生产该产量的最低总成本。所以，LTC 曲线表示长期中厂商在每一产量水平上由最优生产规模所带来的最小生产总成本。

图 6.6 中 LTC 曲线就是长期总成本曲线。它从原点出发，向右上方倾斜，表示没有产量时总成本为零，并随产量的增加而总成本增加。当产量在 $0 \sim Q_1$ 时，刚开始生产需要投入大量的生产要素，加上产量又小，这些生产要素无法得到充分利用，因此成本增加的比率大于产量增加的比率，所以在这一段 LTC 曲线比较陡峭；当产量增加到 $Q_1 \sim Q_2$ 时，生产要素开始得到充分利用，因而使成本增加的比率小于产量增加的比率，厂商获得规模经济效益，所以在这一段 LTC 曲线比较平缓；当产量超过 Q_2 后，由于规模收益递减，成本增加的比率又大于产量增加的比率，所以 LTC 曲线又变得比较陡峭。

6.3.2 长期平均成本

长期平均成本（Long-run Average Cost，LAC）是指厂商在长期中单位产品分摊的最低总成本。长期平均成本函数可表示为

$$\text{LAC}(Q) = \frac{\text{LTC}(Q)}{Q} \tag{6.9}$$

1. 长期平均成本曲线的推导

由于长期总成本是指厂商长期中在各种产量水平上生产产品所支付的最低总成本,所以,长期平均成本也可以理解为厂商长期中在各种产量水平上生产单位产品所支付的最低平均成本。

由长期平均成本函数可知,任意产量下的长期平均成本等于由原点到长期总成本曲线上相应点的射线的斜率,因此,可以根据长期总成本曲线导出长期平均成本曲线。具体做法是:把长期总成本曲线上的每一点的长期总成本值除以相应的产量,便得到每一产量上的长期平均成本值,再把每一个产量和相应的长期平均成本值描绘在产量和成本的平面坐标系中,便可得到长期平均成本曲线。

此外,长期平均成本曲线也可以根据短期平均成本曲线推导出来。为了更好地理解长期平均成本曲线和短期平均成本曲线之间的关系,可以用图6.7来说明。

假设在短期内有3个生产规模可供厂商选择,其短期平均成本曲线分别为SAC_1、SAC_2、SAC_3。厂商是根据产量的大小来确定其生产规模,其目标是使平均成本达到最低。当厂商生产产量为Q_1时,厂商会选择SAC_1代表的规模,因为此时平均成本C_1是最低的,如果厂商这时选择的是SAC_2这一规模,则此时的平均成本要大于C_1。一旦产量超过Q_1,厂商就会调整生产规模。同理,当产量为Q_2时,厂商则会选择SAC_2这一规模,此时平均成本C_2是最低的。当产量为Q_3时,厂商会选择SAC_3的规模,此时平均成本C_3为最低。

如果厂商选择生产产量为Q'_1时,则厂商既可以选择SAC_1曲线所代表的生产规模,也可以选择SAC_2曲线所代表的生产规模。因为这两个生产规模都以相同的最低平均成本生产同一个产量。这时厂商有可能选择SAC_1所代表的生产规模,因为该生产规模相对较小,厂商的投资可以少一些;当然,如果考虑以后扩大产量的需要,也可以选择由SAC_2所代表的较大的生产规模。

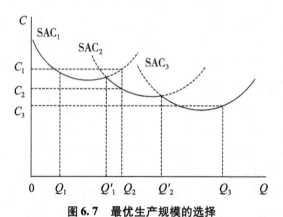

图6.7　最优生产规模的选择

在长期内,厂商总是可以在每一产量水平上找到相应的最优生产规模进行生产。但是在短期内,厂商却做不到这一点。假定厂商现有的生产规模为SAC_1曲线所示,需要生产的产量为Q_2,那么厂商在短期内只能以SAC_1曲线上的C_1平均成本来生产,而不可能是在SAC_1曲线上以较低的C_2平均成本来生产。

由于长期内可供厂商进行选择的生产规模是很多的,在理论分析中,可以假定长期中生产规模可以无限细分,即相应有无数条短期平均成本曲线,且对应每一个短期,都有一个最优生产规模和最低短期平均成本，把这些短期平均成本曲线 SAC_1、SAC_2、SAC_3 等每一产量的最低成本的点连接起来就形成了图 6.8 中的长期平均成本曲线 LAC。

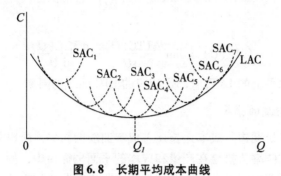

图 6.8 长期平均成本曲线

这条与无数条短期平均成本曲线相切的长期平均成本曲线称为包络线，它将所有的短期成本曲线包络在其中。所以在长期中，厂商都将按这条曲线制订生产计划，确定经营规模，因此长期平均成本曲线又被称为计划曲线。

但要注意，短期平均成本曲线与长期平均成本曲线的相切之点，并不一定是短期平均成本曲线的最低点。在 LAC 曲线的下降段，LAC 曲线相切于所有相应的 SAC 曲线的最低点的左侧；在 LAC 曲线的上升段，LAC 曲线相切于所有相应 SAC 曲线的最低点的右侧；只有在 LAC 曲线的最低点上，LAC 曲线才相切于相应的 SAC 曲线的最低点。

2. 长期平均成本曲线的形状及其特征

从图 6.8 中可以看出，长期平均成本曲线的形状和短期平均成本曲线是很相似的，也是呈现先下降而后上升的 U 形特征。但是，两者形成 U 形的原因却不一样。第 6.2.4 节是用边际报酬递减规律来解释短期平均成本曲线呈 U 形的原因，但它不能用来解释长期平均成本曲线。因为边际报酬递减规律发生作用的一个前提条件是至少有一种生产要素的投入量是固定的，所以它只能说明短期，而不适用于长期。

经济学用规模经济和规模不经济来解释长期平均成本曲线的形状。规模经济是指生产者由于生产规模扩大而导致长期平均成本下降的情况。规模不经济是指生产者由于生产规模扩大而导致长期平均成本上升的情况。当生产规模小时，厂商就增加生产要素，扩大生产规模，可以形成规模经济，从而导致长期平均成本降低。但是，规模经济的效益并非是无限的，当超过一定规模时，就会出现规模不经济，从而导致长期平均成本上升，故使其出现先降后上升的 U 形特征。

由于规模经济和规模不经济都是由厂商变动自己的生产规模所引起的，因此，也被分别称为规模内在经济和规模内在不经济。

与短期平均成本曲线相比，长期平均成本曲线无论是下降还是上升都比较平坦，这说明在长期中，平均成本无论是减少还是增加都变动较慢。这是因为长期中全部生产要素都可以随时调整，从规模收益递增到规模收益递减有一个较长的规模收益不变阶段；而在短期中，规模收益不变阶段很短，甚至没有。

6.3.3 长期边际成本

长期边际成本（Long-run Marginal Cost，LMC）是指厂商在长期内增加一单位产量所引

起的最低总成本的增量。长期边际成本函数可以表示为

$$\mathrm{LMC}(Q) = \frac{\Delta \mathrm{LTC}(Q)}{\Delta Q} \quad (6.10)$$

或

$$\mathrm{LMC}(Q) = \lim_{\Delta Q \to 0} \frac{\Delta \mathrm{LTC}(Q)}{\Delta Q} = \frac{\mathrm{d}\,\mathrm{LTC}(Q)}{\mathrm{d}Q} \quad (6.11)$$

显然,每一产量水平上的 LMC 值都是相应的 LTC 曲线的斜率。

1. 长期边际成本曲线的推导

由于每一产量下的长期边际成本是长期总成本曲线的斜率,所以只要把每一个产量水平上的长期总成本曲线的斜率值描绘在产量和成本的平面坐标系中,便可得到长期边际成本曲线。图 6.9 展示了由短期边际成本曲线得到长期边际成本曲线的方法。

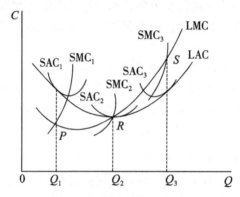

图 6.9　长期边际成本曲线

在图 6.9 中,每一个产量水平上代表最优生产规模的 SAC 曲线都有一条相应的 SMC 曲线,每一条 SMC 曲线都过相应的 SAC 曲线最低点。在产量 Q_1 上,生产该产量的最优生产规模由 SAC_1 曲线和 SMC_1 曲线代表,相应的短期边际成本由点 P 给出,P 既是短期边际成本,又是长期边际成本,即 $\mathrm{SMC}_1 = \mathrm{LMC} = P$。同理,在产量 Q_2 上,有 $\mathrm{SMC}_2 = \mathrm{LMC} = R$;在产量 Q_3 上,有 $\mathrm{SMC}_3 = \mathrm{LMC} = S$。在生产规模可以无限细分的条件下,可以得到无数个类似于 P、R 和 S 的点,将这些点连接起来便可得到一条光滑的长期边际成本曲线 LMC。

2. 长期边际成本曲线的形状

从上面的推导中可以看到,LMC 曲线呈 U 形,它与 LAC 曲线相交于 LAC 曲线的最低点。这是因为,根据边际量和平均量之间的关系,当 LAC 曲线处于下降段时,LMC 曲线一定处于 LAC 曲线的下方,也就是说,此时 LMC < LAC,LMC 将 LAC 拉下;相反,当 LAC 曲线处于上升段时,LMC 曲线一定处于 LAC 曲线的上方,也就是说,此时 LMC > LAC,LMC 将 LAC 拉上。因为 LAC 曲线在规模经济和规模不经济的作用下呈先降后升的 U 形,这就使得 LMC 曲线也必然呈先降后升的 U 形,并且两条曲线相交于 LAC 曲线的最低点。

本 章 小 结

（1）在微观经济学中，厂商的生产成本应该从机会成本的角度来理解，这才有利于资源用于最佳用途，得到最优配置。

（2）显性成本是厂商支付给外部生产要素所有者的报酬。隐性成本是厂商使用自己拥有的那一部分生产要素的机会成本。

（3）在短期内，只有一部分生产要素的投入量可以变动，另一部分（至少有一种）生产要素的投入量不能变动，将短期内发生的成本称为短期成本；在长期内，厂商可以根据它所要达到的产量来调整其全部生产要素的投入量，长期内发生的成本称为长期成本。

（4）利润有会计利润、正常利润和经济利润之分。会计利润是指将厂商的总收益减去会计成本（显性成本）后的余额。正常利润是一家厂商继续留在原来产业继续生产经营所必需的最低报酬，是厂商投入自有生产要素的机会成本，即隐性成本。经济利润是指将厂商的总收益减去总成本（所有显性成本和隐性成本之和）后的余额，也称为超额利润。

（5）厂商的短期成本包括短期总成本、总不变成本、总可变成本、短期平均成本、平均不变成本、平均可变成本和短期边际成本。

（6）厂商的长期成本包括长期总成本、长期平均成本和长期边际成本。

（7）规模经济是指随着生产规模扩大而出现长期平均成本下降的情况。规模不经济是指随着生产规模扩大而出现长期平均成本上升的情况。规模经济与规模不经济是长期平均成本曲线呈 U 形的原因。

案例分析

服装店的张老板是盈利还是亏损？

张老板是某服装店的所有者，店铺是自己买的，他把自己的储蓄作为流动资金并亲自管理该服装店，今年盈利 120 万元。如果张老板为其他商店当经理，则每年可得 80 万元的薪金；如果张老板把自己拥有的资金借给他人，则每年可得 40 万元的利息收入；如果张老板把自己的店铺租让给别人，则每年可得 30 万元的租金收入。那么你认为"张老板今年盈利 120 万元"这句话是对的，还是错误的呢？

分析："张老板今年盈利 120 万元"这句话是错误的。因为，在计算张老板的当年会计利润时，仅从总收益中扣除了显性成本，而没有扣除隐性成本。经济学家认为，当张老板将自己的企业家才能、资金和店铺用于自己的服装店时，他应该至少向自己支付薪金 80 万元、利息收入 40 万元和租金收入 30 万元。由此，正确的计算方法是，张老板今年的经济利润 = 120 - 80 - 40 - 30 = -30 万元。也就是说，张老板经营自己的服装店不仅没有盈利，而且亏损了 30 万元。所以，以会计利润来计算，张老板盈利了 120 万元；而以经济利润来计算，张老板亏损了 30 万元。这也就是一些厂商的所有者在厂商的经营活动事实上已经亏损的情况下，却仍然误以为是盈利的原因。

在这种情况下，张老板目前的正确选择应该是放弃自己经营服装店，而是为其他的厂商当经理，并将自己的店铺和资金租借出去，这样便可以获得更高的收入（因为机会成本 80 + 40 + 30 = 150 万元 > 120 万元）。其实，在现实生活中，经常可以看到一些商店或工厂的小老板，他们的工作强度非常大，但所获得的收入却差强人意。这些老板如果能够放弃目前的工作而去为别人打工，往往有可能获得更高的收入。但他们却没有这样做，这并不说明这些小老板违背了经济学的基本假设即"理性人"假设，只不过可能是因为这些小老板认为自己当老板所带来的满足感要大于为别人打工获得较高收入所带来的满足感，或者说，小老板们的行为选择是由他们的效用偏好所决定的。当然，也不否认有另外一种可能的解释，也就是这些小老板可能由于信息不完全，他们根本不知道还有其他的工作机会可以获取比现在更高的收入。

资料来源：https://zhidao.baidu.com/question/1539617946934160987.html。

习　　题

一、名词解释

机会成本　　　　　显性成本　　　　　隐性成本
会计利润　　　　　正常利润　　　　　经济利润
总不变成本　　　　总可变成本　　　　平均可变成本
平均不变成本　　　短期边际成本　　　长期平均成本　　　长期边际成本

二、单项选择

1. 不变成本是指（　　）。
   A. 购进生产要素时支付的成本
   B. 即便停产也要支付的成本
   C. 要增加产量所要增加的成本

2. 假设产量为 99 单位时，总成本为 995 元，产量增加为 100 单位时，平均成本为 10 元，则边际成本等于（　　）。
   A. 10 元　　　　　　B. 5 元　　　　　　C. 15 元

3. 随着产量的增加，平均不变成本（　　）。
   A. 开始时下降，随后不断上升
   B. 一直在下降
   C. 一直在上升

4. 随着产量的增加，平均可变成本的上升在平均成本的上升（　　）。
   A. 之前　　　　　　B. 之后　　　　　　C. 同时

5. 长期边际成本曲线和长期平均成本曲线的交点，在长期平均成本曲线的（　　）。
   A. 向右下方倾斜的部分
   B. 向右上方倾斜的部分
   C. 最低点

6. 下列项目中可称为可变成本的是（　　）。
   A. 管理人员的工资
   B. 生产工人的工资
   C. 厂房折旧

7. 随着产量的增加，短期不变成本（　　）。
   A. 增加　　　　　　B. 不变　　　　　　C. 减少

8. 随着产量的增加，长期平均成本的变动规律是（　　）。
   A. 先减少后增加
   B. 先增加后减少

C. 按同一固定比率减少

9. 经济学分析中的短期是指（　　）。

A. 1年以内

B. 全部生产要素都可调整的时期

C. 只能调整可变成本的时期

10. 经济学分析中的长期是指（　　）。

A. 1年以上

B. 全部生产要素均可调整的时期

C. 只能调整部分生产要素的时期

三、计算题

1. 某厂商的短期总成本函数是 STC$(Q) = Q^3 - 5Q^2 + 15Q + 66$。要求：

（1）写出该短期成本函数中的总可变成本部分和总不变成本部分；

（2）写出 TVC(Q)、SAC(Q)、AVC(Q)、AFC(Q) 和 SMC(Q) 的函数。

2. 假定某厂商的边际成本函数为 MC $= 3Q^2 - 30Q + 100$，且生产10单位产量时的总成本为1000。求：

（1）不变成本值；

（2）总成本函数、总可变成本函数以及平均成本函数和平均可变成本函数。

3. 假定生产某种产品的边际成本函数为 MC $= 110 + 0.04Q$。求当产量从100增加到200时总成本的变化量。

4. 已知某种产品的生产数为 $Q = 2K \cdot L - 0.5L^2 - 0.5K^2$。要求：

（1）短期生产中劳动的总产量 TP_L、平均产量 AP_L 和边际产量 MP_L 函数；

（2）分别计算当劳动的总产量、平均产量和边际产量各自达到最大时厂商的劳动投入量。

5. 某厂商短期总成本函数为 STC $= 1000 + 240Q - 4Q^2 + (1/3)Q^3$。求当 SMC 达到最小值时的产量。

6. 已知某厂商的生产函数为 $Q = L^{\frac{3}{8}}K^{\frac{5}{8}}$，又设 $P_L = 3$ 元，$P_K = 5$ 元。求总成本为160元时厂商均衡的 Q、L 和 K 的值。

四、分析讨论题

1. 短期边际成本的变动规律是什么？它与短期平均成本有什么关系？

2. 长期平均成本曲线有什么特征？

3. 有人说"总收益大于总经济成本时，利润为正数；总收益等于总经济成本时，利润为零；总收益小于总经济成本时，利润为负数"。这句话对吗？为什么？

【第6章 在线答题】

第7章 市场理论

教学目标

在本章中,按照竞争和垄断程度的不同,将市场分为完全竞争市场、垄断竞争市场、寡头垄断市场和完全垄断市场。对于这4种市场,读者要了解如何分析厂商的需求曲线,以及厂商如何通过价格和产量的决定来贯彻利润最大化原则,从而实现厂商均衡。

教学要求

掌握市场的概念及分类;掌握完全竞争市场和完全垄断市场的条件、厂商的需求曲线、厂商的收益曲线、实现利润最大化的条件。

思维导图

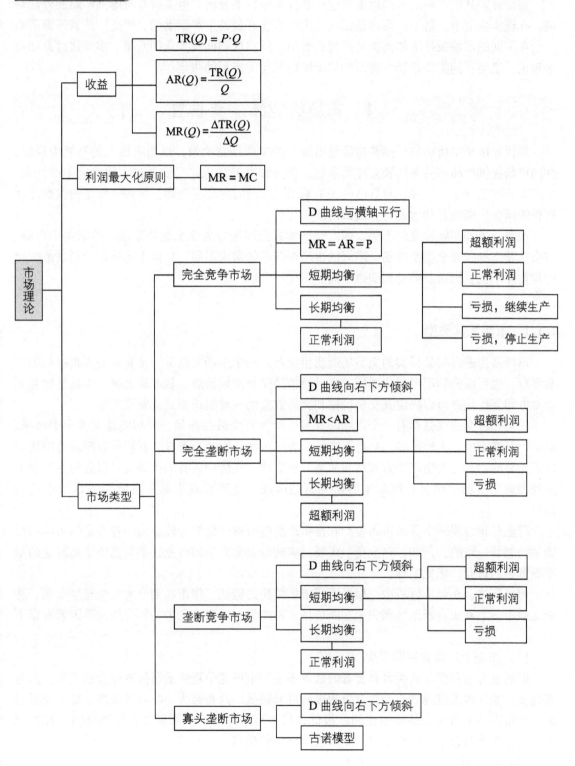

前面分别从生产和成本的角度对生产者行为进行了分析，但是没有考虑到厂商的外部环境。在现实生活中，每个厂商都是面对现实的市场开展其生产活动的，因此，所有厂商就有一个在不同的市场条件下如何决定产量和价格，以实现利润最大化的问题。本章通过介绍市场理论，说明不同类型市场中商品的均衡价格和均衡产量的决定。

7.1 市场类型和厂商收益

现代经济学中所谓的厂商是指能做出统一的生产经营决策，以追求最大的利润为目标，并向市场提供产品和劳务的独立经营单位。作为独立的法人，厂商能自主地决定生产什么、生产多少和怎样生产，并在对自己的决策承担风险的同时分享利润。为同一市场提供商品和劳务的所有厂商的总和就是行业或部门。

按照竞争和垄断程度的不同，西方经济学家把市场分为完全竞争市场、垄断竞争市场、寡头垄断市场和完全垄断市场。不同的市场对产品的需求不同，厂商由此确定的利润最大化的均衡点不同，因而获得的利润也不同。

7.1.1 市场及其类型

市场是指进行物品买卖的交易场所或接洽点。一个市场可以是一个有形的买卖物品的交易场所，也可以是利用现代化通信工具进行物品交易的接洽点。从本质上讲，市场是物品买卖双方相互作用并得以决定其交易价格和交易数量的一种组织形式或制度安排。

任何一种交易商品都有一个市场。有多少种需要交易的商品，就相应地有多少个市场。例如，石油市场、土地市场、自行车市场、大米市场、服装市场等。我们可以把经济中所有的可交易的物品分为生产要素和商品两类，相应地，经济中所有的市场也可以分为生产要素市场和商品市场这两类。本章主要研究商品市场，生产要素市场将在后面的章节中进行探讨。

行业是指为同一个商品市场生产和提供产品的所有厂商的总体。同一种商品的市场和行业的类型是一致的。例如，完全竞争市场对应的是完全竞争的行业，垄断竞争市场对应的是垄断竞争的行业，依此类推。

如前所述，在经济分析中，根据不同市场结构的特征，将市场划分为完全竞争市场、垄断竞争市场、寡头垄断市场和完全垄断市场4种类型。决定市场类型划分的主要因素有以下4个。

(1) 市场上厂商数量的多少

市场上对某种商品的买者和卖者的数量多少与市场竞争程度的高低有很大的关系。参与者越多，竞争程度就越高，否则竞争程度就可能很低。这是因为，参与者越多，每个交易者的交易量占整个市场交易量的比例就很低，甚至可以忽略，从而就对市场价格缺乏控制能力，竞争能力就较小，厂商之间的竞争就相对比较激烈。

(2) 厂商所生产产品的差别程度

产品差别是指同一种商品在质量、做工、原材料、包装等方面的差别。产品差别引起垄断,产品差别越大,垄断程度越高。产品差别可以分为物质差别、售后差别和形象差别。产品之间的差别越小甚至雷同,相互之间替代品越多,竞争就越激烈。

(3) 单家厂商对市场价格的控制程度

有些行业由于厂商数量多、规模小,生产的产品无差别,因此,对产品的价格没有控制能力,即没有市场势力,只能按照市场价格买卖商品;而有些情况正好相反,因此,就有市场势力,从而能够决定产品价格。

(4) 厂商进入或退出一个行业的难易程度,即市场壁垒的高低

市场壁垒的高低来自自然原因和立法原因。自然原因是指资源控制和规模经济。如果某家厂商控制了某个行业的关键资源,其他厂商得不到这种资源,就无法进入该行业。规模经济是指市场上的某大型厂商产量大且平均成本很低,这就构成了对新进入市场的厂商的障碍,如果新厂商打入市场以后,在平均成本上无法达到较低的水平,就没有在价格上的竞争力,因此,很难立足于市场。立法原因是法律限制进入某些行业。这种立法限制主要采取3种形式:一是特许经营;二是许可证制度;三是专利制度。行业进入的限制,主要体现在资源流动的难易程度上。厂商能不能进入和退出某个行业,取决于资源在这个行业中流入和流出的难易程度。如果生产某种产品的原材料被人控制,又没有适当的替代品,生产者就不容易进入这个行业,这个行业的市场竞争激烈程度就较低。

其中,可以认为,第一个因素和第二个因素是最基本的决定因素。在以后的分析中,大家可以体会到,第三个因素是第一个因素和第二个因素的必然结果,第四个因素是第一个因素的延伸。关于完全竞争市场、垄断竞争市场、寡头垄断市场、完全垄断市场4种市场类型的划分及其相应的特征可以用表7-1来说明。

表7-1 市场类型的划分及其相应的特征

市场类型	厂商数目	产品替代度	对市场价格的控制度	进出该行业的难易程度	最接近市场举例
完全竞争	很多	可轻易替代	无	容易	农产品
垄断竞争	很多	可替代	有一些	比较容易	轻工业产品、零售业
寡头垄断	几个	几乎不可替代	相当程度	比较困难	钢铁、汽车、石油、家电
完全垄断	唯一	无替代	完全控制但受管制	基本不可能	公用事业,如水、电

为什么在经济学研究中要区分不同的市场结构呢?我们知道,市场的均衡价格和均衡数量取决于市场的需求曲线和供给曲线。消费者追求效用最大化的行为决定了市场的需求曲线,而供给曲线的形状与厂商的行为有关,通过后面的分析可以得到供给曲线由厂商利润最大化行为决定。因为厂商的利润取决于收益和成本,厂商的成本主要取决于厂商生产技术方面的因素,而厂商的收益则取决于市场对其产品的需求状况。在不同类型的市场条件下,厂商所面临的对其产品的需求状态是不相同的,所以,在分析厂商的利润最大化的决策时,必须要区分不同的市场类型来进行分析。

7.1.2 厂商的收益和利润

利润是收益与成本的差额。厂商的目标是利润最大化,所以在进行成本分析之后,要对

厂商的收益和利润进行分析。对收益主要分析的是总收益、平均收益和边际收益及它们之间的关系。

1. 总收益、平均收益和边际收益

收益是指厂商出售产品所得到的收入，等于销售量与价格的乘积。一般情况下它包括成本和利润两部分。

收益可以分为总收益、平均收益和边际收益。总收益是厂商销售一定量产品所得到的全部收入。平均收益是厂商销售每一单位产品平均得到的收入。边际收益是厂商每增加一单位产品的销售所增加的收入。

以 TR 代表总收益，AR 代表平均收益，MR 代表边际收益，以 Q 代表销售量，ΔQ 代表增加的销售量，则 3 种收益之间的关系如下。

$$\text{TR}(Q) = P \cdot Q \tag{7.1}$$

$$\text{AR}(Q) = \frac{\text{TR}(Q)}{Q} \tag{7.2}$$

$$\text{MR}(Q) = \frac{\Delta \text{TR}(Q)}{\Delta Q} \tag{7.3}$$

或

$$\text{MR}(Q) = \lim_{\Delta Q \to 0} \frac{\Delta \text{TR}(Q)}{\Delta Q} = \frac{\text{d TR}(Q)}{\text{d}(Q)} \tag{7.4}$$

由式（7.4）可知，每一销售量水平上的边际收益就是相应的总收益曲线的斜率。

2. 利润最大化原则

在经济分析中，利润最大化原则就是边际收益等于边际成本，即

$$\text{MR} = \text{MC} \tag{7.5}$$

为什么在边际收益等于边际成本时厂商利润达到最大呢？其理由可分析说明如下。

如果边际收益大于边际成本（MR > MC），则表明厂商每多生产一单位产品所增加的收益大于生产这一单位的产品所增加的成本。这就意味着厂商还有潜在的利润没有得到，厂商增加生产还能增加利润，也就是说厂商尚未实现利润最大化。因此，厂商必定会增加产量。

如果边际收益小于边际成本（MR < MC），则表明厂商每多生产一单位产品所增加的收益小于生产这一单位产品所增加的成本。这对厂商来说会造成亏损，因此厂商必定要减少产量。

只有在 MR = MC 时，厂商既不会增加产量也不会减少产量，因为它若再增加产量，边际收益就将小于边际成本，此时该单位产品的利润为负值。同样，它若减少产量，将带来利润的损失。因此，只有在 MR = MC 时厂商才能把该赚的利润都赚到了，实现利润最大化。也就是说，厂商总是按照边际收益等于边际成本这一原则来确定产量。

7.2 完全竞争市场

7.2.1 完全竞争市场的条件

完全竞争也称纯粹竞争。完全竞争市场是指一种竞争不受任何阻碍和干扰的市场结构，

即既不存在垄断因素，也不受政府干预的自由市场状态。经济分析中使用的"完全竞争"一词，具有十分严格的含义。具体来说，一种产品市场要具有完全竞争的性质，必须同时具备以下 4 个条件：

1. 市场上有大量的买者和卖者

由于市场上有无数的买者和卖者，所以，相对于整个市场的总需求量和总供给量而言，每一个买者和每一个卖者的供求量都是微不足道的，都好比是一桶水中的一滴水。任何一个买者买与不买，或买多与买少，以及任何一个卖者卖与不卖，或卖多与卖少，都不会对市场的价格水平产生任何的影响。于是，在这样的市场中，任何一位消费者或厂商对市场价格没有任何的控制力量，他们都只能被动地接受既定的市场价格。这意味着在一个完全竞争市场上，每一个买者（或卖者）是价格的接受者，而不是价格的决定者。

2. 市场上每一家厂商提供的商品都是同质的

这里的商品同质是指厂商之间提供的商品是完全无差别的，它不仅指商品的质量、规格、商标等完全相同，还包括购物环境、售后服务等方面也完全相同。即任意一个生产者的产品在所有买者看来都是完全相同的。也就是说，对于消费者来说，无法区分产品是由哪一家厂商生产的，或者说，购买任何一家厂商的产品都是一样的。这就意味着如果一家厂商稍微提高其产品的卖价，所有的消费者将会转而购买其竞争对手的产品，该厂商的产品就会卖不出去。当然，单家厂商也没有必要单独降价。因为在一般情况下，单家厂商总是可以按照既定的市场价格实现属于自己的那一份相对来说很小的销售份额。所以，厂商既不会单独提价，也不会单独降价。可见，在所有生产者的卖价相同时，消费者购买哪个生产者的产品完全是随机的。第二个条件进一步强化了完全竞争市场上每一个买者和卖者都是被动的既定市场价格的接受者这种说法。

3. 所有的资源具有完全的流动性

完全竞争市场意味着不存在任何法律的、社会的、政策的、资金的或规模的障碍来阻止新的厂商进入该行业，在长时期内，生产要素可以随着需求的变化在不同行业之间自由流动。这意味着厂商进入或退出一个行业是完全自由和毫不困难的。所有资源可以在各厂商之间和各行业之间完全自由地流动，不存在任何障碍。这样，任何一种资源都可以及时地投向能获得最大利润的生产，并及时地从亏损的生产中退出。在这样的过程中，缺乏效率的厂商将被市场淘汰，取而代之的是具有效率的厂商。

4. 信息是完全的

在完全竞争的生产模型中，每一个生产者和消费者都掌握与自己的经济决策有关的一切信息。即市场上的每一个买者和卖者都掌握着与自己的经济决策相关的一切信息。这样，每一家消费者和每一家厂商都可以根据自己完全的信息，做出自己最优的经济决策，从而获得最大的经济利益。而且，由于每一个买者和卖者都知道既定的市场价格，都按照这一既定的市场价格进行交易，这也就排除了由于信息不通畅而可能导致的一个市场同时按照不同的价格进行交易的情况。

在现实生活中很难找到同时具备上述 4 个条件的市场，只有农产品市场，如同一品种的大米市场、小麦市场、蔬菜市场等特征与完全竞争市场的条件的前两个比较接近。实际上，完全竞争市场是一种没有竞争，也没有必要进行竞争的市场。换言之，在完全竞争的条件下，经济运行主体之间不存在直接的、真正意义上的竞争。

既然在现实生活中并不存在完全竞争市场，为什么还要建立和研究完全竞争市场模型呢？首先，尽管完全竞争市场在现实经济中是一种几乎不存在的市场结构，但是由于完全竞争市场是资源配置最优、经济效率最高的市场，所以可以作为经济政策追求的理想目标；其次，完全竞争市场理论既大大简化了对现实经济的分析过程，又没有影响分析的合理性，有助于人们了解经济活动和资源配置的一些基本原理，解释或预测现实经济中厂商和消费者的行为；再次，完全竞争市场理论是其他几种市场理论的基础和出发点。因此，我们有必要对这种市场进行分析研究。

7.2.2 完全竞争厂商的需求曲线

在任何一个商品市场中，消费者对整个行业所生产的商品的需求量称为行业所面临的需求量，相应的需求曲线称为行业的需求曲线。消费者对行业中的单家厂商所生产的商品的需求量，称为厂商所面临的需求量，相应的需求曲线称为厂商所面临的需求曲线。

由于整个行业所面临的需求量就是整个市场上全部消费者的需求总量，所以，行业所面临的需求曲线也就是市场的需求曲线。完全竞争市场的需求曲线是一条向右下方倾斜的直线，如图7.1（a）中的线条 D。

厂商所面临的需求曲线，简称厂商的需求曲线。在完全竞争条件下，厂商所面临的需求曲线是一条由既定的市场均衡价格水平出发的水平线，如图7.1（b）中的线条 d。它表示，完全竞争厂商只能被动地接受既定的市场价格，而且在每一个既定的市场价格水平，单家厂商总是可以把其愿意提供的任何数量的商品卖出去，或者说，在一家厂商面对市场众多消费者的情况下，在这个厂商眼里，市场对其商品的需求量是无限大的。

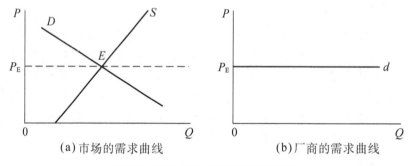

图7.1　完全竞争条件下的需求曲线

图7.1（b）中的厂商的需求曲线 d 是相对于图7.1（a）中的市场需求曲线 D 和市场供给曲线 S 的交点决定的均衡价格 P_E 而言的。如果图7.1（a）中市场供给曲线 S 的位置发生移动，就会与现有的市场需求曲线 D 相交形成新的市场均衡价格。相应地，在图7.1（b）中便会有另一条新的均衡价格水平的厂商的需求曲线。

7.2.3 完全竞争厂商的收益曲线

厂商总收益（Total Revenue，TR）即厂商出售一定数量的产品得到的销售收入，它等于单位产品的销售价格与销售量的乘积，即 $TR = P \cdot Q$。在完全竞争条件下，厂商每增加一个单位的销售量引起的总收益的增量总是等于固定不变的单位产品的卖价 P，所以总收益曲线是从原点出发的一条直线，其斜率为固定不变的销售价格，如图 7.2（a）所示。

平均收益（Average Revenue，AR）是指总收益除以销售总量所得收益，即销售一定量产品时平均每一单位产品所得到的收益，它实际上也就是销售任意数量的产品时每单位产品的销售价格。

$$\mathrm{AR} = \frac{\mathrm{TR}}{Q} = \frac{P \cdot Q}{Q} = P \tag{7.6}$$

所以，厂商的平均收益曲线在任何市场条件下都可以由它的产品的需求曲线来表示。上面指出，在完全竞争市场中，由于价格是一个常数，所以厂商的平均收益曲线是与价格曲线重合的一条水平线，如图 7.2（b）表示。

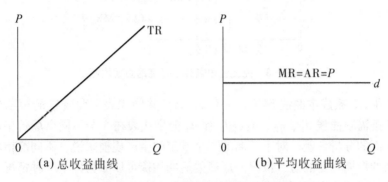

图 7.2　完全竞争条件下的收益曲线

边际收益（Marginal Revenue，MR）是指增加一个单位产品销售量所引起的总收益的增量。边际收益函数可以表示为

$$\mathrm{MR}(Q) = \frac{\Delta \mathrm{TR}(Q)}{\Delta Q} \tag{7.7}$$

或

$$\mathrm{MR}(Q) = \lim_{\Delta Q \to 0} \frac{\Delta \mathrm{TR}(Q)}{\Delta Q} = \frac{\mathrm{d}\,\mathrm{TR}(Q)}{\mathrm{d}\,Q} \tag{7.8}$$

由式（7.8）可知，每一销售水平上的边际收益就是相应的总收益曲线的斜率。

在完全竞争条件下，由于无论销售量怎样增加，单位产品的销售价格始终不变（厂商的需求曲线是水平线），因而每一单位产品的边际收益始终等于固定不变的销售价格。关于这一点可以用如下公式说明。

$$\mathrm{MR} = \frac{\mathrm{d}\,\mathrm{TR}}{\mathrm{d}\,Q} = \frac{\mathrm{d}\,P \cdot Q}{\mathrm{d}\,Q} = P \tag{7.9}$$

因此，完全竞争厂商的边际收益等于平均收益，也等于价格，即 $\mathrm{MR} = \mathrm{AR} = P$。图 7.2（b）所示的线条 d 既代表厂商的需求曲线，又代表平均收益曲线、边际收益曲线，也代表价格曲线，是 4 条曲线完全重合的线。这是完全竞争市场的一个重要特点。

7.2.4　完全竞争厂商的短期均衡

在完全竞争厂商的短期生产中，不仅产品的价格是既定的，而且生产中的固定要素投入量也是无法改变的。也就是说,厂商只能用既定的生产规模进行生产,并且通过调整产量来实现 MR = SMC 的利润最大化的均衡条件。但由于不同的市场价格水平会直接影响厂商短期均衡的盈亏状况,所以在 MR = SMC 的均衡点上,厂商不一定就能获得利润。厂商可能是盈利的,也可能是亏损的。关于厂商短期均衡时的盈亏状况可以用图7.3来说明。

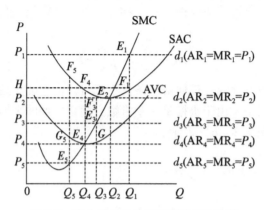

图7.3 完全竞争条件下厂商的短期均衡

在图7.3中,3条成本曲线 SMC、SAC 和 AVC 共同代表厂商既定的短期生产规模;厂商所面临的5条需求曲线 d_1、d_2、d_3、d_4 和 d_5 分别代表在5个不同市场价格水平下的厂商收益情况。下面的分析表明,对于厂商的一个既定的生产规模来说,不同的市场价格水平将直接影响厂商的短期均衡的盈亏情况。厂商的短期均衡可以分为以下5种情况。

① 平均收益大于短期平均成本,即 AR > SAC,厂商获得利润。

当市场价格升高为 P_1,相应的厂商所面临的需求曲线为 d_1 时,根据 MR = SMC 的利润最大化均衡条件,厂商选择的最优产量为 Q_1。因为,在 Q_1 的产量上,SMC 曲线和 MR_1 曲线相交于 E_1,E_1 点是厂商的短期均衡点。这时,厂商的平均收益为 E_1,短期平均成本为 F_1,平均收益大于平均成本,厂商在单位产品上获得平均利润为 $E_1 - F_1$,利润总量为 $(E_1 - F_1) \cdot Q_1$,相当于图7.3中矩形 $F_1 E_1 P_1 H$ 的面积。

② 平均收益等于短期平均成本,即 AR = SAC,厂商的利润为零。

相对于第一种情况,市场价格由 P_1 下降为 P_2,厂家所面临的需求曲线相应地向下移动为 d_2 曲线,而且,厂商所面临的需求曲线 d_2 恰好与短期平均成本曲线 SAC 相切于其最低点 E_2,短期边际成本曲线 SMC 也经过该点。由于该点就是 SMC 曲线和 MR_2 曲线的交点,所以,E_2 点就是厂商的短期均衡点,相应的均衡产量为 Q_2。在 Q_2 的产量水平,平均收益为 E_2,平均总成本也为 E_2,厂商既无利润,也无亏损,所以 SMC 曲线与 SAC 曲线的交点 E_2 也被称为厂商的收支相抵点。

③ 平均收益小于短期平均成本,但仍大于平均可变成本,即 AVC < AR < SAC,厂商亏损,但可以继续生产。

当市场价格继续下降为 P_3,相应的厂商所面临的需求曲线为 d_3 时,SMC 曲线和 MR_3 曲线相交所决定的短期均衡点为 E_3,均衡产量为 Q_3。在 Q_3 的产量水平,平均收益为 E_3,短期平均成本为 F_3,平均收益小于短期平均成本,厂商是亏损的,单位产品的亏损额为 $F_3 - E_3$,总亏损为 $(F_3 - E_3) \cdot Q_3$,平均可变成本为 G,它小于平均收益 E_3。此时,厂商虽然亏损,但仍然继续生产。因为只有这样,厂商才能用全部收益弥补全部可变成本之后,还能弥补在短期内总是存在的不变成本的一部分。所以，在这种情况下，生产要比不生产强。

④ 平均收益等于平均可变成本，即 AR = AVC，厂商亏损，处于生产与不生产的临界点。

当市场价格进一步下降到 P_4 时，相应的厂商所面临的需求曲线为 d_4，而且 d_4 曲线恰好相切 AVC 曲线的最低点 E_4，SMC 曲线也经过该点。在这种情况下，根据 MR = SMC 的利润最大化的原则，E_4 点就是厂商的短期均衡点，均衡产量为 Q_4。在均衡点 E_4 上，平均收益等于平均可变成本，都是 E_4，损失了全部的不变成本 $(F_4 - E_4) \cdot Q_4$。在这种情况下，厂商可能继续生产，也可能不生产，或者说，生产或不生产的结果对于厂商来说都是一样的。因为，若继续生产，厂商的全部收益只够弥补全部的可变成本，而不能弥补任何不变成本；若不生产，厂商虽不必支付可变成本，但不变成本仍然是存在的。所以，SMC 曲线与 AVC 曲线的交点是厂商生产与不生产的临界点，通常称该点为停止营业点。

⑤ 平均收益小于平均可变成本，即 AR < AVC，厂商不仅亏损了全部的不变成本，还损失了部分可变成本，停止生产。

当市场价格下降为更低的 P_5，相应的厂商所面临的需求曲线为 d_5 时，MR_5 = SMC，短期均衡点为 E_5，均衡产量为 Q_5。这时，平均收益为 E_5，它小于平均可变成本 G_5，厂商亏损，停止生产。因为，倘若厂商继续生产，其全部收益连可变成本都无法弥补了，更谈不上对不变成本的弥补。而事实上，厂商只要停止生产，可变成本就降为零。显然，此时停止生产要比生产强。

综上所述，完全竞争厂商短期均衡的条件是 MR = SMC，其中，MR = AR = P。在短期均衡时，厂商可能获得超额利润，可能获得正常利润，也可能亏损。

7.2.5 完全竞争厂商的长期均衡

在长期生产中，所有的生产要素投入量都是可变的，完全竞争厂商是通过对全部生产要素投入量的调整，来实现利润最大化的均衡条件 MR = LMC。

完全竞争厂商在长期内对全部生产要素的调整可以表现为两个方面：一方面表现为厂商进入或退出一个行业，也就是行业内厂商数目的调整；另一方面表现为厂商对生产规模的调整。完全竞争厂商的长期均衡就是通过这两个方面的调整来实现的。在经济分析中，首先不考虑厂商对生产规模的调整，仅仅分析由于行业内厂商数目变化这一因素对厂商长期均衡的形成所产生的影响。然后，在此基础上，再加入厂商对生产规模的调整这一因素，分析在这两个因素共同作用下厂商长期均衡的形成过程。

1. 由于行业内厂商数目变化对厂商长期均衡形成所起的作用

在长期内，如果行业内的单家厂商可以获得利润，则会吸引其他新的厂商加入该行业的生产中来。随着新厂商的加入，行业内厂商数目增加，整个行业的供给就会增加，在总需求一定的情况下，市场价格就会下降，并一直下降到使单家厂商的利润消失为止。相反，如果行业内单家厂商的生产是亏损的，则行业内原有厂商中的一部分就会自动退出生产。随着原有厂商的退出，行业内厂商数目就会减少，整个行业的供给就会减少，在总需求一定的情况下，市场价格就会上升，并一直上升到使单家厂商的亏损消失为止。最后，由于行业中的每一家厂商都处于一种既无利润又无亏损的状态，行业内厂商的进入和退出也就停止了，于是，完全竞争厂商便处于一种长期均衡状态。

假定某完全竞争行业中所有的厂商是完全相同的，也就是假定每一家厂商的生产成本和它所面临的需求状况是完全相同的。在这一假定条件下,图 7.4 中的 LMC 曲线和 LAC 曲线分别为该行业中单家厂商的长期边际成本曲线和长期平均成本曲线,d_1、d_2 和 d_3 曲线分别代表单家厂商在 3 个不同的市场价格水平下所面临的需求曲线。在长期内,当市场价格升高为 P_3 时,根据 MR = LMC 的利润最大化的均衡条件,单家厂商在 E_3 点实现均衡,因为 AR_3 > LAC,所以厂商获得利润。新的厂商因利润的刺激而加入该行业生产,这便导致行业供给增加和市场价格下降,单家厂商所面临的需求曲线 d_3 会向下平移。相反,当市场价格下降为 P_1 时,单家厂商就在 E_1 点实现均衡,因为 AR_3 < LAC,所以厂商是亏损的。在亏损的情况下,行业中原有厂商的一部分就会退出。这会使得行业的供给减少和市场价格上升,单家厂商所面临的需求曲线就会向上平移。最后,不管是新厂商的加入还是行业内原有厂商的退出,单家厂商所面临的需求曲线都会移动到图 7.4 中 d_2 曲线的位置。在这一位置上,d_2 曲线相切于 LAC 曲线最低点 E_2,LMC 曲线经过该点,这一点就是 MR = LMC 的均衡点。在均衡点 E_2,单家厂商的平均收益等于最低的长期平均成本,既无利润,又无亏损,即利润为零。此时,行业内的厂商数目不再变化,于是,单家厂商实现了长期均衡。

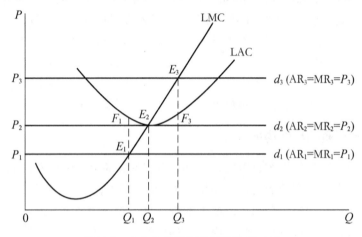

图 7.4 完全竞争厂商的长期均衡(1)

2. 厂商数目和生产规模都发生变化对厂商长期均衡形成所起的作用

据此,再将厂商对生产规模的调整与行业内厂商数目的调整这两个因素结合在一起,分析完全竞争厂商的长期均衡的实现过程。

上述对完全竞争条件下厂商短期决策的分析表明,厂商在短期生产经营中可能有利润,也可能亏损。其原因在于,短期内厂商不能改变生产规模,新厂商也来不及进入该行业。也就是说,厂商没有能力改变其需求曲线,供给曲线也不会变化。而在长期中,各家厂商都可以根据市场价格来调整生产规模,有足够的时间自由进入或退出该行业。这样,整个行业供给的变动,就会影响市场价格,从而影响到各家厂商的均衡。

在图 7.5 中,D 为市场需求曲线,S_0 为初始的市场供给曲线,P_0 为初始的市场价格,LAC 为厂商的长期平均成本曲线,LMC 为厂商的长期边际成本曲线。由于 P_0 大于 LAC 的最低点,表明此时市场供给小于需求,价格水平较高,厂商可获得经济利润,于是便纷纷扩大生产规模,增加生产,从而使整个行业供给量增加,供给曲线 S_0 向右移动到 S_1。市场价格随供给增加而下降到 P_1,P_1 小于 LAC 的最低点,表明市场供给已大于市场需求。由于 P_1

小于 LAC 的最低点，使得厂商不仅无经济利润可图，甚至出现亏损，各厂商便纷纷缩小生产规模，减少生产，整个行业供给量减少后，供给曲线由 S_1 移动到 S_2，市场价格由 P_1 上升到 P_2。此时 P_2 等于 LAC 的最低点，厂商经济利润等于零，市场供求处于均衡状态。

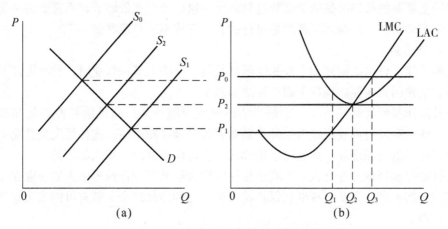

图 7.5 完全竞争厂商的长期均衡（2）

由此可见，在完全竞争条件下，只要厂商存在经济利润或亏损，市场上就有一种内在力量，使市场价格接近于厂商的平均成本曲线的最低点，使经济利润或亏损消失，这时，厂商就处于长期均衡状态。因此，在完全竞争条件下，厂商处于长期均衡的条件是 MR = LMC = LAC，且 MR = AR = P。此时，单家厂商的经济利润为零。

7.3 完全垄断市场

尽管完全竞争能够从理论上说明市场机制如何优化资源配置，但现实经济中普遍存在的却是不完全竞争，会出现市场失灵。本节将学习完全垄断市场这种不完全竞争市场条件下的资源配置问题。

7.3.1 完全垄断市场的条件

完全垄断市场又称垄断市场，是指整个行业中只有唯一的一家厂商的市场组织。具体来说，完全垄断市场的条件有 3 个：第一，市场上只有唯一的一家厂商生产和销售商品；第二，该厂商生产和销售的商品没有任何相近的替代品；第三，任何其他厂商进入该行业都极为困难或不可能。所以完全垄断厂商可以控制和操纵市场价格。

形成完全垄断的原因主要有以下几个。

（1）规模经济

由于存在规模经济，所以竞争必然走向垄断。规模经济是指随着生产量扩大，长期平均成本下降的现象。在规模经济的作用下，某些行业的规模经济需要在一个很大的产量范围和相应的巨大的资本设备的生产运行水平上才能得到充分的体现，以至于整个行业的产量只由一家厂商来生产，才有可能达到这样的生产规模。而且，只要发挥了这家厂商在这一生产规模上的生产能力，就可以满足整个市场对该种产品的需求。在这类产品的生产中，行业内总会有某家厂商凭借雄厚的经济实力和其他优势,最先达到这一生产规模,从而垄断整个行业的生产和销售。也就是说,在存在规模经济的情况下,由一家厂商生产比由两家或更多家厂商生产更经济,这种情况就是所谓的自然垄断。自然垄断是垄断现象中的一种合理的现象,它说明市场上需要的某种产品的全部数量只需要一家厂商供应就够了,不需要由两家或多家厂商参与生产和销售,厂商多了虽然是可行的,但在成本上是浪费的。

(2) 法律因素

当某种法律、许可证制度和专利制度限制其他厂商进入某一行业时,就有可能产生法律上的垄断。法律因素主要体现在下面3种法律制度。

第一种法律垄断就是特许权。它是指法律或政府赋予某厂商供给某种产品的排他性权利,这样,该厂商就可以独家经营某种产品而成为完全垄断厂商。这种情况最常见的是与国计民生关系密切的公用事业,如铁路运输部门、供电供水部门、邮电部门等。

第二种法律垄断就是专利权。专利法往往规定发明某项制作技术的人或企业在专利保护期内独家占有的权利,那么,在专利保护期内生产专利产品的企业就有可能成为这种产品的完全垄断厂商。

第三种法律垄断就是政府许可证制度。政府许可证是控制进入某一职业或某一行业的制度。例如,注册会计师、医生、律师、教师等职业在国内外通常都需要获得政府许可证后才可以进入。尽管许可证制度不会产生完全垄断,但它同样限制了竞争。

(3) 资源垄断

若某家厂商控制了生产某种商品的全部资源或基本资源的供给,这家厂商就成了该种资源的完全垄断厂商。

7.3.2 完全垄断厂商的需求曲线和收益曲线

1. 完全垄断厂商的需求曲线

由于完全垄断市场只有一家厂商,所以,市场的需求曲线就是完全垄断厂商所面临的需求曲线。它是一条向右下方倾斜的直线,如图7.6(a)中的线条 d。假定厂商的销售量等于市场的需求量,于是,向右下方倾斜的完全垄断厂商的需求曲线表示,垄断厂商可以用减少销售量的办法来提高市场价格,也可以用增加销售量的办法压低市场价格。即完全垄断厂商可以通过改变销售量来控制市场价格,而且完全垄断厂商的销售量与市场价格构成反方向变动规律。

2. 完全垄断厂商的收益曲线

厂商所面临的需求状况直接影响厂商的收益,这就意味着厂商的需求曲线的特征将决定厂商收益曲线的特征。完全垄断厂商的需求曲线是向右下方倾斜的,其相应的平均收益曲线 AR、边际收益曲线 MR 和总收益曲线 TR 的一般特征如图7.6(a)所示。第一,由于厂商的平均收益总是等于商品价格,所以在图7.6(a)中,完全垄断厂商的 AR 曲线和需求曲线 d 重叠,都是同一条向右下方倾斜的直线。第二,由于 AR 曲线是向右下方倾斜的,则根据平均量和边际量之间的相互关系可以推知,垄断厂商的边际收益总是小于平均收益,因此,图7.6(a)中 MR 曲线位于 AR 曲线的左下方,且 MR 曲线也向右下方倾斜。第三,由于每一销售量上的边际收益就是相应的总收益曲线的斜率,所以在图7.6(b)中,当 MR > 0 时,TR 曲线的斜率为正；当 MR<0 时，TR 曲线的斜率为负；当 MR=0 时，TR 曲线达到最大值点。

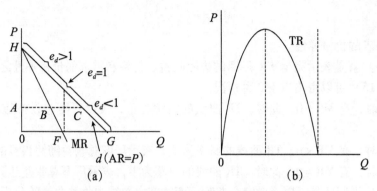

图 7.6　完全垄断厂商的需求曲线和收益曲线

完全垄断厂商的需求曲线 d 可以是直线型的，也可以是曲线型的。图 7.6（a）中完全垄断厂商的需求曲线 d 是直线型的，该图体现了完全垄断厂商的 AR 曲线、MR 曲线和 TR 曲线相互之间的一般关系。在此，需要指出的是，对于完全垄断厂商直线型的需求曲线 d，其边际收益曲线还有其他一些基本特征，具体分析如下。

假定线性的反需求函数为

$$P(Q) = a - bQ \tag{7.10}$$

式中，常数 a，$b>0$。由此可得总收益函数和边际收益函数分别为

$$\mathrm{TR}(Q) = P(Q) \cdot Q = aQ - bQ^2 \tag{7.11}$$

$$\mathrm{MR}(Q) = \frac{d\,\mathrm{TR}(Q)}{dQ} = a - 2bQ \tag{7.12}$$

根据式（7.10）和式（7.12），可以求得需求曲线和边际收益曲线的斜率分别为

$$\frac{dP(Q)}{dQ} = -b \tag{7.13}$$

$$\frac{d\,\mathrm{MR}(Q)}{dQ} = -2b \tag{7.14}$$

从上面的分析可以得到的结论是，当垄断厂商的需求曲线 d 为直线型时，d 曲线和 MR 曲线的纵截距是相等的（在此均为 a）。但是，MR 曲线的斜率（在此为 $-2b$）是 d 曲线斜率（在此为 $-b$）的两倍，所以，MR 曲线平分了从纵轴到需求曲线 d 的任何一条水平线。例如，图 7.6（a）中有 $OF=FG$、$AB=BC$ 等。

3. 边际收益、价格和需求的价格弹性

当厂商面临的需求曲线向右下方倾斜时，厂商的边际收益、价格和需求的价格弹性之间的关系可证明如下。

设反需求函数为

$$P = P(Q)$$

则可以有

$$\mathrm{TR}(Q) = P(Q) \cdot Q$$

$$\mathrm{MR}(Q) = \frac{d\,\mathrm{TR}(Q)}{dQ} = P + Q\frac{dP}{dQ} = P\left(1 + \frac{dP}{dQ} \cdot \frac{Q}{P}\right)$$

即

$$\text{MR} = P\left(1 - \frac{1}{e_d}\right) \tag{7.15}$$

式中，e_d 为需求的价格弹性。

式 (7.15) 就是表示完全垄断厂商的边际收益、价格和需求的价格弹性之间的关系式。

由式 (7.15) 可以得出以下 3 种情况。

当 $e_d > 1$ 时，有 MR > 0，此时，TR 曲线的斜率为正，表示厂商总收益随着销售量的增加而增加。

当 $e_d < 1$ 时，有 MR < 0，TR 曲线的斜率为负，表示厂商总收益随销售量的增加而减少。

当 $e_d = 1$ 时，有 MR $= 0$，此时，TR 曲线的斜率为零，表示厂商总收益达到极大值。

最后还需要说明的是，以上对完全垄断厂商的需求曲线和收益曲线的分析，对于其他非完全竞争市场条件下的厂商也是适用的。只要是非完全竞争市场条件下厂商所面临的需求曲线是向右下方倾斜的，相应的厂商的各种收益曲线就具有以上所分析的基本特征。

7.3.3　完全垄断厂商的短期均衡

作为价格的决定者，完全垄断厂商可以通过调整产量和调整价格两种手段获得最大利润，这是和完全竞争厂商的不同之处。要获得最大利润，完全垄断厂商就要按照边际收益等于边际成本的原则行事。尽管完全垄断厂商可以通过控制产量和价格去获得最大利润，但是在短期内未必能够得到利润，因而存在 3 种可能：得到超额利润、得到正常利润和发生亏损。造成这 3 种可能的基本原因来自完全垄断厂商的成本和市场需求之间的具体关系。下面结合图形对这 3 种情况进行逐一分析。

1. 完全垄断厂商获得超额利润

如图 7.7 所示为完全垄断厂商获得超额利润的图形。除了满足 MR = SMC 的条件外，还必须满足价格即平均收益大于短期平均成本的要求。从成本和需求的具体关系来看，在 MR = SMC 时，需求要大于短期平均成本，即需求曲线 d (AR) 在 MR = SMC 时，位于短期平均成本曲线 SAC 的右上方。

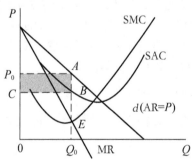

图 7.7　完全垄断厂商获得超额利润

从图 7.7 中可以看出，完全垄断厂商按 MR = SMC 原则，在其交点 E 上确定产量 Q_0。对 Q_0 产量，需求曲线 d (AR) 的对应点为 A，对应的价格为 P_0，而短期平均成本曲线 SAC 的对应点为 B，表示的平均成本为 C。显而易见，价格 P_0（平均收益）大于平均成本 C。此

时总收益为 OP_0AQ_0 的面积，总成本为 $OCBQ_0$ 的面积。收益减去成本后的余额为 CP_0AB 的面积，这就是完全垄断厂商获得的超额利润。

2. 完全垄断厂商获得正常利润

图 7.8 所示为完全垄断厂商获得正常利润的图形。完全垄断厂商按照 MR = SMC 的原则决定产量。在图 7.8 中，通过 MR 曲线与 SMC 曲线的交点 E，确定其产量 Q_0；需求曲线 d（AR）的对应点为 A，确定的价格为 P_0；而短期平均成本曲线 SAC 的对应点也是 A，确定的平均成本为 P_0。由此可见，当完全垄断厂商满足 MR = SMC 时，如果价格即平均收益等于平均成本，即 SAC 曲线与 d（AR）曲线切于点 A，这时厂商的总收益（OP_0AQ_0 的面积）等于总成本（OP_0AQ_0 的面积），厂商获得正常利润。

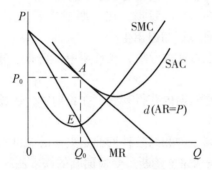

图 7.8 完全垄断厂商获得正常利润

3. 完全垄断厂商发生亏损

图 7.9 所示为完全垄断厂商发生亏损的图形，MR 曲线与 SMC 曲线的交点 E 所对应的产量为 Q_1，对应的 AR 曲线与 SAC 曲线所确定的价格为 P_1（AR），平均成本为 H。可见 $H > P_1$（AR），即厂商出现亏损，为 P_1HGF 的面积。因此，当 MR = SMC 时，如果价格即平均收益小于短期平均成本，完全垄断厂商便发生亏损。在图 7.9 中这一特点表现为 SAC 曲线位于 AR 曲线的右上方。

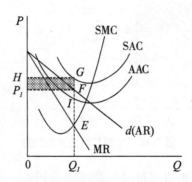

图 7.9 完全垄断厂商发生亏损

短期内完全垄断厂商的最大亏损限度是平均收益等于平均可变成本，即厂商销售产品而收回投入的可变成本，损失的是不变成本，短期内厂商还能维持经营。因为无论生产与否，厂商都要蒙受不变成本损失。这就是前面提到的"停止营业点"，如果价格即平均收益小于平均可变成本，厂商必然停止营业。在图 7.9 中，价格 P_1 高于平均可变成本，所以厂商还可以继续生产。

综上所述，完全垄断厂商的短期均衡条件是 MR = SMC。完全垄断厂商要确保利润最大或亏损最小，必须要符合这一条件进行生产。

7.3.4 完全垄断厂商的长期均衡

完全垄断厂商在长期内可以调整全部生产要素的投入量即生产规模，从而实现最大的利润。由于垄断行业的排他性，如果完全垄断厂商在短期内获得利润，那么它的利润在长期内是可以保持的。

完全垄断厂商在长期内对生产的调整有以下 3 种结果。

第一种，完全垄断厂商在短期内亏损，在长期中又不存在一个可以使它获得利润（或亏损为零）的生产规模，于是该厂商退出生产。

第二种，完全垄断厂商在短期内亏损，在长期中，它通过对最优生产规模的选择，摆脱亏损状况，甚至获得利润。

第三种，完全垄断厂商在短期内获得利润，在长期中，通过对生产规模的调整，使自己获得更大利润。

第一种情况无须分析，第二种和第三种情况是类似的，可用图 7.10 来分析。

d 曲线和 MR 曲线分别表示完全垄断厂商所面临的需求曲线和边际收益曲线，LAC 曲线和 LMC 曲线分别表示完全垄断厂商的长期平均成本曲线和长期边际成本曲线。假定开始时完全垄断厂商是在由 SAC_1 曲线和 SMC_1 曲线所代表的生产规模上进行生产。短期内，垄断厂商只能按照 MR = SMC 的原则，在现有的生产规模上将产量和价格分别调整为 Q_1 和 P_1。在短期均衡点 E_S 上，完全垄断厂商获得的利润为图 7.10 中的阴影面积 HP_1AB。

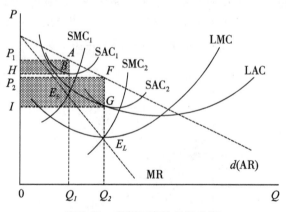

图 7.10　垄断厂商的长期均衡

在长期中，完全垄断厂商可以通过对生产规模的调整，获得更多的利润。按照 MR = LMC 的长期均衡原则，完全垄断厂商的长期均衡点为 E_L，长期均衡产量和均衡价格分别为 Q_2 和 P_2。完全垄断厂商所选择的相应最优生产规模由 SAC_2 曲线和 SMC_2 曲线代表。此时，完全垄断厂商获得了比短期更多的利润，其利润量相当于图 7.10 中较大的阴影面积 IP_2FG。

由此可见，完全垄断厂商之所以能在长期内获得更多的利润，其原因在于长期内企业的生产规模是可以调整的，而且市场对新加入厂商是完全关闭的。

如图 7.10 所示，在完全垄断厂商的 MR = LMC 长期均衡产量上，代表最优生产规模的 SAC_2 曲线和 LAC 曲线相切于 G 点，相应的 SMC_2 曲线和 LMC 曲线相交于 E_L 点。所以，完全垄断厂商的长期均衡条件为 MR = LMC = SMC。

完全垄断厂商在满足这一条件时生产一般可获得利润。

7.4 垄断竞争市场

完全竞争市场和完全垄断市场是理论分析中的两种极端的市场组织。现实经济生活中，在这两种极端之间的大多数市场，既有竞争又有垄断，通常存在的是垄断竞争市场和寡头垄断市场。其中，垄断竞争市场与完全竞争市场比较接近。垄断竞争理论由美国哈佛大学教授张伯伦于 20 世纪 30 年代提出。

7.4.1 垄断竞争市场的条件

垄断竞争市场是这样一种市场组织，一个市场中有许多厂商生产和销售存在差别的同种（类）产品。根据垄断竞争市场这一基本特征，经济学家提出了生产集团的概念。因为，在完全竞争市场和完全垄断市场，行业的含义是很明确的，它是指生产同一种无差别的产品的厂商的总和。而在垄断竞争市场，产品差别这一重要特点使得上述意义上的行业不存在。为此，在垄断竞争理论中，把市场上大量生产具有很高接近程度的同种产品厂商的总和称为生产集团，如家电集团、快餐饮食集团、纺织集团等。

具体来说，垄断竞争市场的条件主要有以下 3 个。

第一，在生产集团中有大量的企业生产有差别的同种产品，这些产品彼此之间具有很高的替代性。

在这里，产品的差别不仅指同一种产品在质量、构造、外观、销售服务等方面的差别，还包括商标、广告方面的差别和以消费者想象为基础的主观虚构的差别。

一方面，由于市场上的每种产品之间存在差别，或者说，由于每种带有自身特点的产品都是唯一的，因此，每家厂商对自己产品的价格都具有一定的垄断性，从而使市场中存在垄断因素。一般来说，产品的差别越大，厂商的垄断程度越高。另一方面，由于有差别的产品之间又是很相似的替代品，或者说，每一种产品都会遇到大量的其他相似产品的竞争，因此，市场中又具有竞争的因素。如此，便构成了垄断因素和竞争因素并存的垄断竞争市场的基本特征。

第二，一个生产集团中企业数量非常多，以至于每家厂商都认为自己行为的影响很小，不会引起竞争对手的注意和反应，因而自己也不会受到竞争对手的任何报复措施的影响。

第三，厂商的生产规模比较小，因此，进入和退出一个生产集团比较容易。现实生活中，垄断竞争的市场组织是十分普遍的，如书籍、电影、餐饮、洗发水等，以及大多数零售业和服务业都属于垄断竞争市场的情况。在垄断竞争的生产集团中，各厂商的产品是有差别的，各厂商的成本曲线和需求曲线未必相同。但是在垄断竞争市场模型中，西方学者总是假定生产集团内所有的厂商都具有相同的成本曲线和需求曲线，并对代表性厂商进行分析。这一假定能使分析得以简化，而又不影响结论的实质。

7.4.2 垄断竞争厂商的需求曲线

由于垄断竞争厂商可以在一定程度上控制自己产品的价格，即通过改变自己所生产的有差别的产品的销售量来影响商品的价格，因此如同垄断厂商一样，垄断竞争厂商所面临的需求曲线也是向右下方倾斜的。所不同的是，由于各垄断竞争厂商的产品互相之间都是很接近的替代品，市场中的竞争因素又使得垄断竞争厂商所面临的需求曲线具有较大的弹性。因此，垄断竞争厂商向右下方倾斜的需求曲线是比较平坦的，相对比较接近完全竞争厂商呈水平状态的需求曲线。

垄断竞争厂商所面临的需求曲线有两种，它们通常被区分为 d 需求曲线和 D 需求曲线，如图7.11所示。

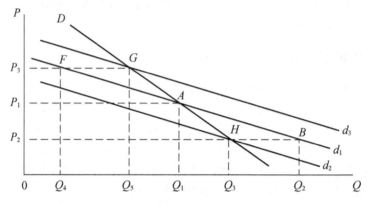

图7.11　垄断竞争厂商的需求曲线

（1）d 需求曲线

d 需求曲线表示在垄断竞争生产集团中的某厂商改变产品价格，而集团内其他厂商的产品价格不变时，该厂商的产品价格和销售量之间的关系。在图7.11中，假定某垄断竞争厂商开始时处于价格 P_1 和产量 Q_1 的 A 点上，它想通过降价来增加自己的销售量。因为，该厂商认为，它降价以后不仅能增加自己产品的原有买者的销售量，而且还能把买者从生产集团内的其他厂商那里吸引过来。该垄断竞争厂商相信其他厂商不会对它的降价行为有所反应。随着它的商品价格下降到 P_2，它的销售量会沿着 d_1 需求曲线由 Q_1 增加到 Q_2。因此，它预期自己的生产可以沿着 d_1 需求曲线由 A 点运动到 B 点。同样道理，相反，假定该垄断竞争厂商相信其他厂商对它将价格从 P_1 提高到 P_3 的行为无反应，则它会预期自己产品的销售量相应地从 Q_1 减少到 Q_4，自己的生产将沿着 d_1 需求曲线由 A 点运动到 F 点。所以，d 曲线也被称为主观需求曲线，或预期的需求曲线。

（2）D 需求曲线

D 需求曲线表示在垄断竞争生产集团中的某厂商改变产品价格，而且集团内其他所有厂商也使产品价格发生相同变化时，该厂商的产品价格与销售量之间的关系。在图7.11中，如果某垄断竞争厂商将价格由 P_1 下降到 P_2 时，生产集团内其他所有厂商也都将价格由 P_1 下降到 P_2，于是，该垄断竞争厂商实际销售量是 D 需求曲线上的 Q_3，Q_3 小于它预期销售量

即 d_1 需求曲线上的 Q_2。这是因为集团内其他厂商的买者没有被该厂商吸引过来，每家厂商的销售量增加仅来自整个市场的价格水平下降。所以，该厂商降价的结果是使自己的销售量沿着 D 需求曲线从 A 点运动到 H 点，d_1 需求曲线也相应地从 A 点沿着 D 需求曲线平移到 H 点，即平移到 d_2 需求曲线的位置。d_2 需求曲线表示当整个生产集团将价格固定在新的价格水平 P_2 以后，该垄断竞争厂商单独变动价格时在不同价格下的预期销售量。根据同样的分析思路，该厂商提价的结果是使自己的销售量沿着 D 需求曲线从 A 点运动到 G 点，d_1 需求曲线也相应地从 A 点沿着 D 需求曲线平移到 G 点，即平移到 d_3 需求曲线的位置。d_3 需求曲线表示当整个生产集团将价格固定在新的价格水平 P_3 以后，该垄断竞争厂商单独变动价格时在不同价格下的预期销售量。

所以，关于 D 需求曲线，还可以说，它是表示垄断竞争生产集团内的单家厂商在每一个市场价格水平下的实际销售份额。如果一个生产集团中有 n 家厂商，不管这些厂商将市场价格调整到何种水平，D 需求曲线总是表示每家厂商的实际销售份额为市场总销售量的 $1/n$。

从以上分析可以得到关于 d 需求曲线和 D 需求曲线的一般关系。第一，当垄断竞争生产集团内的所有厂商都以相同的方式改变产品的价格时，整个市场价格的变化会使得单家垄断竞争厂商 d 需求曲线的位置沿着 D 需求曲线发生平移。第二，由于 d 需求曲线表示单家垄断竞争厂商单独改变价格时所预期的产量，D 需求曲线表示每家垄断竞争厂商在每一个市场价格水平实际所面临的市场需求量，因此，d 需求曲线和 D 需求曲线相交意味着垄断竞争市场的供求均衡状态。第三，很显然，d 需求曲线的弹性大于 D 需求曲线，即前者较之后者更平坦一些。

7.4.3 垄断竞争厂商的短期均衡

经济学家通常以垄断竞争集团内的代表性厂商来分析垄断竞争厂商的短期均衡和长期均衡。以下分析中的垄断竞争厂商指的是代表性厂商。

在短期内，垄断竞争厂商是在现有的生产规模下通过对产量和价格的调整，来实现 MR = SMC 的均衡条件，如图 7.12 所示。

在图 7.12（a）中，SAC 曲线和 SMC 曲线表示代表性厂商的现有生产规模，d 曲线和 D 曲线表示代表性厂商的两种需求曲线，MR_1 曲线是相对于 d_1 曲线的边际收益曲线，MR_2 曲线是相对于 d_2 曲线的边际收益曲线。假定代表性厂商最初在 d_1 曲线和 D 曲线相交的 A 点上进行生产。就该厂商在 A 点的价格和产量而言，与实现最大利润的 MR = SMC 的均衡点 E_1 所要求的产量 Q_1 和价格 P_1 相差很远。于是，该厂商决定将生产由 A 点沿着 d_1 需求曲线调整到 B 点，即将整个价格降为 P_1，将产量增加为 Q_1。

然而，由于生产集团内每家厂商所面临的情况都是相同的，而且每家厂商都是在假定自己改变价格而其他厂商不会改变价格的条件下采取了相同的行动，即都把价格降为 P_1，都计划生产 Q_1 的产量。于是，事实上，当整个市场的价格下降为 P_1 时，每家厂商的产量都毫无例外是 Q_2，而不是 Q_1，相应地，每家厂商的 d_1 曲线也都沿着 D 曲线移动到了 d_2 的位置。所以，首次降价的结果是使代表性厂商的经营位置由 A 点沿着 D 曲线移动到 C 点。

在 C 点位置上，d_2 曲线与 D 曲线相交，相应的边际收益曲线为 MR_2。可以很清楚地看出，C 点上代表性厂商的产品价格 P_1 和产量 Q_2 仍然不符合新的市场价格水平下的 MR_2 =

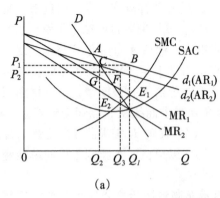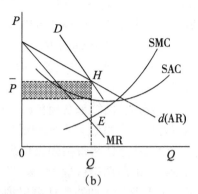

图 7.12 垄断竞争市场代表性厂商的短期均衡

SMC 的均衡点 E_2 上的价格 P_2 和产量 Q_3 的要求。因此，该厂商又会再次降价。与第一次降价类似，厂商将沿着 D 曲线由 C 点向下移动。相应地，d_2 曲线将向下平移，并与 D 曲线相交于新的位置。依此类推，代表性厂商为实现 MR = SMC 的利润最大化原则，会继续降低价格，d 曲线会沿着 D 曲线不断向下平移，并在每一个新的市场价格水平与 D 曲线相交。

上述过程一直要持续到代表性厂商没有理由再继续降价为止，即一直要持续到厂商所追求的 MR = SMC 的均衡条件实现为止。代表性厂商连续降价行为的最终结果，将达到 d 曲线和 D 曲线相交点 H 上的产量和价格水平，恰好是 MR = SMC 时的均衡点 E 所要求的产量 $\overline{Q}$ 的对应价格 $\overline{P}$，如图 7.12（b）所示。此时，企业便实现了短期均衡，并获得了利润。当然，垄断竞争厂商在短期均衡点上并非一定能获得最大利润，也可能是最小亏损。这取决于均衡价格是大于还是小于 AVC。在企业亏损时，只要均衡价格大于 AVC，企业在短期内总是继续生产的；只要均衡价格小于 AVC，企业在短期内就会停产。

垄断竞争厂商的短期均衡条件是 MR = SMC。

在短期均衡的产量上，必定存在一个 d 曲线和 D 曲线的交点，它意味着市场上的供求是相等的。此时，垄断竞争厂商可能获得最大利润，可能获得正常利润，也可能蒙受最小亏损。

7.4.4 垄断竞争厂商的长期均衡

在长期中，垄断竞争厂商不仅可以调整生产规模，还可以进入或退出生产集团。这就意味着，垄断竞争厂商在长期均衡时的利润必定为零，即在垄断竞争厂商的长期均衡点上，d 需求曲线必定与 LAC 曲线相切。简单来看，这些情况与完全竞争厂商的情况是相似的，但由于垄断竞争厂商所面临的是两条向右下方倾斜的需求曲线，因此，垄断竞争厂商长期均衡的实现过程及其状态具有自身的特点。

垄断竞争厂商长期均衡的形成过程如图 7.13 所示。在图 7.13（a）中，假定代表性厂商开始时在 I 点上生产。在 I 点所对应的产量 Q_1 上，最优生产规模由 SAC_1 曲线和 SMC_1 曲线代表；厂商的边际收益曲线 MR、长期平均成本曲线 LAC 和短期边际成本曲线 SMC 相交于 E_1 点，即存在均衡点 E_1；d 曲线和 D 曲线相交于 I 点，即市场供求相等；企业获得利润，其利润量相当于图中阴影部分的面积。

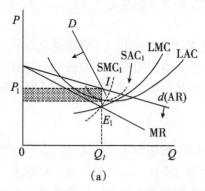 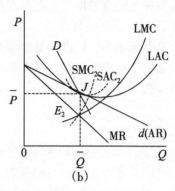

图 7.13 垄断竞争市场代表性企业的长期均衡

由于生产集团内存在利润，新的厂商就会被吸引过来。随着生产集团内部厂商数量的增加，在市场需求数量不变的条件下，每家厂商所面临的市场销售份额就会减少。相应地，代表性厂商的 D 曲线便向左下方平移，从而使厂商原有的均衡点 E_1 的位置受到扰动。当厂商为建立新的均衡而降低价格时，d 曲线便沿着 D 曲线也向左下方平移。这种 D 曲线和 d 曲线不断地向左下方移动的过程，一直要持续到生产集团内的每家厂商的利润消失为止。最后，厂商在图 7.13（b）中的 E_2 点实现长期均衡。

在代表性厂商的长期均衡产量 $\bar{Q}$ 上，SAC_2 曲线和 SMC_2 曲线表示生产 $\bar{Q}$ 产量的最优化生产规模；MR 曲线、LMC 曲线和 SMC_2 曲线相交于同一均衡点 E_2，即有 MR = LMC；d 曲线与 LAC 曲线相切于 LAC 曲线与 SAC_2 曲线的切点 J，即有 AR = LAC = SAC，厂商的超额利润为零；D 曲线与 d 曲线也相交于 J 点，意味着市场的供求关系平衡。

以上分析了代表性厂商由获得利润到利润为零的长期均衡的实现过程。至于代表性厂商由亏损到利润为零的长期均衡的实现过程，其道理也是一样的，只是表现为生产集团内一部分原有厂商退出的一个相反过程而已，在此不再赘述。

总之，垄断竞争厂商的长期均衡条件为 MR = LMC = SMC，AR = LAC = SAC。

在长期的均衡产量上，垄断竞争厂商的利润为零，且存在一个 d 需求曲线和 D 需求曲线的交点。

7.5 寡头垄断市场

7.5.1 寡头垄断市场的特征

寡头垄断市场又称寡头市场，与完全竞争或完全垄断相比较，寡头市场是常见的市场类型。它是指少数几家厂商控制着整个市场的产品的生产和销售的这样一种市场组织。这几家厂商相对于整个市场来说，大到能够影响市场价格的地步。它几乎等同于大企业，但不是完全垄断，它是介于完全垄断和垄断竞争之间的一种市场类型。寡头市场主要具有以下一些特点。

（1）厂商极少

市场上的厂商只有一家以上的少数几家（当厂商为两家时，叫双头垄断），每家厂商在市场中都具有举足轻重的地位，对其产品价格具有相当的影响力。

（2）生产规模缺乏一致性

在完全竞争市场中，厂商都是小型的；在垄断竞争市场中，厂商规模也都不大；完全垄断厂商则代表整个行业的规模。在寡头市场中，厂商生产规模缺乏一致性。有的厂商规模庞大，但只是少数，更多的是小型企业，其中大部分是巨型厂商的附庸，为其提供零部件和其他服务。

（3）互相依存关系

在完全竞争、完全垄断和垄断竞争这3个市场中的销售者或厂商虽然依存于其市场，但销售者互相之间或多或少是各自独立的。寡头市场则不然，由于销售者为数不多，每一家寡头厂商都占有相当大的市场份额，再者，它们生产的都是非常接近的替代品，这些替代品的需求交叉弹性非常大，一家寡头厂商的价格与产量决策，必然会直接影响其竞争对手的利益，因此它的每一个行动都会引起对手的反应。寡头厂商之间决策行动的互相影响，形成它们相互依存的关系。

（4）需求曲线的不确定性

由于寡头厂商之间的相互依存的关系，寡头厂商产品的需求曲线就难以确定。因为寡头厂商进行决策时，既要考虑它的决策对于市场所产生的直接影响，又要考虑对手对它的决策的反应（转而又影响到自己的决策）。因此在决策时，必须假定对手的反应方式。反应方式不同，需求曲线的形状位置也不同。对手的反应千变万化，不易琢磨，因而无法精确地画出自己产品的需求曲线。

（5）除价格竞争外，更多的是非价格竞争

非价格竞争包括改进产品质量和推销活动两方面竞争。寡头市场中的非价格竞争和垄断竞争中的非价格竞争非常类似，不同的是寡头厂商在非价格竞争中意识到它们之间的相互依赖性。寡头厂商知道通过削价竞争来夺取对手市场，会遭到对手报复，给自己造成更大的危机。因此它们更多的是利用非价格竞争来吸引对手的消费者购买自己的产品。

7.5.2 古诺模型

古诺模型是早期的寡头模型，是由法国经济学家古诺于1838年提出的。

古诺模型分析的基本假设是：第一，假定行业中只有A、B两家寡头厂商，生产和销售相同的产品，并追求利润最大化；第二，两家寡头厂商同时做出产量决策，即寡头厂商间进行的是产量竞争而非价格竞争，产品的价格依赖于两者所生产的产品总量；第三，双方无勾结行为；第四，每家厂商都把对方的产出水平视为既定，并以此确定自己的产量；第五，假定需求曲线是线性的，边际成本是常数，因而边际成本曲线和平均成本曲线重合为一条直线。尽管古诺模型分析的是两家寡头厂商平均瓜分市场的情况，但其结论可以推广到3家及以上的寡头厂商的情况中去。下面通过举例来说明古诺模型。

在某一个市场上有A、B两家寡头厂商生产同一种产品，该产品的市场需求函数为 $P = 900 - Q$，这里 Q 为两家寡头厂商的总产量。A、B 两家寡头厂商各自的产量分别为 Q_A 和 Q_B，因此，需求函数又可表示为

$$P = 900 - (Q_A + Q_B) \tag{7.16}$$

A、B两家寡头厂商的边际成本和平均成本均为常数,等于0,即

$$AC = MC = 0 \tag{7.17}$$

下面先分析寡头厂商A的决策。为了使利润最大化,寡头厂商A会按边际收益等于边际成本的原则来确定产量。寡头厂商A的总收益为

$$TR_A = P \cdot Q_A = (900 - Q_A - Q_B) \cdot Q_A = 900Q_A - Q_A^2 - Q_A \cdot Q_B \tag{7.18}$$

根据这一总收益,寡头厂商A得到自身的边际收益为

$$MR_A = 900 - Q_B - 2Q_A \tag{7.19}$$

为了获得最大的利润,寡头厂商A按照边际收益等于边际成本的原则来确定产量,即

$$900 - Q_B - 2Q_A = 0 \tag{7.20}$$

由式(7.20)可得到寡头厂商A利润最大化的产量为

$$Q_A = 450 - 0.5Q_B \tag{7.21}$$

式(7.21)又称寡头厂商A的反应函数。它描述的是寡头厂商A在对寡头厂商B的产出水平做出各种推测的情况下,寡头厂商A所能达到的利润最大化的产量Q_A。

同样可推导出寡头厂商B的反应函数为

$$Q_B = 450 - 0.5Q_A \tag{7.22}$$

联立A、B两家寡头厂商的反应函数,便可得到

$$\begin{cases} Q_A = 450 - 0.5Q_B \\ Q_B = 450 - 0.5Q_A \end{cases}$$

由此方程组得到A、B两家寡头厂商同时达到利润最大化时的均衡产量为$Q_A = 300$,$Q_B = 300$。

以上的分析过程还可以用图7.14来说明。横轴Q_A和纵轴Q_B分别表示两家寡头厂商的产量,由于市场的需求曲线是线性的,所以两家寡头厂商的反应函数也是线性的。图7.14中的两条反应函数曲线的交点E,就是古诺模型均衡点。在均衡点上,两家寡头厂商的均衡产量都是300。

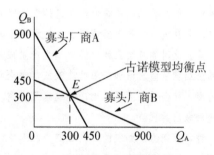

图7.14 古诺模型

上述结果表明,双寡头竞争的结果是每家寡头厂商的均衡产量是市场最大容量的三分之一,这一结论可以推广到3家及以上的寡头厂商的情况中去。如果行业中寡头厂商的数量为m时,古诺模型的均衡总产量为

$$每家寡头厂商的均衡产量 = 市场最大容量 \times \frac{1}{m+1} \tag{7.23}$$

行业的均衡总产量是市场总容量的三分之二,即有

$$\text{行业的均衡总产量} = \text{市场总容量} \times \frac{m}{m+1} \quad (7.24)$$

古诺模型通过对寡头厂商行为的基本假定，得到了一个均衡的产量。但这一模型也存在某些缺陷，最重要的问题是，这显然不完全符合现实中寡头厂商的行为。正是由于这一原因，古诺模型并不是寡头行为的一般分析模型。

本 章 小 结

（1）市场分为完全竞争市场、垄断竞争市场、寡头垄断竞争市场和完全垄断市场。

（2）厂商按照边际收益等于边际成本的原则实现短期和长期均衡，从而实现利润最大化。

（3）完全竞争市场是最富有效率的市场；垄断竞争市场是最缺乏效率的市场；寡头垄断竞争市场是比较富有效率的市场；完全垄断市场是比较缺乏效率的市场。

大型养鸡场为什么赔钱？

为了实现市长保证"菜篮子"的承诺，许多大城市都由政府投资修建了大型养鸡场，结果这些养鸡场在市场上反而竞争不过农民，往往赔钱者多，这其中的奥妙何在呢？

分析：从经济学的角度看，这首先在于鸡蛋市场的市场结构。由于鸡蛋市场有3个显著的特点：第一，市场上买者和卖者都很多，即使是一个大型养鸡场在市场上所占的份额也是微不足道的，很难通过产量控制价格，用经济学的术语说，每个企业都是价格的接受者；第二，鸡蛋是无差别产品，企业也不能用产品差别形成垄断力量；第三，自由进入与退出。这些特点决定了鸡蛋市场是一个完全竞争市场。

在鸡蛋这样一个完全竞争市场上，短期如果供大于求，整个市场价格低，养鸡可能亏本；如果供不应求，整个市场价格高，养鸡可以赚钱。但在长期，养鸡企业（包括农民家庭和大型养鸡场）则要对供求做出反应，决定增加或减少产量多少，以及进入还是退出该行业。假如由于人们受胆固醇不利于健康宣传的影响而减少了鸡蛋的消费，价格下降，这时养鸡企业就应做出减少产量或退出该行业的决策。假如由于鸡蛋出口增加，价格上升，这时养鸡企业就应做出增加产量的决策或其他企业进入该行业。在长期中，通过供求的种种调节，鸡蛋市场实现均衡，社会得到满足，生产者也感到满意。这说明，完全竞争市场上长期均衡的关键是生产者对市场供求变动做出的反应。

大型养鸡场的不利之处在于这种调节能力不如农民。在短期中，养鸡的成本分为固定成本（鸡舍等支出）和可变成本（劳动、鸡饲料等），如果价格低于平均成本，企业会亏损，但只要高于平均可变成本，就可以维持生产。大型养鸡场的固定成本远高于农民。当价格低时，农民由于固定成本低，甚至可以不计劳动成本，只要能弥补鸡饲料成本就可以维持生产，而此时大型养鸡场要支付高额固定成本，必然难以经营，或大量亏损由政府补贴。当价格高时，许多农民会迅速进入养鸡行业，大型养鸡场则难以迅速扩大生产规模。农民的迅速进入使短暂的盈利机会消失，大型养鸡场则难以利用这个机会。船小好掉头，养鸡市场上的农民就是如此。在长期中，鸡蛋市场均衡价格等于农民的生产成本加正常利润，而这一价格往往低于大型养鸡场的总成本，因此大型养鸡场必然亏损。

资料来源：崔东红，陈晶，2009. 微观经济学原理与实务［M］. 北京：北京大学出版社，中国农业大学出版社.

习 题

一、名词解释

市场与行业　　　　完全竞争市场　　　　利润最大化的均衡条件
完全垄断市场　　　收支相抵点　　　　　停止营业点
垄断竞争市场　　　寡头垄断竞争市场

二、单项选择

1. 总收益曲线描述的是（　　）之间的关系。
   A. 收益和产量　　　　　　　　　　B. 总收益和边际收益
   C. 边际收益和产量　　　　　　　　D. 收益和成本

2. 完全竞争市场上厂商的收益曲线是一条直线，原因在于（　　）。
   A. 竞争厂商不能控制它的产量　　　B. 价格等于总收益
   C. 收益随价格等比例提高　　　　　D. 厂商的索价不随产量变化

3. 竞争市场上的厂商（　　）。
   A. 边际收益等于价格　　　　　　　B. 边际收益等于总收益
   C. 边际收益与价格的差为正常数　　D. 平均收益等于总收益

4. 当一家厂商在多生产一单位产品所获得的收益和所耗费的成本之间进行权衡时，这家厂商是在进行（　　）决策。
   A. 利润最大化　　　　　　　　　　B. 收益最大化
   C. 成本最大化　　　　　　　　　　D. 价值最小化

5. 在竞争市场上，倘若厂商面临边际收益大于边际成本的局面，则（　　）。
   A. 厂商增加产量，利润将减少　　　B. 厂商增加产量，利润将增加
   C. 厂商一定在亏损　　　　　　　　D. 厂商减少产量，利润将增加

6. 当完全竞争市场长期均衡时，厂商的经济利润（　　）。
   A. 大于零　　　B. 等于零　　　C. 小于零　　　D. 不确定

7. 在一般情况下，厂商得到的价格低于下述哪种成本将停止营业？（　　）
   A. 平均成本　　　　　　　　　　　B. 平均可变成本
   C. 边际成本　　　　　　　　　　　D. 平均固定成本

8. 在完全竞争市场上，某厂商的产量是 500 单位，总收入是 500 元，总成本是 800 元，总不变成本是 200 元，边际成本是 1 元，按照利润最大化原则，它应该（　　）。
   A. 增加生产　　　B. 减少生产　　　C. 停止生产　　　D. 不确定

9. 下列哪个市场比较接近完全竞争市场？（　　）
   A. 飞机　　　B. 卷烟　　　C. 水稻　　　D. 汽车

10. 完全垄断厂商是价格制定者，因为（　　）。
    A. 它无法控制价格
    B. 在市场价格下，它可以销售它所希望销售的任意数量的产品
    C. 该行业有很多厂商
    D. 它生产了该行业的全部产品

11. 对一家完全垄断厂商而言，其边际收益（　　）。
    A. 大于价格　　　　　　　　　　　　B. 等于价格
    C. 小于价格　　　　　　　　　　　　D. 曲线是水平的
12. 下列哪一个行业不属于自然垄断？（　　）
    A. 地方有线电视　　　　　　　　　　B. 地方电力设施
    C. 地方新闻媒体　　　　　　　　　　D. 地方电话公司

三、计算题

1. 已知某完全竞争行业中的单家厂商的短期成本函数为 $STC = 0.1Q^3 - 2Q^2 + 15Q + 10$。试求：

    （1）当市场上产品的价格为 $P = 55$ 时，厂商的短期均衡产量和利润；

    （2）当市场价格下降为多少时，厂商必须停产；

    （3）厂商的短期供给函数。

2. 已知某完全竞争的成本不变的行业中单家厂商的长期总成本函数为 $LTC = Q^3 - 12Q^2 + 40Q$。试求：

    （1）当市场商品价格为 $P = 100$ 时，厂商实现 $MR = LMC$ 时的产量、平均成本和利润。

    （2）该行业长期均衡时的价格和单家厂商的产量。

    （3）当市场的需求函数为 $Q = 660 - 15P$ 时，行业长期均衡时的厂商数量。

3. 已知某完全垄断厂商的反需求函数为 $P = 100 - 2Q + 2A^{1/2}$，成本函数为 $TC = 3Q^2 + 2Q + A$，其中 A 表示厂商的广告支出。求：该厂商实现利润最大化时 Q、P 和 A 的值。

4. 设完全垄断厂商的产品需求函数为 $P = 12 - 0.4Q$，总成本函数为 $TC = 0.6Q^2 + 4Q + 5$。试求：

    （1）Q 为多少时利润最大，此时相应的价格、总收益及利润为多少？

    （2）Q 为多少时总收益最大，此时相应的价格、总收益和利润为多少？

四、分析讨论题

1. 为什么完全竞争市场的厂商不愿意花费任何金钱为产品做广告？
2. "虽然很高的固定成本是厂商亏损的原因，但永远不会是厂商关门的原因"。你是否同意这一说法？为什么？
3. 说明完全竞争条件下行业的短期供给曲线和厂商的短期供给曲线之间的关系。
4. 为什么完全垄断厂商产品的最优价格高于边际成本，且与需求弹性负相关？
5. 什么样的经济和技术条件会导致垄断的形成？
6. 说明完全竞争市场的条件。
7. 说明垄断竞争市场的条件。
8. 完全竞争厂商和完全垄断厂商都根据利润最大化原则 $MR = MC$ 对产品进行定价。请分析它们所决定的价格水平有什么区别？

【第 7 章　在线答题】

第 8 章

分 配 理 论

教学目标

通过本章的学习，读者能够对生产要素价格的决定有全面的掌握，并对洛伦兹曲线和基尼系数有较深入的了解。

教学要求

了解厂商使用生产要素和要素所有者供给要素的原则，以及洛伦兹曲线和基尼系数；掌握边际产品价值、边际收益产品、边际要素成本等概念的含义；熟练掌握工资、利息和地租等收入的决定理论。

思维导图

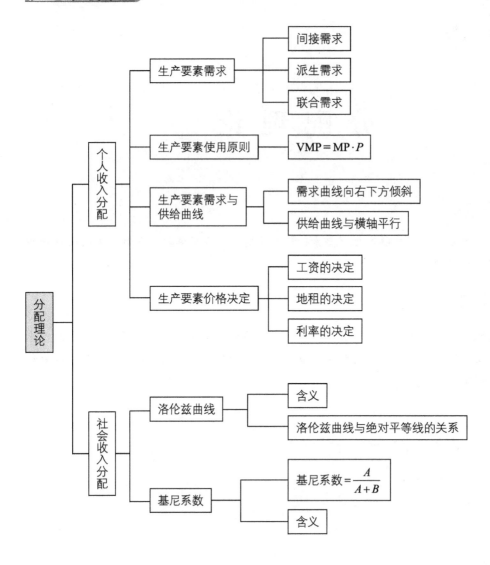

前面几章讨论了产品（或消费品）市场中的价格和数量的决定因素，由于讨论的范围局限于产品市场本身，因此本章将研究一下生产要素市场。因为生产要素的价格和使用量在很大程度上决定着消费者的收入水平，所以生产要素市场理论又称分配理论。

8.1 生产要素需求

8.1.1 生产要素需求的特点

19世纪早期的经济学家把生产要素分为劳动、资本和土地3类，其价格分别称为工资、利润（包括利息）和地租。19世纪后期，第四类要素被"发现"。于是利润被看成企业家才能的收益，资本所有者的收益被看作"利息"。

生产要素市场的分析如同商品市场的分析一样，归根结底是对需求和供给的分析。所不同的是，对一般商品的需求者是消费者，供给者是厂商；而对生产要素的需求者是厂商，供给者是消费者。这一区别使得生产要素市场上的需求和产品市场上的需求具有不同的性质，主要表现在以下3个方面。

(1) 间接需求

对生产要素的需求不是一种直接需求，而是一种间接需求。在产品市场上，需求直接来自消费者为了满足自己的衣、食、住、行等需要而购买产品，因此，对产品的需求是所谓的直接需求。与此不同，在生产要素市场上，需求不是直接来自消费者，而是来自厂商。厂商购买生产要素不是为了自己的直接需要，而是为了生产和出售产品以获得收益。例如，购买一台机器并不能直接提高厂商的效用，而只是提高生产的能力。因此，从这个意义上来说，对生产要素的需求不是直接需求，而是一种间接需求。

(2) 派生需求

对生产要素的需求是一种派生需求或引致需求。厂商通过购买生产要素进行生产并从中获得收益，部分地取决于消费者对其所生产的产品的需求。如果不存在消费者对产品的需求，厂商就无法从生产和销售产品中获得收益，从而也不会去购买生产要素和产品。例如，如果没有人购买电视机，生产电视机厂商就不会产生对工人的需求；对心理医生的需求，则受到对心理保健服务需求的影响。由此可见，厂商对生产要素的需求是从消费者对产品的直接需求中派生出来的。虽然厂商对要素产生需求的直接原因和根本原因是获取最大利润，但厂商对生产要素的需求归根结底是由消费者对消费品的需求引致的。

(3) 联合需求

对生产要素的需求还有一个特点，就是所谓的"共同性"，即对生产要素的需求是共同的、相互依赖的需求，也称联合需求（Joint Demand）。这个特点是由于技术上的原因造成的，即任何一种产品都不是一种生产要素所能生产出来的，而是由多种生产要素共同创造的。例如，一个人赤手空拳不能生产任何东西；同样，仅有机器本身也无法创造产品；只有人与机器（以及原材料等）相互结合起来才能达到生产产品的目的。17世纪的著名经济学家威廉·配第曾用朴素的语言描述了生产过程中生产要素共同需要的关系——"劳动是财富之父，土地是财富之母。"生产要素需求的这个特点带来一个重要后果，即对某种生产要素的需求，不仅取决于该生产要素的价格，而且取决于其他生产要素的价格。例如，某国的工资水平较低，使用高新技术设备不如使用工人合算，厂商就会更多地使用工人，反之亦然。因此，严格地说，生产要素理论应当是关于多种生产要素共同使用的理论。但是，由于同时处理多种生产要素将使分析过于复杂，为了简化，一般性的经济学教材往往集中分析一种生产要素的情况，本书也采用这种办法。

8.1.2　完全竞争厂商使用生产要素的原则

这里分析的是完全竞争要素市场中的厂商。和完全竞争产品市场一样，完全竞争市场的基本性质可以描述为：生产要素的买卖双方人数众多；生产要素是同质的；生产要素自由流动等。当然，完全满足这些条件的生产要素市场在现实生活中是不存在的。

假定完全竞争厂商只使用一种生产要素，生产单一产品，追求利润最大化。在产品市场上，厂商生产产品的利润最大化原则是产品的边际收益等于产品的边际成本，即 MR = MC。在生产要素市场上，厂商要做到使用生产要素的"边际收益＝边际成本"。

在这里，我们首先假定其他生产要素使用量固定不变，只考察厂商对一种可变生产要素（如劳动）的需求。由于假定产品市场是完全竞争的，因此对任何一家厂商而言，其产品销售价格不随产量的变动而变动，厂商可以按既定价格卖出任何数量的产品。换句话说，对任何一家厂商来说，每增加一单位产品的销售所带来的边际收益始终不变且等于产品价格，从而使劳动这种生产要素的边际收益就等于边际产品乘以该产品的价格，即 MP · P。这里的 MP · P 称为劳动的边际产品价值（Value of the Marginal Product，VMP），指的是每增加一单位生产要素所增加的产量的销售值。在产品市场为完全竞争的情况下，VMP = MP · P。

VMP 它表示在完全竞争市场条件下，厂商每增加一单位生产要素所增加的收益。需要强调的是，要注意区分产品的边际收益与边际产品价值的区别：产品的边际收益是对产品而言的，故称产品的边际收益；边际产品价值是对生产要素而言的，是使用生产要素的边际收益。

现在假设某厂商在完全竞争市场上销售产品，某种可变生产要素投入量、边际产品、边际产品价值如表 8－1 所示。其中，产品价格等于边际收益，是一个常量；并且由于边际生产力递减规律的作用，边际产品和边际产品价值都是递减的。

表 8－1　完全竞争市场上厂商的边际产品和边际产品价值

可变生产要素投入量	边际产品（MP）	产品价格（P）	边际产品价值（VMP）	生产要素价格（W）
1	10	10	100	100
2	9	10	90	90
3	8	10	80	80
4	7	10	70	70
5	6	10	60	60
6	5	10	50	50
7	4	10	40	40
8	3	10	30	30
9	2	10	20	20
10	1	10	10	10

在完全竞争市场中，厂商通过调整可变要素投入量以实现利润最大化，使最后增加的那一单位可变要素带来的收益恰好等于购买这一单位要素所付出的成本（边际要素成本，也就是要素的价格）。当要素市场也为完全竞争市场，劳动为可变投入要素时，这一条件可描述为 $VMP = W$。

从表 8–1 中可见，当劳动要素的价格为 50 时，厂商对劳动的需求量应为 6，才符合 $VMP = W$ 的条件。少于这个需求量时，要素的边际产品价值将大于购买这个要素所支付的价格，说明再增加要素投入是有利可图的；多于这个需求量时，如投入了 7 个单位的要素，则第 7 个单位要素的 VMP 将小于 W，说明这个投入是得不偿失的。依此类推，若 W 为 60，厂商对劳动的需求量也将减少到 5。总之，如果生产要素的价格发生变动，厂商就必然调整要素的投入量，使调整后的 VMP 等于新的要素价格。

将表 8–1 反映的情况用图形表示出来，就是厂商的边际产品价值曲线，也就是厂商对要素的需求曲线。图 8.1 中向右下倾斜的直线就是厂商对劳动的需求曲线，它与边际产品价值曲线完全重合。劳动的需求曲线之所以向右下倾斜，是因为劳动的边际产量随着劳动使用量的增加而递减。

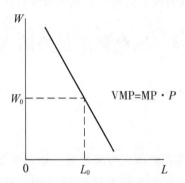

图 8.1　厂商对劳动的需求曲线

以上分析的是厂商对某一要素的需求，那么，整个市场对这种要素的需求曲线是不是由所有厂商对该要素的需求曲线的水平加总而成的呢？答案是否定的。例如，当劳动价格下降时，如果所有厂商都增加劳动使用量，就会使该产品的市场价格下降，从而使劳动的边际收益产品变少，于是，每个厂商对劳动需求量的增加就会少一些。这样，该要素（劳动）的市场需求曲线比厂商的需求曲线陡峭一些。

8.2　生产要素供给

在完全竞争市场上，要素的供给者和需求者众多，任何一个卖者或买者都是如此的微小，以至于他们对生产要素供给量或需求量的变化不会影响生产要素的价格，厂商可以在既定价格水平下获得任意数量的生产要素，因而生产要素的供给对单家厂商来说是具有完全弹性的。也就是说，对单家厂商来说生产要素的供给曲线是一条水平线。显然，单家厂商面临的生产要素供给曲线就是厂商的边际要素成本曲线，即 $S = MFC = AFC$，如图 8.2 所示。

与单家厂商面临的具有完全弹性的供给曲线不一样，由于要素的市场供给量和要素价格

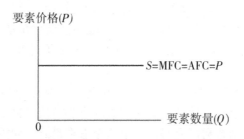

图 8.2　单家厂商面临的生产要素供给曲线

之间的关系可能比较复杂，因此要素的市场供给曲线不再具有无限弹性，也不是一条水平线，而是可以有多种形状。在一般情况下，要素价格提高时，要素供给量也会增加，所以市场供给曲线是一条随着价格变化而同方向变化，向右上方倾斜的曲线。而在有的情况下，要素价格提高时，要素供给量并不会增加，而是始终保持不变（如土地），供给曲线呈垂直状；或者在有些情况下，要素价格提高时，要素供给量增加，供给增加到一定数量以后，又逐渐趋于减少（如劳动），供给曲线向后弯曲。这些情形将在下一节讨论。

8.3　生产要素价格的决定

8.3.1　劳动供给曲线和工资的决定

1. 劳动和闲暇时间

劳动供给涉及消费者对其拥有的既定时间资源，即每天 24 小时的分配。说消费者拥有的时间是既定的是因为：首先，每个人每天只有 24 小时，这是固定不变的；其次，在固定的 24 小时之中，有一部分必须用于睡眠而不能挪为他用，这也是既定不变的。为了方便起见，假定消费者每天必须睡眠 8 小时，这样，消费者可以自由支配的时间资源为每天固定的 16 小时。由以上假定，消费者可能的劳动供给只能来自 16 小时之中。24 小时扣除睡眠时间和劳动供给时间以后，是闲暇时间，即用于吃、喝、玩、乐等各种消费活动的时间。若用 H 表示闲暇时间，则 $16-H$ 就代表消费者的劳动供给。因此，劳动供给问题就可以看成消费者如何决定其固定的时间资源 16 小时中闲暇时间所占的比重，或者说是如何决定其全部时间资源在闲暇时间和劳动供给两种用途上的分配。

消费者选择一部分时间作为闲暇时间来享受，其余时间作为劳动供给。前者直接增加了消费者的效用，后者则可以带来收入，通过收入用于消费再增加消费者的效用。因此，就实质而言，消费者并非是在闲暇时间和劳动之间进行选择，或者说并非是在自用资源和收入之间进行选择。

在工资水平为 W_1、W_2 时的劳动供给量分别为 $16-H_1$ 和 $16-H_2$，重复这个过程，可以得到在不同工资水平下的劳动供给量。我们把各种工资水平下的劳动供给量描述在"工资－劳动供给量"图形中，就得到了很多不同的点，把这些点连接起来就是劳动供给曲线，如图 8.3 所示。

与一般的供给曲线不同，图 8.3 描绘的劳动供给曲线具有一个鲜明的特点，即它具有一

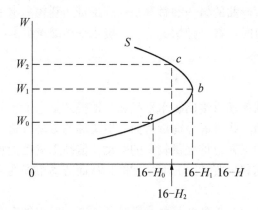

图 8.3 劳动供给曲线

段向后弯曲的部分。当工资水平较低时，随着工资水平的上升，消费者为较高的工资所吸引而减少闲暇时间、增加劳动供给量。在这个阶段，劳动供给曲线向右上方倾斜。但是，工资上升对劳动供给的吸引力是有限的。当工资水平上升到 W_1 时，消费者的劳动供给量达到最大。此时如果继续增加工资，劳动供给量非但不会增加，反而会减少。于是劳动供给曲线从工资 W_1 处起开始向后弯曲。

劳动供给曲线为什么会向后弯曲？为了解释这个问题，我们来看劳动供给、工资、闲暇时间之间的关系。

在时间资源总量既定的条件下，劳动时间的增加就是闲暇时间的减少；反之亦然，两者之间存在反方向变化的关系。闲暇时间的机会成本实际上就是工资，即劳动的价格，因为增加一单位闲暇时间，就意味着失去本来可以得到的一单位时间的劳动收入，即工资。于是，也可以将工资看成闲暇时间的价格。

我们知道，正常商品的需求曲线总是向右下方倾斜的，即需求量随商品价格的上升而下降。其原因有两个：一是替代效应，二是收入效应。正常商品价格上升后，由于替代效应，消费者转向相对便宜的其他替代品；由于收入效应，消费者相对"更穷"一些，以致减少对正常商品的购买。因此，就一般的正常商品而言，替代效应和收入效应共同作用使其需求曲线向右下方倾斜。对闲暇时间这种商品的需求也受到替代效应和收入效应两个方面的影响。

首先来看替代效应。工资提高的替代效应使人们减少闲暇时间而增加劳动时间，即劳动供给量增加。因为工资上涨，闲暇时间的机会成本上升了，使得闲暇时间这种商品变得更加"昂贵"，因而消费者减少对它的"购买"，转向其他替代商品。因此，由于替代效应，闲暇时间需求量与闲暇时间价格反方向变化。

其次看收入效应。工资提高的收入效应使人们减少劳动时间而增加闲暇时间。因为工资上涨意味着人们实际收入的增加，从而可以购买更多的商品（包括闲暇时间）。闲暇时间增加意味着劳动时间减少。这里，与普通商品相反的是，闲暇时间的价格——工资的上升意味着实际收入的增加，随着收入的增加，人们将增加对闲暇时间的消费。

因此，工资提高的替代效应与收入效应方向相反，工资提高后，人们减少还是增加劳动时间，取决于这两种效应。如果替代效应大于收入效应，则增加劳动时间；反之，如果收入效应大于替代效应，则减少劳动时间，这就意味着劳动供给曲线向后弯曲。

对劳动供给曲线向后弯曲的另一种解释是：当工资达到较高水平，人们富足到一定程度后，就会更加珍视闲暇时间。在这种情况下，工资水平再继续提高时，人们的劳动供给量不但不会增加，反而会减少。

2. 工资的决定

将所有单个消费者的劳动供给曲线水平相加，即得到整个市场的劳动供给曲线。尽管许多单个消费者的劳动供给曲线可能会向后弯曲，但市场的劳动供给曲线却不一定如此。在较高的工资水平上，现有的工人也许提供较少的劳动，但高工资也能吸引新的工人进来，因此市场劳动供给一般还是随着工资的上升而增加的，从而劳动市场的供给曲线仍然是向右上方倾斜的。

由于要素的边际生产力递减和产品的边际收益递减，要素的市场需求曲线总是向右下方倾斜的。劳动的市场需求曲线也不例外。将向右下方倾斜的劳动需求曲线和向右上方倾斜的劳动供给曲线综合起来，即可决定均衡工资水平，如图 8.4 所示。

图 8.4 中，劳动需求曲线 D 和劳动供给曲线 S 的交点是劳动市场的均衡点。该均衡点决定的均衡工资为 W_0，均衡劳动数量为 L_0。因此，均衡工资水平由劳动的市场供求曲线决定，且随着这两条曲线的变化而变化。

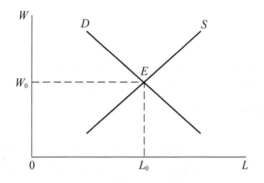

图 8.4　均衡工资水平的决定

工会、政府政策、法律、习惯、社会心理等因素都会引起对劳动的需求或供给的变动，并进一步导致市场均衡工资发生变动。

8.3.2　土地的供给曲线和地租的决定

1. 土地的概念及其特性

经济学所讲的土地，是一个广泛的概念，泛指一切自然资源，不仅包括土地，还包括江河、山川、海洋、矿藏、阳光、风雨等。经济学家把这些非人为因素的自然赋予统称为土地。

阿尔弗雷德·马歇尔指出，土地有两点基本特性。

（1）土地的地理位置是固定的、不能移动的

土地的不能移动性影响人们生产活动的方便程度，进而影响土地的收益。

（2）土地的数量即供给量是固定的，与市场对土地的需求无关

由于土地是大自然所赋予的，因此，它不但没有生产成本，而且它既不能被生产出来，也不会被毁灭，在数量上不会增加也不会减少，或者也可以说，土地的"自然供给"是固定不变的，它不会随着土地价格的变化而变化。

当然，如果土地价格合适，人们可以变沿海滩涂为陆地、变沙漠为良田，从而"创造"出土地；另一方面，如果人们采用会破坏土壤肥力的方式耕种，则土地也有"毁灭"的可能。不过，为了方便起见，这里不考察土地数量的变化，而明确假定它为既定不变的。

根据土地的肥沃程度可以把土地的特性分为两种：一种是自然所赋予的原有基本特性，这是指地理位置、阳光、空气、土质、降雨量等自然因素对生产物的影响；另一种是人们在土地上从事生产活动的人为追加特性，这是指人们在土地上进行改良土质活动而对生产物的影响。

2. 土地的供给曲线

对一个国家来说，自然资源是有限的，而且在一定时期内数量是无法改变的。但自然资源的供给是否也是固定不变的呢？答案是肯定的，但原因并不完全在于自然资源数量的有限性，而是因为，对于土地拥有者而言，土地除了供人使用获得收益外没有其他用途，拥有土地的人除了供给土地以外别无选择。因此，土地的供给量是固定的，土地的供给曲线完全没有弹性，其供给曲线表现为一条垂直线，如图8.5所示。

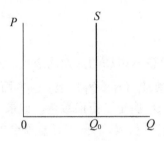

图 8.5　土地的供给曲线

3. 地租的决定

作为土地租用的价格，地租不是土地最终所有权转移的经济体现，而是土地使用权暂时转移的经济体现。作为使用土地支付的价格，地租构成土地所有者的收入。根据价格理论的一般原理，地租是由土地的供给与需求共同决定的。

对土地的需求是由土地的边际收益产品决定的。根据报酬递减规律，随着土地使用量的增加，土地所提供的收益会递减。因此，土地的需求曲线是一条向右下方倾斜的直线，它表示地租与土地使用量之间的反向变化关系。在前面我们已经分析过了土地的供给曲线为一条垂直于横轴的直线。

地租的决定因素和变化可由图8.6来说明。其中，横轴 N 表示土地的数量，纵轴 R 表示地租，土地的需求曲线 D_0 和供给曲线 S 相交的点确定了均衡地租水平为 R_0。随着经济的发展和人们对土地需求量的增加，土地的需求曲线会向右移动，地租有不断上升的趋势。

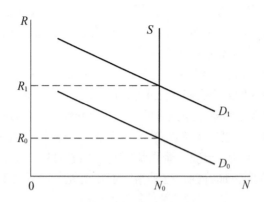

图 8.6　地租的决定和变化

8.3.3　资本的供给曲线和利率的决定

1. 资本的供给

资本的供给就是资本的所有者在各个不同的利率水平上愿意并且能够提供的资本数量。在某个时间点上，市场的资本总量是既定的，而且在短时间内也将保持稳定，所以资本的短期供给曲线是一条垂直的直线。

2. 利率的决定

如图 8.7 所示，(r_1, Q_1) 是资本市场的短期均衡点。从长期来看，也可能均衡，也可能不均衡。这是因为，在短期均衡点 (r_1, Q_1) 上，一方面利率 r_1 决定了储蓄（从而投资）的数量；另一方面短期资本存量 Q_1 决定了折旧数量。如果 (r_1, Q_1) 决定的储蓄和折旧并不相等，就会出现不等于零的净投资，从而资本存量就会发生变化。例如，在短期均衡点 (r_1, Q_1) 上，如果储蓄大于折旧，则就存在正的净投资，正的净投资将导致资本存量从原来 Q_1 水平上增加；反之，如果储蓄小于折旧，则存在负的净投资，负的净投资将导致资本存量从原来的 Q_1 水平上减少。由此可见，尽管 Q_1 在短期中是均衡的，但在长期中却可能并不均衡。只有当某个短期均衡的利率和资本存量所决定的储蓄和折旧正好相等时，这个短期均衡才同时等于长期均衡。

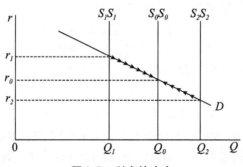

图 8.7　利率的决定

那么，资本市场是如何从短期均衡走向长期均衡的呢？假定在一开始的时候，短期均衡点（r_1，Q_1）是利率相对较高而资本存量相对较低。相对较高的利率意味着相对较高的储蓄，相对较低的资本存量意味着相对较低的折旧。于是在（r_1，Q_1）上储蓄大于折旧，即净投资大于零。净投资大于零，导致资本存量增加。这就意味着从长期来看，短期资本供给曲线将沿着资本需求曲线 D 从原来的 S_1S_1 向右移动。随着短期资本供给曲线的向右移动，利率将下降而资本存量将增加，结果，储蓄相应下降而折旧相应增加，储蓄和折旧的差距缩小。这个过程将一直继续下去，直到储蓄等于折旧为止。设短期资本供给曲线右移到 S_0S_0 时，储蓄正好等于折旧，则 S_0S_0 与资本需求曲线 D 的交点（r_0，Q_0），是表示资本市场的短期均衡点，也是它的长期均衡点。在（r_0，Q_0）上，由于储蓄和折旧恰好相等，净投资为零，这样资本存量将稳定在 Q_0 水平上不再变化，资本市场达到了长期均衡。

反过来，如果假定一开始资本的供给曲线是图 8.7 中的 S_2S_2，则整个过程与上面所述内容正好相反，但短期资本供给曲线同样会左移到 S_0S_0。

8.4 洛伦兹曲线和基尼系数

至此，我们已经分析了经济学分配理论中的重要部分——生产要素价格的决定理论。除了生产要素价格的决定之外，分配理论还包括对收入分配的平等程度、收入差异原因的分析和研究等内容。

在不同的历史时期和不同的社会中，收入分配的不平等程度是存在差异的。经济学家常常用洛伦兹曲线和基尼系数来衡量收入分配的不平等程度。

8.4.1 洛伦兹曲线

为了研究国民收入在国民之间的分配，美国统计学家洛伦兹·冯·施泰因提出了著名的洛伦兹曲线（Lorenz Curve, LC）。

从社会角度讲，收入分配的平等或不平等程度，可以通过简单考察一定比例的人口所占收入比例来分析。例如，总人口中收入最低的 10% 的人口占总收入的百分比究竟是多少？收入最低的 20% 的人口占总收入的百分比是多少？收入最低的 30%、40%、50%……的人口占总收入的百分比是多少？如此等等。如果以人口的累计百分比和收入的累计百分比为两个坐标轴，把一个特定时期内特定社会的人口累计比例与收入累计比例的对应关系点描绘在一个坐标平面上，就会勾画出一条曲线，这条曲线就是洛伦兹曲线。简而言之，洛伦兹曲线就是反映人口百分比与收入百分比关系的曲线，如图 8.8 所示。

在图 8.8 中，直线 OL 为 45°线，在 OL 线上的任意一点到两轴的垂直距离相等，即 20% 的人口占有 20% 的收入、60% 的人口占有 60% 的收入，如此等等。因此，直线 OL 表示一定比例的人口就拥有与之相同比例的收入，表示收入分配的绝对平等。与直线 OL 不同，折线 OEL 反映了收入分配的绝对不平等状况。在这样的状况下，其中 99% 的人都没有收入，而 1% 的人拥有 100% 的收入。

实际上，任何国家在任何时期的收入平等程度必定介于绝对平等和绝对不平等之间，如图 8.8 中的弧线 OL 所示。弧线 OL 代表了某一条洛伦兹曲线。很明显，洛伦兹曲线越靠近

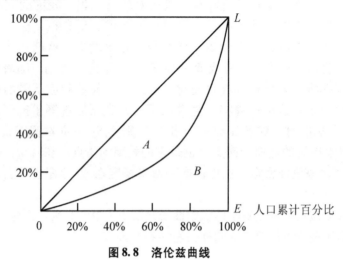

图 8.8 洛伦兹曲线

绝对平等线，说明收入分配的平等程度越高；洛伦兹曲线越靠近绝对不平等线，其代表的收入分配越不平等。经济学家通常根据统计调查资料来绘制洛伦兹曲线，从而研究收入分配的平等程度。

8.4.2 基尼系数

除了用图形直观地表示收入分配平等程度之外，基尼系数也是分析收入平等程度的重要工具。在图 8.8 中，把实际的洛伦兹曲线与绝对平等线之间的面积表示为 A，把实际洛伦兹曲线与绝对不平等线之间的面积表示为 B，则基尼系数的计算公式为

$$基尼系数 = \frac{A}{A+B}$$

显然，基尼系数越大，表明该国的贫富差距越大；基尼系数越小，则该国的贫富差距越小，国民收入的分配越平等。一般而言，基尼系数的取值为 0～1。按照国际上通用的标准，基尼系数小于 0.2，表示收入分配相对来说高度平等；0.2～0.3 表示比较平等；0.3～0.4 表示合理水平；0.4 是贫富差距的警戒线；0.4～0.5 则表示收入分配差距较大；0.6 以上视为高度不平等。

本 章 小 结

（1）要素的均衡价格决定于它的需求与供给。要素的需求是由对产品的需求引致或派生的。

（2）使用生产要素的利润最大化原则是：边际产品价值 = 边际要素成本，即 $VMP = W$。

（3）工资是劳动的价格，取决于劳动的需求与供给。个人劳动的供给曲线的特征是有一段正斜率，还有一段负斜率；社会劳动供给曲线具有正斜率。劳动的需求曲线与供给曲线共同决定了完全竞争市场上的工资水平。

（4）地租是土地的价格。土地的需求曲线是向右下方倾斜的，土地的供给曲线是与横

轴垂直的，土地的需求曲线与供给曲线的交点决定了地租。从长期来看，地租有上升的趋势。

（5）利率是资本的价格，取决于资本的需求与供给。资本的需求曲线和资本的供给曲线的交点决定了利率。

（6）洛伦兹曲线是反映社会收入分配平等程度的曲线，基尼系数是根据洛伦兹曲线计算出的反映收入分配平等程度的指标。基尼系数越大，收入分配越不平等；基尼系数越小，收入分配越平等。

城市规模

下面利用城市用地的供求关系来分析城市规模与地租的关系。

分析：由边际收益递减规律可知，对于一个有着既定人口的城市来说，城市用地的需求曲线的斜率是负的。与此同时，城市用地的供给曲线的斜率是正的。因为如果城市的地租上升，就会有较多的土地由农田转化为城市用地。在图 8.9 中，横轴用城市的半径来表示城市规模即城市用地的数量，纵轴表示地租，D 与 S 分别表示城市用地最初的需求曲线和供给曲线。显然，D 与 S 的交点 E 就是均衡点，对应的均衡地租为 R_0，城市半径为 M_0。请注意，这儿的 R_0 指的是城市边缘的地租。从需求曲线 D 的特点还可知道，离城市中心越近的地带，其地租就越高。

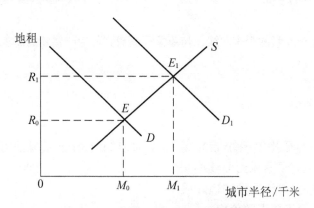

图 8.9　人口增长对城市地租的影响

如果城市人口增加了，城市用地的需求将增大，其需求曲线将上移到 D_1，新的均衡点位于 E_1。这时，城市规模扩大了，城市边缘的地租也上升了。而且，城市中心的地租也会比过去更高。这是由于城市规模扩大时，不仅城市边缘地租上升了，而且城市边缘离城市中心的距离也增加了。因此，大城市的市中心通常要比小城市市中心的地租高。

资料来源：盛晓白，黄建康，2002. 微观经济学新编 [M]. 北京：北京大学出版社.

习　题

一、名词解释

边际收益产品　　　　边际产品价值　　　　个人劳动供给曲线
替代效应与收入效应　　洛伦兹曲线

二、单项选择

1. 正常利润是（　　）。
   A. 经济利润的一部分
   B. 经济成本的一部分
   C. 隐含成本的一部分
   D. B 和 C 都对

2. 设有甲、乙两类工人：甲类工人要求的工资为 300 美元/月；乙类工人要求的工资为 200 美元/月。某厂商为了实现最大利润必须雇用所有甲、乙两类工人，并支付每个工人 300 美元/月的工资。由此可知，甲、乙两类工人得到的月经济租金（　　）。
   A. 分别为 300 美元和 200 美元
   B. 分别为 0 美元和 100 美元
   C. 均为 100 美元
   D. 均为 300 美元

3. 工资上升有收入效应和替代效应，如果工资一直增长到使收入效应起主要作用，则劳动供给曲线（　　）。
   A. 向上倾斜
   B. 垂直
   C. 向下倾斜
   D. 向后弯曲

4. 假设生产某种商品需要使用 A、B、C 这 3 种生产要素，当 A 的投入量连续增加时，它的边际物质产品（　　）。
   A. 在 B 和 C 的数量及技术条件不变时将下降
   B. 在技术条件不变但 B 和 C 的数量同比例增加时将下降
   C. 在任何条件下都下降
   D. A 和 B

5. 行业对某种生产要素的需求曲线，与单家厂商对这种生产要素的需求曲线相比（　　）。
   A. 前者与后者重合
   B. 前者比后者陡峭
   C. 前者比后者平坦
   D. 无法确定

6. 在不完全竞争的要素市场和产品市场中，厂商利润最大化的要素使用原则是（　　）。
   A. 要素需求曲线与要素供给曲线相交
   B. 要素的边际收益等于要素的边际成本
   C. 要素的 VMP 等于要素的价格
   D. 产品价格等于要素价格

7. 向后弯曲的劳动供给曲线是因为（　　）的缘故。
   A. 先是收入效应大于替代效应，后是替代效应大于收入效应
   B. 先是替代效应大于收入效应，后是收入效应大于替代效应
   C. 替代效应和收入效应同时起作用
   D. 始终主要是替代效应起作用

8. 对一个给定的经济社会，决定劳动力供给的因素包括（　　）。
   A. 劳动力的数量
   B. 在劳动力市场上，劳动力人口的参与率
   C. 标准的或法律规定的一周工作小时数
   D. 以上各项都是

三、分析讨论题

1. 决定可变要素最佳投入量的原则是什么？如果说这一原则实质上是边际收益等于边际成本对吗？
2. 地租是如何决定的？它的发展趋势是什么？
3. 为什么劳动的供给曲线是向后弯曲的？请用替代效应和收入效应加以分析。

【第8章 在线答题】

第 9 章

国民收入核算理论

教学目标

通过本章的学习,读者能够掌握有关国民收入核算的基本知识。

教学要求

掌握 GDP 的含义;熟悉国民收入核算的重要指标;掌握国民收入的基本公式。

思维导图

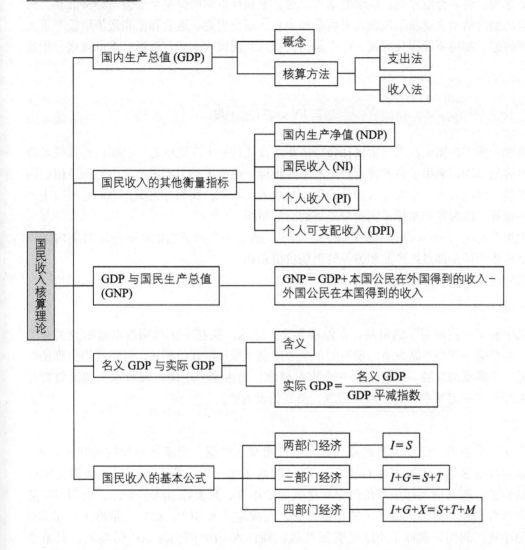

从本章起，将要介绍宏观经济学的基本原理。宏观经济学研究整个社会的经济活动，而整个社会的经济活动主要靠国民收入来衡量和表现。研究失业、通货膨胀和经济增长等重大宏观经济问题，都离不开国民收入。什么是国民收入？国民收入如何核算？本章就来分析这些问题。

9.1 国内生产总值

经济学中所讲的国民收入是衡量社会经济活动成就的一个广泛概念，根据核算资料来源和包含内容的不同，采用了各有特定含义的不同指标。这些指标主要包括国内生产总值、国内生产净值、国民收入、个人收入和个人可支配收入。其中，我们首先要弄清的是国内生产总值这一指标，因为这一指标最能衡量经济运行的情况。

国内生产总值（Gross Domestic Product，GDP）是指一个国家或地区在一定时期内运用生产要素所生产的全部最终产品和劳务的市场价值总和。

要理解这个概念必须注意以下几点。

1. 一定时期

定义中有"一定时期"的限制。在经济学中，把这一类在一定时期内取值的变量称为流量。人类社会一直在不断发展，发展的一个方面就是物质财富的积累，显然我们很难用存量来衡量一个国家的发展。GDP 也是一个流量概念，是衡量一个国家发展水平的重要指标之一，离开了"一定时期"这个时间限制，就变得没有意义。

2. 生产

从定义可以看出，GDP 测算的是一年内生产出来的价值，而不是一年内销售的价值，这有非常重要的区别。本期产出 GDP 是一定时期内（如一年）所生产而不是所售卖掉的最终产品价值。若某国某年生产价值 300 亿美元的小麦，只卖掉 200 亿美元，所剩 100 亿美元小麦可看作是该国自己买下来的存货投资，同样应计入 GDP；相反，虽然生产了 300 亿美元的小麦，然而却卖掉了 400 亿美元产品，则计入 GDP 的仍是 300 亿美元，只是库存减少了 100 亿美元。引入存货投资的概念，把卖不出去的产品视为厂商购买了自己的产品，是厂商的一项支出，这样就保证了总产出等于总支出，从而可以运用支出法核算国内生产总值。

3. 最终产品和劳务

最终产品指的是买者购买产品和服务的目的是最终使用，而不是用于再销售、深加工或制作。中间产品是购买后用于进一步加工、制造或再销售的产品或服务。

因为最终产品的价值包含了所有生产最终产品的中间品的价值，所以，最终产品的价值包括在 GDP 中，而中间产品不包括在其中，这样就能避免重复计算，夸大 GDP 的价值。

例如，农户 A 本期生产了价值 100 美元的小麦，卖给了面粉厂 B；B 生产出价值 200 美元的面粉，又把这价值 200 美元的面粉卖给食品加工厂 C；C 又生产出价值为 300 美元的面包卖给了顾客。在这个过程中只有最终产品面包的价值 300 美元应计入当期的 GDP，如果把所有产品的价值之和 600 美元计入当期 GDP，就会造成重复计算，产生严重的扭曲。

4. 市场价值

GDP 是以市场价值来衡量的一国最终产品和服务的价值，而市场价值一定要有市场交易行为才能形成，这样一国经济中有些活动不进入公开市场因而没有价格，也就无法被计入 GDP 中，这主要有两种情况。

（1）地下经济活动

地下经济活动是指为了逃避政府管制所从事的经济活动。有些地下经济是为逃税或逃避政府的最低工资法、劳动保障法等，在西方，税收很重，如果交易通过正式渠道，收入者以较高的价格出售产品但是只获得较低的收入，所以对一些低收入者而言宁愿用现金结算，这样可以制定较低的价格，同时在市场上也有竞争力，交易双方得利，而遭受损失的是国家。这种情况在我国也有，开发票的要上税，价格就要高一些；不开发票的价格就可以低一点。而有些地下经济活动本身就属于非法行为，如走私、贩毒等。由于这些活动所产生的产品和服务的交易都躲过了政府的记录，因此没有被计入 GDP 中。

（2）非市场经济活动

非市场经济活动是指那些公开的但没有市场交易行为的经济活动。自足自给的生产和家务劳动等都是典型非市场经济活动，没有经过市场交换，没有市场价值，不计入 GDP。例如，如果一个女主人花 5 美元请了一个搬运工给自己送了一次煤气罐，则这个搬运工的收入就应计入当期的 GDP；如果女主人和这个搬运工结婚了，也许这位搬运工的生活费和他当搬运工时的收入一样多，但由于不是市场活动，因而不再计入 GDP。另外，当居民居住在自己的住房中时，也存在相似的问题。居民实际上相当于自己做了房东，并将租金付给自己，这部分租金也不被计入 GDP，而居民租借其他人的房屋时，租金就会被计入 GDP。

9.2 国内生产总值的核算方法

在国民收入核算中，最重要的是计算国内生产总值这个指标。下面以 GDP 的核算为例介绍国民收入核算的两种基本方法：支出法和收入法。

9.2.1 支出法

支出法是根据购买最终产品的总支出来计算国内生产总值的方法。总支出是指在一定时期内一国经济在购买最终产品上的支出总额。一定时期内生产的最终产品或被当期售出，或未被售出，未被售出的最终产品总额作为存货计入投资支出，所以，总支出等于 GDP。

支出法是从支出的角度出发，将一定时期内按市场价格计算的最终产品和服务的支出数额加总，计算 GDP。用 $Q_1, Q_2, \cdots, Q_n$ 代表购买最终产品或服务的数量，用 $P_1, P_2, \cdots, P_n$ 表示购买各种最终产品或服务的价格，那么，就可以用以下公式计算 GDP。

$$\text{GDP} = P_1 \cdot Q_1 + P_2 \cdot Q_2 + \cdots + P_n \cdot Q_n \tag{9.1}$$

按支出法计算 GDP，主要有 4 部分，即消费支出、投资支出、政府购买和净出口。

(1) 消费支出

消费支出是指居民个人购买最终产品和服务的支出，这笔支出用 C 来表示。个人消费支出可以进一步划分为 3 部分，即耐用品（如汽车、洗衣机、彩电等）的支出、非耐用品（如衣服、食品、书报等）的支出和服务（如教育、医疗等）支出。

(2) 投资支出

投资支出是指增加或更换资本资产（如设备、厂房等）的支出，这笔支出用 I 表示。投资支出包括固定资产投资支出和企业存货两部分。固定资产投资又包括商业固定资产投资和住宅投资。

资本物品由于损耗造成的价值减少称为折旧。折旧不仅包括生产中资本物品的有形磨损，还包括资本老化带来的无形磨损。例如，一台机器使用年限虽然未到，但过时了其价值就要贬值。

投资包括固定资产投资和存货投资两大类。固定资产投资指新厂房、新设备、新商业用房及新住宅的增加。

存货投资是指企业掌握的存货价值的增加或减少。例如，年初全国企业存货为 1 000 亿元，而年末为 1 200 亿元，则存货投资为 200 亿元。存货投资可能是正值，也可能是负值。

投资是一定时期内增加到资本存量中的资本流量，而资本存量则是经济社会在一定时点上的资本总量。假定某国家在 2017 年投资 900 亿元，该国 2017 年年末资本存量可能是 5 000 亿元。由于机器厂房等不断磨损，假定每年要消耗即折旧 400 亿元，则上述这 900 亿元总投资中就有 400 亿元要用来资本消耗，净增加的投资只有 500 亿元，由于这 400 亿元是用于重置资本设备的，故称为重置投资。净投资加重置投资称为总投资。用支出法计算 GDP 时的投资，是指总投资。

(3) 政府购买

政府购买是指为维持政府部门正常的管理与运作，各级政府部门需要购买厂商生产的商品与劳务，这笔开支一般用 G 来表示。它主要包括：国防开支，即为保证国家安全购买的武器、弹药、军火、军队官兵的薪金与国防科研经费等各项开支；基础设施支出，如架桥、修路等；转移支付（如社会保障、医疗、失业救济、困难补助）。政府支出包括政府购买和转移支付。政府购买是指各级政府购买物品和劳务的支出，她是政府支出的一部分，政府支出的另一部分如转移支付、公债等都不计入 GDP。

(4) 净出口

净出口是指出口额（用 X 表示）与进口额（用 M 表示）的差额，即 (X − M)。用支出法计算净出口是因为进口表示资金用于购买国外的产品，收入流到国外，不是用于购买本国产品的支出，所以应从总购买中减去；而出口表示外国对本国产品的购买，收入流进国内，所以应加入总购买中。净出口可能是正，也可能是负，也可能恰好等于零。

用支出法计算 GDP 的公式表示为

$$\text{GDP} = C + I + G + (X - M) \tag{9.2}$$

表 9−1 是以支出法计算的 2012 年美国的 GDP。

表 9-1 以支出法计算的 2012 年美国的 GDP　　　　　　　　单位：10 亿美元

消费支出	11 249.6 其中，产品支出 3 842.7；服务支出 7 406.9
投资支出	2 095.1 其中，固定资产投资 2 072.4；存货投资 22.7
购买	3 049.7
净出口	-530.2 其中，出口额 2 191.1；进口额 2 721.3
国内生产总值（GDP）	15 864.2

9.2.2 收入法

收入法是从收入的角度出发，将投入生产的各种生产要素所取得的各种收入加总来计算的 GDP，因此又称要素收入法。

收入法的统计项目主要包括以下几项。

1. 工资

工资包括受雇于企业、政府等部门的员工所赚取的工资或薪金。它不仅包括货币工资，而且还应包括员工实际得到的各种实物形式的工资，以及补充性工资，如雇主支付的社会保险金、医疗保险金及工人的福利基金等。

2. 利息

利息指借贷资本的利息收入，主要是指各部门购买企业债券所应得到的利息收入和存入商业银行的各种储蓄所应得到的利息收入。商业银行通过商业信贷方式将储蓄存款转贷给厂商作为生产性目的的资本金，扩大了原有的生产能力，使社会能够创造出更多的 GDP，因而需要将这部分用增加值支付的利息收入计入 GDP。在计算时也应包括利息收入所应缴纳的税金。与支出法相同，政府的公债利息及转移支付不能计入 GDP。

3. 租金

租金由提供财产资源的家庭和企业所得到的收入构成，包括个人或企业出租土地、房屋等租赁收入，以及专利、版权等收入。

4. 非公司企业主收入

非公司企业主收入是指独资企业和合伙企业主收入、个体户（如小店铺主、农民、私人诊所等）收入。他们使用自己的资金，自我雇用，其工资、利息、利润、租金常混在一起作为非公司企业主收入。

5. 企业税前利润

企业税前利润包括企业所得税、社会保险税、股东红利和企业未分配利润 4 部分。

6. 三项调整

（1）企业间接税

企业间接税是指企业与零售商在生产过程中被征收的税。在支出法中，这部分税金已被计算在产品价格中，因而包含在 GDP 的统计中。为了使用收入法统计 GDP 的结果与用支出法所得出的结果相同，应该在收入法中也加入这一项统计的结果。

（2）折旧

在支出法统计中，企业固定资产的折旧费已经计入投资支出之中，为使收入法统计结果与支出法有良好的可比性，这一项也应在收入法统计中计入 GDP。

（3）企业的转移支付

企业的转移支付包括企业对非营利组织公益活动的捐款和消费者无法清偿的呆账给企业造成的损失。这两项都从企业收入中拨付，可以看作是企业的一种非生产性费用，由于在支出法中这笔费用已作为产品销售收入记入 GDP 中，因此在收入法中也需加入这一项统计。

上述各项之和即为 GDP，用公式表示如下：

GDP = 工资 + 利息 + 租金 + 非公司企业主收入 + 公司税前利润 + 间接税 + 企业的转移支付 + 折旧

9.3 几个重要的国民收入概念

9.3.1 国民收入的其他衡量指标

前面详细介绍了国民收入中的 GDP，下面介绍其他几项指标。

1. 国内生产净值

国内生产净值（Net Domestic Product，NDP）是指一个国家在一定时期内（通常为一年）新增加的产值，即从 GDP 中扣除资本消耗（折旧）以后的价值。它表示的是能够用于消费、追加固定资产及储备的产品和服务的总量。它与 GDP 的区别在于，前者不包括折旧，而后者包括折旧。其用公式表示为

$$NDP = GDP - 折旧 \tag{9.3}$$

从理论上讲，国内生产净值才是一国在一定时期内全部的新增价值，但由于折旧是按一定的折旧方法计提的，常常与实际的设备磨损并不一致，从而造成国内生产净值的高估或低估，因此，在实践中很少使用这一指标。

2. 国民收入

国民收入（National Income，NI）是指按生产要素报酬计算的国民收入。从国民生产净值（NNP）中扣除企业转移支付和间接税加上政府补助金就可以得到一国生产要素在一定时期内提供生产性服务所得到的报酬，即工资、利息、租金和利润的总和意义上的国民收入。企业转移支付和间接税虽然构成产品价格，但不成为要素收入；相反，政府给企业补助金虽不列入价格，但成为要素收入。所以前者应扣除，后者应加入。

3. 个人收入

个人收入（Personal Income，PI）是指一个国家在一定时期内个人从各种来源所得到的收入的总额。国民收入和个人收入是两个不同的总量指标，国民收入并不等于个人收入。一方面，企业本期利润中的所得税、未分配利润不会分配给个人构成个人收入；另一方面，个人可以从政府那里得到一些转移支付（如失业救济金、扶贫补助等），虽不属于国民收入，

但构成了个人收入。因此，只有从国民收入中扣除或加上这些项目后才能得到个人收入。其用公式表示为

$$PI = NI - （企业未分配利润 + 企业所得税 + 社会保险税）+ 政府对个人的转移支付 \qquad (9.4)$$

4. 个人可支配收入

个人可支配收入（Disposable Personal Income，DPI）是指在一定时期内一个国家所有个人实际得到的、可用于消费和储蓄的收入。它是对 GDP 做了一系列扣除之后，加上政府对个人的转移支付而得到的。

GDP 与个人可支配收入之间的关系如下。

GDP
  减去：资本消耗（折旧）
 等于：国内生产净值
  减去：间接税
     企业未分配利润
     企业所得税和社会保险税
  加上：政府对个人的转移支付
 等于：个人收入
  减去：个人所得税和非税支出
 等于：个人可支配收入

可以表述为：从 GDP 中减去实际上不支付给个人的部分，再减去个人缴纳的个人所得税和非税支出，加上个人得到的转移支出。也可以表述为：从 GDP 中减去企业总储蓄（包括折旧和企业未分配利润），再减去政府的净税收（等于总税收减去转移支付）。还可以表述为：从 GDP 中减去折旧和一切税收（直接税和间接税），再减去企业的未分配利润，加上政府对个人的转移支付。

9.3.2 国内生产总值和国民生产总值之间的关系

从概念上讲，GDP 和 GNP（Gross National Product，国民生产总值）都是指一个国家一年内生产的最终产品和劳务的市场价值，但它们所指"国家"的含义有所不同。GDP 所说的"一国"是指在一个国家境内，即只要是在该国领土上，无论哪国人创造的最终产品和劳务的市场价值都应计入 GDP。GNP 所说的"一国"指一国公民，即只要是该国公民，无论在什么地方创造的最终商品与劳务的市场价值都应计入 GNP。例如，我国的工程技术人员在海外工作的收入应计入我国的 GNP；外国人在我国工作赚取的收入并不是本国要素所有者的收入，不能计入我国的 GNP，但应计入我国的 GDP。

GDP 和 GNP 之间的数量关系，可以用公式表示为

$$GNP = GDP + 本国公民在外国得到的收入 - 外国公民在本国得到的收入 \qquad (9.5)$$

从历史沿革来看，越来越多的国家用 GDP 代替 GNP 作为国民经济核算的新标准，反映了经济全球化的发展趋势。在国民经济核算体系建立初期，劳动和资本在国际上的流动不大，所以各国主要以 GNP 作为经济核算的指标。但是，随着经济全球化的发展，资本和劳

动等生产要素在国际上的流动越来越大，按"国民"原则统计国民收入，无法准确衡量一定区域范围内的生产总量。1993年，联合国统计司正式决定用GDP取代GNP作为国民经济核算的重要指标。

9.3.3 名义国内生产总值和实际国内生产总值

由于GDP是用货币来计算的，因此，一国GDP的变动由两种因素造成：一是所生产的商品和劳务数量的变动；二是商品和劳务价格的变动。当然，两者也常常会同时变动。为弄清国内生产总值究竟是由产量还是由价格变动引起，需要区分名义国内生产总值和实际国内生产总值。

所谓名义国内生产总值（nominal GDP），是指用生产商品和劳务的那个时期的市价所计算出来的最终产品的价值。例如，某国2018年的名义国内生产总值即是2018年生产的全部最终产品和劳务用当年的市场价格计算出来的市场价值。

我们知道，名义国内生产总值的变动受到最终产品的数量和价格的影响，如果价格增加一倍，名义国内生产总值也将提高一倍，而实际最终产品的数量并没有丝毫变化。因为价格因素的存在，所以无法通过名义国内生产总值的大小来比较两个时期生产出来的最终产品的数量孰多孰少，由此引入实际国内生产总值的概念。

实际国内生产总值（real GDP）是指以从前某一年作为基期的价格所计算出来的当期全部最终产品的市场价值。

实际国内生产总值都是按照同样的价格标准计算出来的，剔除了价格因素，各期实际GDP的大小直接反映当前最终产品产量的多少，这样就便于比较各期国内经济实际增长情况。

名义GDP可以由以下公式转化为实际GDP。

$$实际GDP = \frac{名义GDP}{GDP平减指数} \tag{9.6}$$

式中，GDP平减指数衡量的是相比于基期，物价水平发生了怎样的变化。它是非常重要的通货膨胀指标。

下面举例说明名义GDP与实际GDP的计算，如表9-2所示。

表9-2 实际GDP与名义GDP计算示例

	2005年名义GDP	2006年名义GDP	2006年实际GDP
石油	1桶×2美元=2美元	2桶×3美元=6美元	2桶×2美元=4美元
理发	1次×1美元=1美元	3次×4美元=12美元	3次×1美元=3美元
合计	2+1=3美元	6+12=18美元	4+3=7美元

在本例中，假定最终产品和服务只有石油和理发两种，按照名义GDP计算，2005年时是3美元，2006年时是18美元，2006年相对于2005年名义GDP增长了6倍，但这种增长大部分是由价格上涨引起的。如果把2005年作为基期计算，2006年的实际GDP是7美元，比2005年增长了约2.3倍，这种增长是由于石油的生产量增长了2倍，理发的服务次数增长了3倍引起的，反映了最终产品数量的增长。

9.3.4 国内生产总值的局限性

在西方国家，GDP 是核算国民经济活动的主要指标之一。从生产角度来看，GDP 反映了一个国家的生产规模和产业结构。从使用角度来看，GDP 反映了一个国家的需求规模和需求结构，也就是最终消费、资本形成和净出口及其具体构成项目在总需求中所占的份额。通过按基期物价水平计算的 GDP 能够反映一个国家经济增长和变动情况的经济增长率，并且根据 GDP 和人口数量能够计算出一个国家的人均国内生产总值，它不仅是衡量一个国家人民富裕程度的重要指标，同时也是衡量一个国家人民经济福利水平的重要指标。尽管 GDP 作为衡量和评价一国经济总量和经济增长的主要指标被广泛使用，但国民收入核算体系以 GDP 来衡量国民经济总产出水平，衡量经济发展程度及人民生活水平并不是完美无缺的，也是有缺陷的，主要体现在以下几个方面。

1. GDP 不能反映出大量的非市场的经济活动

一个国家并非所有的经济活动都要通过市场进行，除了政府服务等少数例外情况，一般的非市场经济活动都没有计入 GDP。例如，家庭主妇的无偿家务劳动和小城镇里自发组织的支援小组的志愿性活动。非市场的经济活动不存在市场价格，也无法量化，因而很难衡量它们的市场价值。虽然这些非市场化的经济活动的价值没有被计入衡量产出市场价值的 GDP，但并不表明它们无关紧要。

GDP 计算过程中忽略了大量的非市场经济活动，计算出的数据就会低估经济中生产的真实水平。例如，一位家庭主妇在家中照顾孩子或打扫房间这些活动不发生支付行为，就不能计入 GDP。但是，如果这位家庭主妇离开家庭外出工作，雇用保姆来照顾孩子和打扫房间，就要向保姆支付报酬，那么，家庭主妇和这位保姆的活动都会计入 GDP。可见，由于 GDP 不能反映非市场的经济活动，使得它在某种程度上丧失了客观性和可比性。家务劳动的市场化程度在发展中国家和发达国家是不一样的。在发展中国家，经济发展缓慢，人们收入水平低，家务劳动的市场化程度不高，大部分家务劳动都是由家庭成员自己来完成的。在发达国家，家务劳动的市场化程度比较高，例如大多数家庭都把孩子送到幼儿园去养育，许多老人被送到养老院去照顾等。因此，同样的家务劳动，在发达国家的市场化程度高，对 GDP 的贡献大；但在发展中国家的市场化程度低，对 GDP 的贡献小。从这一点可以看出，发展中国家的 GDP 与发达国家的 GDP 不具有可比性。

与非市场经济活动紧密相连的是地下经济。地下经济包括两方面经济活动。一方面是合法的经济活动，如饭店的领班会少报他们从顾客那里得到的小费，企业家为了避免税收的部分支出，只记录销售额的一部分。这些地下交易很明显没有被计入 GDP。另一方面是非法的经济活动，如赌博、放高利贷、毒品交易等。从这些违法活动中获得收入的人会隐瞒他们的收入，这部分收入也无法计入 GDP。

2. GDP 不能很好地衡量精神收入

精神收入是指人们由于得到收入或消费而带来的心理的愉快或不愉快的状态。例如，在公司从事管理工作的人员，取得货币收入并用其购买所需的商品和劳务，在这一过程中，管理人员还从工作中获得了归属感、成就感，得到周围同事的关心，从而使其心理上产生愉悦和满足感（精神收入）。对于十分看重工作和消费过程中精神收入的人来说，用 GDP 是无法衡量这种收入的。另外，闲暇时间无法用市场来定价，GDP 无法说明人们享受了多少闲暇时间，例如，两个国内生产总值相等的国家，一国人们工作十分繁忙，享有很少的闲暇时间；另一国人们工作十分悠闲，享有很多闲暇时间，显然前者的福利小于后者。

3. GDP 不能反映经济发展对环境和资源所造成的负面影响

近些年来，中国经济发展速度很快，但同时环境也遭到了破坏，如空气和水的质量在不断下降，迅速增加的污染给人们的生活带来了危害，严重影响了人们的生活质量。环境的质量无法在市场上买卖，没有价格，所以 GDP 无法反映经济增长所带来的这种负面影响。

长期以来，人们把与生产过程有关的各种资产的损耗从生产价值中扣除，但是对于自然资源却没有这样做，由此夸大了净产出和资本形成总量。例如，只要采伐树木，GDP 就会增加，但是采伐过量后，森林面积会减少，在 GDP 的核算中显然没有包含由于森林面积的减少而带来的自然资源的耗减。再如，煤矿企业开采并出售煤，GDP 会相应地增加出售煤的价值。但实际情况是，拥有的煤矿储量也减少了相同的量，这意味着以后可供开采的量减少了，而这一点并没有在 GDP 中反映出来。

4. GDP 不能全面反映人们的福利状况

GDP 的一个重要用途，就是用它比较不同国家和不同时期的生活水平，比较时通常采取人均国内生产总值指标。但这样做存在很大的问题，人均国内生产总值只是一个平均数，它的增加代表一个国家人民平均收入水平的增加，说明这个国家人民的福利状况得到改善。但是由于收入分配的不平衡，少数富人拥有了更多的收入，大多数人的收入水平没有明显增加，因此他们的福利状况并没有得到明显改善。人均国内生产总值不能反映这种由于收入分配的差异而产生的福利的差异状况，从而掩盖了财富分配不平等的现象。另外，由于气候和社会生活习惯的不同，人均国内生产总值相同的两个国家的需求和生活状况也有很大差异。例如，人均国内生产总值相同的两个国家，一个位于寒带地区，另一个位于热带地区。位于寒带地区国家的人们对御寒衣物和高热量食品的需求量远远超过位于热带地区国家的人们对这两种物品的需求量。

5. GDP 不能准确地反映产品质量的改进

GDP 是定量的而非定性的量度。像计算机这样的产品，质量几乎是每年都在变，今天花一笔钱购买一台计算机和几年前花同样多的钱购买的计算机，会在速度、存储和多媒体功能等方面存在显著的差异。GDP 的核算没有考虑到这样的质量变动，因此 GDP 的实际增长就被低估了。

还有一些经济学家认为，GDP 的核算中，对于耐用消费品的处理方法是不恰当的，像水洗类的耐用消费品，当其产出时，就被计入当期的 GDP 中，这意味着在它们产出的当年所有的耐用消费品都被用完了，以后各年不产生任何收入。

GDP 核算是有缺陷的，这是任何经济学家都不能否认的，但是我们可以结合其他一些评价指标来弥补 GDP 核算过程中的不足。例如，针对 GDP 不能全面衡量社会福利的状况，人们采取了像婴儿死亡率、人口预期寿命等指标来反映社会福利；针对 GDP 不能反映经济发展对环境和资源所造成的负面影响,联合国创造了一套新的国民收入核算体系,称为绿色 GDP,旨在将经济增长对环境和资源造成的负面影响结合起来,从而使 GDP 的变动更好地反映一国财富的变动。

9.4 国民收入的基本公式

在第 9.2 节介绍了两种核算国民收入的方法,从理论上说,这两种方法代表着不同的概念,即总收入描述的是社会对最终产品和服务的总供给,总支出描述的是社会对最终产品和服务的总需求情况。但从数量上讲,这两种方法在扣除误差后应该相等。因此,从不同的国民收入核算方法中可以得到以下恒等式。

$$总需求 \equiv 总供给 \tag{9.7}$$

这一恒等关系在宏观经济学中占据着重要地位。从该恒等式出发,通过对收入流量循环模型的研究,我们可以得到很多恒等关系。下面从最简单的两部门收入流量循环模型出发,得出两部门经济国民收入的基本公式,进而研究三部门和四部门经济国民收入的基本公式。

9.4.1 两部门经济国民收入的基本公式

两部门经济只包括了居民和厂商的经济,经济中没有政府和对外贸易的参与。其中,居民为了生存或满足其他方面的需要,必须消费一定数量的产品。这些产品可以是自身拥有的,也可以是他人生产的。当一个居民需要消费他人生产的产品时,该居民就成为一个购买者。为了实现购买他人产品的目的,该居民需要向市场提供自身所拥有的资源,以换取购买产品时所需要支付的费用。经济系统中的另一个决策单位是厂商。厂商是把资源投入转换为产出的经济单位,通常又称企业或生产者。厂商都是以取得利润为目的而从事生产经营活动,并通过市场交换,为满足居民消费的需要服务。因此,居民单位和厂商单位就以市场为媒体,在经济上形成了双方之间的联系。两部门收入流量循环模型如图 9.1 所示。

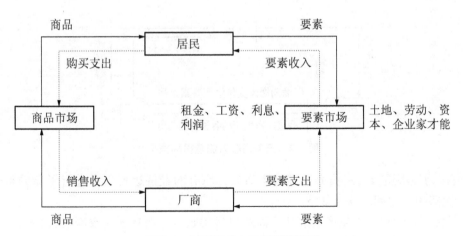

图 9.1 两部门收入流量循环模型

从图 9.1 可以看出，厂商和居民之间存在两种联系：一方面，居民向厂商提供生产要素（如土地、劳动、资本、厂商家才能等），厂商又向居民支付这些生产要素的报酬（如工资、地租、利息、利润等）；另一方面，厂商向居民提供产品和劳务，而居民则按产品和劳务的价格支付给厂商。

从图 9.1 还可以看出，此时整个经济处于一个均衡循环状态，生产要素市场中的要素收入等于国民收入，与最终产品及劳务市场中的总支出完全相等，只是收入和支出的流动方向正好相反。例如，生产要素的收入（工资、地租、利息、利润等）为 800 亿元，那么此时总支出也等于 800 亿元，企业的最终产品和劳务的销售收入也为 800 亿元。

从总需求（总支出）方面看，两部门经济的总需求等于消费需求加上投资需求，即

$$Y = C + I \tag{9.8}$$

从收入角度看，国内生产总值就等于总收入。总收入的一部分用于消费，剩下的用于储蓄，即

$$Y = C + S \tag{9.9}$$

在两部门经济中，只有总需求等于总供给，最终产品市场上的全部产品才能出清，所以有

$$C + I = C + S \tag{9.10}$$

两边消去 C，得到

$$I = S \tag{9.11}$$

这就是两部门经济中的投资-储蓄恒等式。这一等式表明，无论经济体的运行现状如何（是否均衡、是否通胀），在经济总体中都存在未用于购买消费品的收入总量（储蓄）等于经济体中可用于投资的最终产品的总量。

9.4.2　三部门经济国民收入的基本公式

在两部门经济的基础上引进政府部门后，就构成了三部门经济。在这种经济中，政府的经济活动体现在：一方面有政府收入（主要是向居民和厂商征税）；另一方面有政府支出（包括政府对商品和劳务的购买，以及政府给居民的转移支付）。三部门收入流量循环模型如图 9.2 所示。

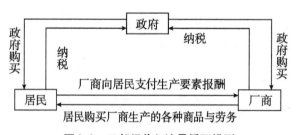

图 9.2　三部门收入流量循环模型

政府作为经济运行的一员介入经济生活后，原有的经济运行秩序进行了新的整合。此时，3 个决策单位之间的联系如下。

① 居民不仅通过提供生产要素从厂商那里获得收入，而且还从政府的转移性支出中获得了补贴等收入；同时，居民获得的收入除支付商品的购买费用外，还有一部分必须向政府缴纳税款。

② 厂商不仅向居民，而且也向政府提供商品，取得销售收入；同时，它需要向居民提供要素的购买费用，并向政府纳税。

③ 政府一方面以税收等方式从居民和厂商那里取得收入；另一方面，又通过购买商品劳务等方式，运用已取得的收入。

从支出角度看，国内生产总值等于消费、投资以及政府支出的总和，即

$$Y = C + I + G \tag{9.12}$$

从总需求角度看，三部门经济的总需求等于消费需求、投资需求及政府需求的总和。

从收入角度看，国内生产总值体现为所有要素所有者获得的收入总和。在三部门经济中，居民的收入先向政府纳税，然后用于消费，剩下的用于储蓄。另外，居民从政府那里得到的转移支付也构成居民收入的一部分。假定政府的全部税收为 T_0，政府的转移支付为 Tr，政府的净收入为 T（$T = T_0 - Tr$）。

从收入的角度计算国内生产总值，有

$$Y = C + S + T \tag{9.13}$$

把式（9.12）和式（9.13）结合起来，有

$$C + I + G = C + S + T$$

即

$$I + G = S + T \tag{9.14}$$

则

$$I = S + (T - G) \tag{9.15}$$

式中，$(T - G)$ 代表了政府的储蓄。因为 T 是政府净收入，G 是政府购买，两者之差即为政府储蓄。政府储蓄可为正，也可为负，于是式（9.15）税收又体现了投资与储蓄之间的恒等关系。

9.4.3 四部门经济国民收入的基本公式

在三部门经济的基础上加上国外部门，就构成了四部门经济，这样就更接近于实际的经济结构。

四部门收入流量循环模型如图9.3所示。在四部门经济中，经济活动的参加者居民、厂商、政府和国外部门之间产生了物资和资金的流出和流入。原有的三部门在继续维持原来关系的基础上，还要购买国外部门提供的商品和劳务，对本国来说即进口，进口吸纳了国内的收入；同时，国外部门要购买国内生产的商品和劳务，对本国而言就是出口，出口给本国带来了收入。

在四部门经济中，总供给除了居民、政府外，还有国外的供给，即进口 M；总需求中，除了居民的消费需求 C、厂商的投资需求 I 和政府的需求 G 外，还包括国外的需求，即出口 X。总需求和总供给相等，意味着下面的等式成立。

$$C + I + G + X = C + S + T + M \tag{9.16}$$

两边消去 C 后，得

$$I + G + X = S + T + M \tag{9.17}$$

式中，左端为国民收入的注入量，右端为国民收入的漏出量。该式表明，在四部门经济结构中，收入流量循环模型的均衡条件是：国民收入的注入量与漏出量必须相等。

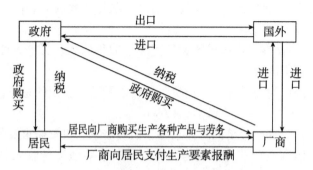

图9.3 四部门收入流量循环模型

式（9.17）可以变为

$$I = S + (T - G) + (M - X) \tag{9.18}$$

式中，$(T-G)$ 表示政府的储蓄；而 $(M-X)$ 则代表外国对本国的储蓄，$(M-X)$ 可以为正，也可以为负。这样，式（9.18）又反映了在四部门经济结构中储蓄和投资的恒等关系。

本 章 小 结

（1）理解国内生产总值必须注意：一定时期、生产、最终产品和劳务、市场价值。

（2）国内生产总值的局限性为：不能反映出大量的非市场的经济活动；不能很好地衡量精神收入；不能反映经济发展对环境和资源所造成的负面影响；不能准确地反映产品质量的改进。

（3）核算国内生产总值的方法有两种：支出法和收入法。这两种方法是从经济运行的不同角度来计算国内生产总值，所得到的结果从理论上来说应该是一致的。

（4）国民收入核算的指标主要有国内生产总值、国内生产净值、国民收入、个人收入和个人可支配收入。

（5）名义国内生产总值是指用生产商品和劳务的那个时期的市价所计算出来的最终产品的价值；实际国内生产总值是指以从前某一年作为基期的价格所计算出来的当期全部最终产品的市场价值。

（6）在两部门经济中，由于国民收入从支出的角度被看作 $Y = C + I$，从收入的角度被看作 $Y = C + S$，因此有 $C + I = C + S$，可以得到 $I = S$。

（7）在三部门经济中，由于国民收入从支出的角度被看作 $Y = C + I + G$，从收入的角度被看作 $Y = C + S + T$，从而可以得到 $I + G = S + T$。

（8）在四部门经济中，由于国民收入从支出的角度被看作 $Y = C + I + G + X$，从收入的角度被看作 $Y = C + S + T + M$，因此有 $I + G + X = S + T + M$，即 $I = S + (T - G) + (M - X)$。

GDP 与 GNP——全球经济一体化

以前各国在进行国民收入核算时所用的指标是 GNP。1993 年，联合国统计司要求各国以后一律不用

GNP，而改用 GDP。GDP 与 GNP 之间有什么区别？为什么要把 GNP 改为 GDP 呢？在这两个词的改变中包含了极为深刻的含义。从字面上看，GDP 和 GNP 都是一国一年内所生产的最终产品（商品与劳务）市场价值的总和。关键在于对"一国"的解释不同。GDP 的"一国"是指在一国的领土范围之内。也就是说，只要在该国的领土上，无论是本国人生产的还是外国人生产的，都是该国的 GDP。GNP 的"一国"是指一国的公民。也就是说，只要是该国的公民，无论是在国内生产的，还是在国外生产的，都是该国的 GNP。

在国民收入核算体系中，这两者之间有固定的关系。即在 GNP 中加上外国公民在本国生产的产值（外企在本国的产值）减去本国公民在外国生产的产值（本国企业在外国的产值）就是 GDP。或者说，GDP 中减去外国公民在本国生产的产值加上本国公民在外国生产的产值就是 GNP。一般国家 GDP 与 GNP 在数值上的差额也就 1%～2%。

既然这两者之间有数量上确定的关系，由其中一个就可以推算出另一个，而且差别又不大，为什么联合国统计司要求各国把过去用的 GNP 改为 GDP，而且各国也都这么做了呢？

从 GNP 变为 GDP 不是一个简单的概念变化，它反映了全球经济一体化这个重要的趋势。

首先，在全球经济一体化的今天，各国经济已经是你中有我，我中有你，许多产品很难分清是哪一国生产的。例如，美国福特公司生产的福特牌伊斯柯特型汽车，它的零部件来自 15 个国家，你说这是美国公民的产品，还是外国公民的产品呢？看看当今世界，很少有什么东西是纯粹由一国公民生产的。别说飞机、计算机这种复杂的产品了，就连汉堡这类食品也很可能是牛肉来自欧洲、面粉来自加拿大、番茄酱来自墨西哥，而生菜来自美国。你说这只小小的汉堡是哪国公民的产品？

工业革命之后，人们已无法分清某种产品是哪个人或企业生产的了。今天的全球经济一体化使人们无法分清某种产品是哪国人生产的，也许将来我们都无法分清某一种产品是哪个星球的人生产的。在全球化的今天，不可能也没有必要分清哪一国人生产了什么，因此，用 GDP 代替 GNP 不仅在统计上简便，而且也是对全球经济一体化的反映。

其次，更重要的是这种名词的变化反映了人们观念上的变化。过去人们强调的是民族工业，即由本国人所办的工业。保护民族工业往往被当作一个爱国主义的口号，颇有号召力。在全球经济一体化的今天，民族工业应该用境内工业的概念来替代。境内工业是在一国领土上所兴办的工业，无论是本国人办的，还是外国人办的，还是合资的。一些人担心，外资企业太多岂不会由外国人控制本国经济命脉？所以，总有人呼吁要限制外国人控制本国工业，甚至把全球经济一体化作为一种灾难。其实外资在一个国家里要遵守该国法律，并向该国政府纳税。外国企业雇用本国工人，繁荣本国经济，带来先进的技术和管理经验，又解决了国内资本不足，何乐而不为？把外资作为帝国主义侵略的一种形式，已经是过时的观念。说得严重一点，也是一种"冷战思维"的表现。当然，对外开放要有一个过程，引进外资要有一定的规章，在开放中也会与他国产生各种矛盾，但全球经济一体化进程是无法阻挡的。

最后，还要看到，GNP 变为 GDP 对宏观经济学的研究和政策制定具有重要的意义。在凯恩斯主义经济学中研究的是一个封闭经济，20 世纪 80 年代以前的宏观经济学即使考虑到开放经济，也是把封闭经济与开放经济分开，先研究封闭经济，然后再分析开放经济。这种方法已不能适应全球经济一体化的现实。

在封闭经济与开放之下，经济政策的影响也是不同的。美国经济学家罗伯特·芒德尔早在 20 世纪 60 年代就注意到封闭经济和开放经济下财政与货币政策的作用是不同的。在实行浮动汇率和资本自由流动的开放经济中，货币政策对经济的影响大于财政政策。在实行固定汇率和限制资本流动的封闭经济中，财政政策对经济的影响大于货币政策。他获得 1999 年诺贝尔经济学奖的重大贡献之一正是这种开放经济下的政策分析。根据这种理论，克林顿政府采取了紧缩性财政政策和扩张性货币政策的结合。在开放经济下，紧缩性财政政策对国内经济的抑制作用不大，但又可以减少赤字，而扩张性货币政策对国内经济的刺激作用大，有助于繁荣。这样，克林顿政府既减少了财政赤字，实现了财政平衡略有节余，又保持了长期繁荣。可见 GNP 变为 GDP 还有更多值得我们研究的问题。

资料来源：梁小民，2009. GNP、GDP 之差与全球经济一体化 [J]. 今日科技（09）.

习 题

一、名词解释

国内生产总值　　　　　国内生产净值　　　　国民收入　　　　　　个人收入
净出口　　　　　　　　个人可支配收入　　　名义国内生产总值
实际国内生产总值

二、单项选择

1. 下列哪一项不列入国内生产总值的核算？（　　）
   A. 出口到国外的一批货物　　　　　　B. 政府给贫困家庭发放的一笔救济金
   C. 经纪人为一座旧房买卖收取的一笔佣金　　D. 保险公司收到一笔家庭财产保险费

2. 一国的国内生产总值小于CNP，说明该国公民从外国取得的收入（　　）外国公民从该国取得的收入。
   A. 大于　　　　　　　　　　　　　　B. 小于
   C. 等于　　　　　　　　　　　　　　D. 可能大于也可能小于

3. 今年的名义国内生产总值大于去年的名义国内生产总值，说明（　　）。
   A. 今年物价水平一定比去年高了
   B. 今年生产的物品和劳务的总量一定比去年增加了
   C. 今年的物价水平和实物产量水平一定都比去年提高了
   D. 以上说法都不一定正确

4. "面粉是中间产品"这一命题（　　）。
   A. 一定是对的　　　　　　　　　　　B. 一定是不对的
   C. 可能是对的，也可能是不对的　　　D. 以上说法全对

5. 下列哪一项可计入GDP？（　　）
   A. 购买一辆用过的旧自行车　　　　　B. 购买普通股票
   C. 汽车制造厂买进10吨钢板　　　　　D. 银行向某企业收取一笔贷款利息

6. 已知某国的资本品存量在年初为10 000亿美元，它在本年度生产了2 500亿美元的资本品，资本消耗折旧是2 000亿美元，则该国在本年度的总投资和净投资分别是（　　）。
   A. 2 500亿美元和500亿美元　　　　　B. 12 500亿美元和10 500亿美元
   C. 2 500亿美元和2 000亿美元　　　　D. 7 500美元和8 000亿美元

7. 在一个由居民、厂商、政府和国外的部门构成的四部门经济中，GDP是（　　）的总和。
   A. 消费、总投资、政府购买和净出口　　B. 消费、净投资、政府购买和净出口
   C. 消费、总投资、政府购买和总出口　　D. 工资、地租、利息、利润和折旧

8. 如果个人收入为570美元，而个人所得税为90美元，消费支出为430美元，利息支付总额为10美元，个人储蓄为40美元，个人可支配收入则（　　）。
   A. 500美元　　　B. 480美元　　　C. 470美元　　　D. 400美元

9. 在下列项目中，（　　）不属于政府购买。
   A. 地方政府办三所中学　　　　　　　B. 政府给低收入者提供一笔住房补贴

C. 政府订购一批军火   D. 政府给公务人员增加薪水

10. 在统计中，社会保险税增加对（   ）有影响。
A. 国内生产总值   B. 国内生产净值
C. 国民收入   D. 个人收入

三、计算题

1. 假设某国某年的国民收入统计资料如表 9-3 所示。

表 9-3   某国某年的国民收入统计资料   单位：10 亿美元

项目	金额
资本消耗补偿	356.4
雇员酬金	1866.3
企业支付的利息	264.9
间接税	266.3
个人租金收入	34.1
企业利润	164.8
非公司企业主收入	120.3
红利	66.4
社会保险税	253.0
个人所得税	402.1
消费者支付的利息	64.4
政府支付的利息	105.1
政府转移支付	347.5
个人消费支出	1 991.9

请计算：（1）国民收入；（2）国内生产净值；（3）国内生产总值；（4）个人收入；（5）个人可支配收入；（6）个人储蓄。

2. 设某经济社会生产 5 种产品，它们在 1990 年和 1992 年的产量和价格如表 9-4 所示。

表 9-4   5 种产品在 1990 年和 1992 年的产量和价格

产品	1990 年产量	1990 年价格/美元	1992 年产量	1992 年价格/美元
A	25	1.50	30	1.60
B	50	7.50	60	8.00
C	40	6.00	50	7.00
D	30	5.00	35	5.50
E	60	2.00	70	2.50

请计算：（1）1990 年和 1992 年的名义国内生产总值；（2）如果以 1990 年作为基年，则 1992 年的实际国内生产总值是多少？

3. 设某国某年国民收入经济数据如表 9-5 所示。

表 9-5　某国某年国民收入经济数据　　　　单位：10 亿美元

项目	数值
个人租金收入	31.8
折旧	287.3
雇员的报酬	1 596.3
个人消费支出	1 672.8
营业税和国内货物税	212.3
企业转移支付	10.5
统计误差	-0.7
国内私人总投资	395.3
产品和劳务出口	339.8
政府对企业的净补贴	4.6
政府对产品和劳务的购买	534.7
产品和劳务的进口	316.5
净利息	179.8
财产所有者的收入	130.6
公司利润	182.7

请计算：

（1）用支出法计算 GDP；（2）计算国内生产净值。

四、分析讨论题

1. 能否说某公司生产的汽车多卖掉一些时比少卖掉一些时 GDP 会多增加一些？

2. 假如某人不出租他自己的房子而是自己使用，这部分房租算不算 GDP？

3. 为什么政府转移支付不计入 GDP？

4. 为什么从公司债券得到的利息应计入 GDP，而人们从政府得到的公债利息不计入 GDP？

【第 9 章　在线答题】

第10章

产品市场的国民收入决定理论

教学目标

通过本章的学习,读者能够对两部门、三部门和四部门均衡收入的决定及乘数理论有全面的掌握。

教学要求

掌握消费函数和两部门、三部门及四部门均衡国民收入的决定;掌握乘数的概念;了解乘数作用的条件和影响因素。

思维导图

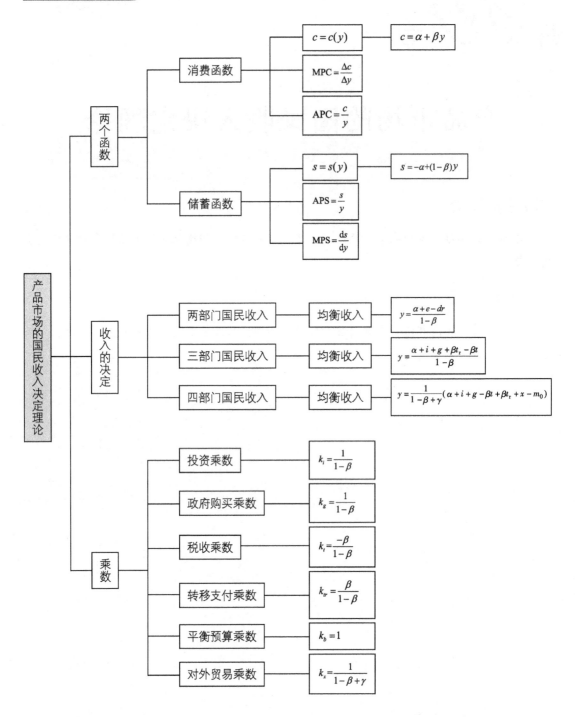

第 9 章讨论了国民收入如何核算，本章将讨论国民收入如何决定，即经济社会的生产或收入水平是怎样决定的，这是宏观经济学所要讨论的核心问题。宏观经济学的基石凯恩斯理论的中心内容就是国民收入决定理论。在进行讨论之前，我们假定在短期内，无论需求量为多少，经济制度均能以不变的价格提供相应的供给量。也就是说，社会总需求变动时，只会引起产量和收入的变动，使供求相等，而不会引起价格变动。

10.1 消费函数和储蓄函数

为了说明一个国家的国民生产或收入如何决定，需要从分析最简单的经济关系开始。为此，我们假定所分析的经济中不存在政府，也不存在对外贸易，只有居民部门和厂商部门，消费行为和储蓄行为都发生在居民部门，生产和投资行为都发生在厂商部门，并且厂商投资是自主的，即不随利率和产量的变动而变动。此外，还假定折旧和企业未分配利润为零，这样 GDP、NDP、NI 和 PI 就都相等。

依据凯恩斯定律，国民收入取决于有效需求。社会有效需求由消费、投资、政府购买和净出口 4 部分构成。分析国民收入如何决定，就是要分析社会有效需求各个组成部分是如何决定的。在这里，首先分析消费是如何决定的，我们利用消费函数对这一问题进行说明。

10.1.1 消费函数

居民消费（c）是指花费在最终产品和服务上的各项开支。在现实生活中影响居民消费的因素有很多，包括家庭收入水平、商品价格水平、利率水平、消费者偏好、收入分配状况、家庭财产状况、消费信贷状况、消费者年龄结构等。约翰·梅纳德·凯恩斯认为，这些因素中具有决定意义的是家庭收入水平。为此，可以从诸多因素中抽出这一因素单独分析。假设在决定人们消费的诸多因素中，除家庭收入以外的其他因素给定不变，则消费函数可记为

$$c = c(y) \tag{10.1}$$

该消费函数表明人们的消费支出是其收入的函数，消费随收入的变动而变化。

将不同的收入水平代入式 (10.1)，就会有不同的消费水平与之对应。假定某家庭的消费和收入之间存在如表 10-1 所示的关系。

表 10-1　某家庭的消费和收入关系表　　　　　　　　　　单位：美元

	(1) 收入 (y)	(2) 消费 (c)	(3) 边际消费倾向（MPC）	(4) 平均消费倾向（APC）
A	5 000	5 100		1.02
B	6 000	6 000	0.90	1.00
C	7 000	6 850	0.85	0.98
D	8 000	7 600	0.75	0.95
E	9 000	8 290	0.69	0.92
F	10 000	8 830	0.54	0.88

表 10-1 中的数字表明，当收入是 5 000 美元时，消费为 5 100 美元，入不敷出。当收入是 6 000 美元时，消费为 6 000 美元，收支平衡。当收入依次增至 7 000 美元、8 000 美元、9 000 美元、10 000 美元时，消费依次增加到 6 850 美元、7 600 美元、8 290 美元、8 830 美元。这就可以看出消费和收入之间存在着一种正向关系，即消费随收入的增加而增加。我们把增加的消费与增加的收入的比率，也就是增加 1 单位收入中增加的用于消费部分的比率，称为边际消费倾向（Marginal Propensity to Consume，MPC）。表 10-1 中的第（3）列即为边际消费倾向。边际消费倾向的公式为

$$\text{MPC} = \frac{\Delta c}{\Delta y} \tag{10.2}$$

当收入增量和消费增量均为极小时，式（10.2）可以写为

$$\text{MPC} = \frac{dc}{dy} \tag{10.3}$$

在表 10-1 中，当收入为 5 000 美元时，消费为 5 100 美元，收入增长到 6 000 美元时，消费增长到 6 000 美元，即收入增量 $\Delta y = 6\,000 - 5\,000 = 1\,000$ 时，消费增量 $\Delta c = 6\,000 - 5\,100 = 900$，故 $\text{MPC} = \frac{\Delta c}{\Delta y} = \frac{900}{1\,000} = 0.90$；当收入从 6 000 美元增长到 7 000 美元时，消费从 6 000 美元增长到 6 850 美元，$\text{MPC} = \frac{\Delta c}{\Delta y} = \frac{850}{1\,000} = 0.85$；等等。

表 10-1 中的第（4）列是平均消费倾向（Average Propensity to Consume，APC）。平均消费倾向是指在任意收入水平上消费支出在收入中的比率，其公式为

$$\text{APC} = \frac{c}{y} \tag{10.4}$$

根据表 10-1，可以画出消费曲线，如图 10.1 所示。横轴表示收入 y，纵轴表示消费 c，$c = c(y)$ 曲线是消费曲线，表示消费和收入之间的函数关系。消费曲线上任意一点的斜率，就是与这一点相对应的边际消费倾向，而消费曲线上任意一点与原点相连而成的射线的斜率，则是与这一点相对应的平均消费倾向。从图 10.1 中的消费曲线的形状可以看到，随着这条曲线向右延伸，曲线上各点的斜率越来越小，说明边际消费倾向递减，同时曲线上各点与原点的连线的斜率也越来越小，说明平均消费倾向也在递减，但平均消费倾向始终大于边际消费倾向。由于消费增量只是收入增量的一部分，因此边际消费倾向总是大于 0 而小于 1，但平均消费倾向可能大于、等于或小于 1，因为消费可能大于、等于或小于收入。

如果消费和收入之间存在线性关系，则边际消费倾向为一常数，这时消费函数可用下列方程表示。

$$c = \alpha + \beta y \tag{10.5}$$

式中，α 为自发消费，表示收入为零时举债或动用以往的储蓄也必须要有的基本生活消费；β 为边际消费倾向；β 和 y 的乘积表示收入引致的消费。例如，$c = 100 + 0.75y$，其中自发消费为 100，边际消费倾向为 0.75，也就是说，若收入增加 1 单位，其中就有 75% 用于增加消费，若 y 已知，就可算出全部消费支出量。

当消费和收入之间呈线性关系时，消费函数就是一条向右上方倾斜的直线，它的斜率为 β，换句话说消费函数上每一点的斜率都相等且为 β，如图 10.2 所示。

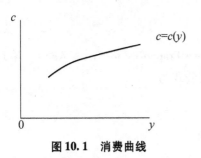

图 10.1　消费曲线

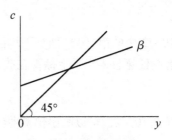

图 10.2　线性消费函数

10.1.2　储蓄函数

与消费函数相联系的就是储蓄函数的概念。

储蓄是收入中未被消费的部分。影响储蓄的因素虽然很多,但约翰·梅纳德·凯恩斯假定,收入是决定储蓄的唯一因素,收入变化决定着储蓄变化。储蓄与收入之间的这种依存关系被称为储蓄函数,其公式为

$$s = s(y) \tag{10.6}$$

该公式表示储蓄是收入的函数,在其他条件不变的情况下,储蓄与收入按同方向变化,收入的增减,引起储蓄的增减。但储蓄与收入并不是按相同比例变化的。

储蓄是收入与消费之差,利用表 10 – 1 的数据可以得到表 10 – 2。

表 10 – 2　某家庭储蓄表　　　　　　　　　　　　　　　　　　单位:美元

	(1) 收入 (y)	(2) 消费 (c)	(3) 储蓄 (s)	(4) 边际储蓄倾向 (MPS)	(5) 平均储蓄倾向 (APS)
A	5 000	5 100	-110		-0.02
B	6 000	6 000	0	0.10	0
C	7 000	6 850	150	0.15	0.02
D	8 000	7 600	400	0.25	0.05
E	9 000	8 290	710	0.31	0.08
F	10 000	8 830	1 170	0.46	0.12

表 10 – 2 中的数字表明,当收入为 5 000 美元时,储蓄为 –110 美元;当收入为 6 000 美元时,储蓄为 0;当收入依次增长到 7 000 美元、8 000 美元、9 000 美元、10 000 美元时,储蓄依次增长到 150 美元、400 美元、710 美元、1 170 美元。这就可以看出,储蓄和收入之间存在着一种正向关系。我们把增加 1 单位收入中增加的用于储蓄部分的比率,称为边际储蓄倾向(Marginal Propensity to Save,MPS)。表 10 – 2 中的第(3)列即为边际储蓄倾向。边际储蓄倾向的公式为

$$\text{MPS} = \frac{\Delta s}{\Delta y} \tag{10.7}$$

如果收入增量与储蓄增量均为极小时,式(10.7)可以写为

$$\text{MPS} = \frac{\mathrm{d}s}{\mathrm{d}y} \tag{10.8}$$

表 10-2 中的第（4）列是平均储蓄倾向（Average Propensity to Save，APS）。平均储蓄倾向是指在任意收入水平上储蓄在收入中的比率，其公式为

$$\text{APS} = \frac{s}{y} \tag{10.9}$$

根据表 10-2，可以画出储蓄曲线，如图 10.3 所示。

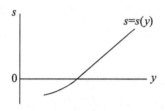

图 10.3　储蓄曲线

在图 10.3 中，横轴表示收入 y，纵轴表示储蓄 s，$s=s(y)$ 曲线是储蓄曲线，表示储蓄和收入之间的函数关系。储蓄曲线上任意一点的斜率是边际储蓄倾向，而储蓄曲线上任意一点与原点相连而成的射线的斜率，则是与这一点相对应的平均储蓄倾向。与边际消费倾向和平均消费倾向所不同的是，边际储蓄倾向和平均储蓄倾向都随收入的增加而递增，而且边际储蓄倾向始终大于平均储蓄倾向。

如果储蓄和收入之间的关系是线性的，即储蓄函数同消费函数一样，是一条向右上方倾斜的直线，因为 $y=c+s$ 或 $s=y-c$，且 $c=\alpha+\beta y$，故

$$s = y - c = y - (\alpha + \beta y) = -\alpha + (1-\beta)y \tag{10.10}$$

式中，α 为自发消费；β 为边际消费倾向；$(1-\beta)$ 是边际储蓄倾向；$(1-\beta)y$ 表示由收入所引致的储蓄。所以，式（10.10）的经济含义是，储蓄等于收入所引致的储蓄减去自发消费。

线性储蓄函数的图形如图 10.4 所示。

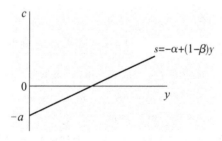

图 10.4　线性储蓄函数

由于储蓄等于收入和消费之差，所以消费函数和储蓄函数之间的密切关系为：①消费函数和储蓄函数之和等于收入，即 $c+s=y$；②平均消费倾向与平均储蓄倾向之和等于 1，即 APC + APS = 1；③边际消费倾向与边际储蓄倾向之和等于 1，即 MPC + MPS = 1。

10.2 两部门国民收入的决定

在介绍两部门国民收入的决定之前，我们先来了解均衡收入的概念。

均衡收入是指与总需求相一致的收入。由于两部门经济中没有政府和对外贸易，总需求就只由居民消费和厂商投资构成。于是均衡收入可用公式表示为

$$y = c + i \tag{10.11}$$

式中，y、c、i 都用小写字母表示，分别代表剔除了价格变动的实际收入、实际消费、实际投资。这里需要强调的是，c 和 i 代表的是居民和厂商的计划消费和投资的数量。

均衡收入是与总需求相一致的收入，也就是经济社会的收入（y）正好等于全体居民和厂商想要的所有支出（E）。也就是说，社会经济要处于均衡收入水平上，就必须要使实际收入水平引起一个相等的计划支出量，即经济的均衡条件是 $E = y$，于是 $E = y = c + i$。同时生产创造的国民收入等于计划储蓄和计划消费之和，即 $y = c + s$。经过以上转换，均衡收入的条件 $E = y$，也可以用 $i = s$ 表示。换句话说，经济要达到均衡，计划投资必须等于计划储蓄。

在理解均衡收入的概念后，下面开始介绍两部门国民收入的决定。

10.2.1 用消费函数决定均衡的国民收入

均衡收入由消费和投资两部分构成，消费问题已经在前面分析过了，通常还要分析投资如何决定，才可以说明均衡收入的决定。但由于实际利率的计算涉及通货膨胀率，计算起来较为复杂，所以为使分析简化，在收入决定的简单模型中，通常假定计划净投资是一个给定的量，即投资是一个常数 i，不随利率和国民收入水平的变化而变化。根据这样的假定，只要把收入恒等式和消费函数结合起来就可求得均衡收入。

$$y = c + i \quad \text{（收入恒等式）}$$
$$c = \alpha + \beta y \quad \text{（消费函数）}$$

解联立方程式，就得到均衡收入。

$$y = \frac{\alpha + i}{1 - \beta} \tag{10.12}$$

如果已知消费函数和投资量，利用上述公式就可以求出均衡收入。例如，假定消费函数 $c = 2\,000 + 0.8y$，计划净投资 i 为 800 亿美元，则均衡收入为

$$y = \frac{\alpha + i}{1 - \beta} = \frac{2\,000 + 800}{1 - 0.8} = 14\,000 \text{（亿美元）}$$

表 10-3 说明了消费函数 $c = 2\,000 + 0.8y$ 及计划净投资 i 为 800 亿美元时均衡收入的决定情况。

表 10-3 均衡收入的决定　　　　　　　　　　　单位：亿美元

收入 (y)	消费 (c)	投资 (i)
11 000	10 800	800
12 000	11 600	800
13 000	12 400	800
14 000	13 200	800
15 000	14 000	800
16 000	14 800	800

表 10-3 的数据说明，当 $y=14\,000$ 亿美元时，$c=13\,200$ 亿美元，$i=800$ 亿美元，由于 $y=c+i=14\,000$ 亿美元，所以 14 000 亿美元是均衡收入。如果收入小于 14 000 亿美元，如收入为 11 000 亿美元时，$c=10\,800$ 亿美元，加上计划净投资 800 亿美元，总需求为 11 600 亿美元，超过了总供给 11 000 亿美元，这说明社会供给不足，产品供不应求，这时厂商扩大生产是有利可图的。于是厂商会增雇工人，增加产量，使收入向均衡收入靠拢。相反，如果收入大于 14 000 亿美元时，如为 15 000 亿美元时，$c=14\,000$ 亿美元，加上计划净投资 800 亿美元，总需求为 14 800 亿美元，说明社会需求不足，产品囤积，于是厂商便会减少生产，使收入向 14 000 亿美元靠近。当收入达到均衡水平时，产量正好等于销量，这就是厂商愿意保持的产量水平。

10.2.2　用储蓄函数决定均衡的国民收入

由于消费函数和储蓄函数之间存在互补关系，所以利用储蓄函数也可以决定国民收入。利用计划投资等于计划储蓄的恒等式，即 $i=s=y-c$，线性储蓄函数为 $s=-\alpha+(1-\beta)y$。

将以上二式联立，得

$$i=s=y-c \quad \text{（投资储蓄恒等式）}$$
$$s=-\alpha+(1-\beta)y \quad \text{（储蓄函数）}$$

求解得到均衡收入为

$$y=\frac{\alpha+i}{1-\beta} \qquad (10.13)$$

可以看到利用储蓄函数得到的均衡收入与利用消费函数得到的均衡收入是一样的。沿用上一小节的例子，当消费函数 $c=2\,000+0.8y$ 时，$s=-\alpha+(1-\beta)y=-2\,000+(1-0.8)y=-2\,000+0.2y$，计划净投资 $i=800$，令 $i=s$，即 $800=-2\,000+0.2y$，得到均衡收入 $y=14\,000$ 亿美元。

10.3　乘数理论

从以上分析中可以发现，若自发的计划净投资量是 800 亿美元，均衡收入是 14 000 亿美元，若自发的计划净投资量增加到 900 亿美元，则均衡收入增加到 14 500 亿美元。在这里，投资增加 100 亿美元，而均衡收入增加 500 亿美元，均衡收入的增量是投资增量的 5

倍。为什么投资的变动会带来收入的多倍变动呢？这就是乘数理论所要讨论的问题。

什么是乘数？ 乘数（Multiplier）这个概念最早是由英国经济学家多米尼克·斯特劳斯·卡恩在 1931 年提出来的，凯恩斯后来用这一概念来说明收入与投资的关系，并将乘数与边际消费倾向联系起来，将乘数作为国民收入决定理论的一个重要组成部分。宏观经济学中的乘数是指国民收入的变动与带来这种变化的需求的变动量的比率，或者说是由自发需求的增加所引起的国民收入增加的倍数。如果用 k 表示乘数，Δy 表示均衡收入的变动量，ΔAD 表示引起均衡收入变动的需求的变动量，则乘数的公式可表示为

$$k = \frac{\Delta y}{\Delta AD}$$

乘数的值大于 1。也就是说，因自发需求变动而引起的国民收入的变动要几倍于自发需求的变动。因此乘数是一个数字，用它去乘自发需求的变动会得到自发需求的变动所导致的国民收入变动的数字。

影响国民收入的几种主要乘数有投资乘数、税收乘数、政府购买乘数、政府转移支付乘数、平衡预算乘数和对外贸易乘数。本节仅介绍投资乘数，其他乘数将在第 10.4 节和第 10.5 节中详细介绍。

10.3.1　投资乘数

投资乘数（Invest Multiplier）是指收入的变动与带来这种变动的投资支出的变动的比率，或者说是由投资增加引起的收入增加的倍数。用 k_i 表示投资乘数，Δy 表示均衡收入的变动，Δi 表示投资支出的变动，则

$$k_i = \frac{\Delta y}{\Delta i} \tag{10.14}$$

回到前面那个例子，当投资增加 100 亿美元时，均衡收入增加了 500 亿美元，均衡收入的增量是投资增量的 5 倍。也就是说，$\Delta y = 500$，$\Delta i = 100$，则 $k_i = 5$。

为什么投资增加 100 亿美元，均衡收入会增加 500 亿美元呢？这是因为，增加的 100 亿美元投资用来购买资本品时，实际上是用来购买制造资本品所需要的生产要素。因此这 100 亿美元以工资、利息、利润和租金的形式流入生产要素所有者手中，即居民手中，从而居民的收入增加了 100 亿美元，这 100 亿美元是投资对国民收入的第一轮增加。现在的问题是 100 亿美元投资怎么都会转化为居民收入呢？如果这 100 亿美元投资是购买机器设备，难道这些机器设备中不包含制造机器设备的原材料价值吗？难道这些原材料的价值也会转化为居民的收入吗？对这个问题的回答是，这 100 亿美元的投资支出购买的机器设备是最终产品。这批机器设备的价值等于为生产这些机器设备所需全部生产要素所创造的价值，这些价值可以全部转化为工资、利息、租金和利润，即居民的收入。由于该社会的边际消费倾向 MPC = 0.8（这在消费函数 $c = 2\,000 + 0.8y$ 中为已知），所以增加的这 100 亿美元中会有 80 亿美元（$100 \times 0.8 = 80$）用于购买消费品，当这 80 亿美元购买消费品时，它实际上是购买制造这些消费品的生产要素。因此这 80 亿美元又以工资、利息、利润和租金的形式流入生产要素所有者手中。从而该社会居民的收入又增加了 80 亿美元，这笔增加的收入代表了国民收入的第二轮增加。同样地，由于该社会的边际消费倾向 MPC = 0.8，所以这些生产要素所有者会把这 80 亿美元收入中的 64 亿美元（$100 \times 0.8 \times 0.8 = 64$）用于消费，使社会总需

求提高 64 亿美元，因而这笔消费代表国民收入的第三轮增加。按照同样的方法，可以得到第四次增加的数值为 51.2 亿美元（$100 \times 0.8 \times 0.8 \times 0.8 = 51.2$）。依此类推，最后国民收入将增加到 500 亿美元，见表 10-4。

表 10-4 投资乘数作用的过程 单位：亿美元

	（1）	（2）
第一轮	100	Δi
第二轮	$100 \times 0.8 = 80$	$\beta \Delta i$
第三轮	$100 \times 0.8^2 = 64$	$\beta^2 \Delta i$
第四轮	$100 \times 0.8^3 = 51.2$	$\beta^3 \Delta i$
…	…	…
合计	$100 + 100 \times 0.8 + 100 \times 0.8^2 + 100 \times 0.8^3 + \cdots + 100 \times 0.8^{n-1} = 500$	$\Delta i + \beta \Delta i + \beta^2 \Delta i + \beta^3 \Delta i + \cdots + \beta^{n-1} \Delta i = \Delta i \cdot \left(\dfrac{1}{1-\beta}\right)$

在表 10-4 中的第（2）列，Δi 为投资增量，β 为边际消费倾向，$\Delta y = \Delta i \cdot \left(\dfrac{1}{1-\beta}\right)$，则

$$k_i = \frac{\Delta y}{\Delta i} \cdot \frac{1}{1-\beta}$$

或

$$k_i = \frac{1}{1 - \mathrm{MPC}} \tag{10.15}$$

由于 MPS = 1 - MPC，所以

$$k_i = \frac{1}{1 - \mathrm{MPC}} = \frac{1}{1 - \mathrm{MPS}} \tag{10.16}$$

可见，乘数的大小和边际消费倾向有关，边际消费倾向越大，或边际储蓄倾向越小，则乘数越大。

以上是从投资增加的角度来说明乘数作用的。实际上，乘数的作用是双重性的，即投资增加会引起国民收入多倍增加；投资减少会引起国民收入多倍减少。所以经济学家形象地把乘数称为一把作用于国民收入的"双刃剑"。

10.3.2 乘数作用的条件和影响因素

1. 乘数作用的条件

乘数作用的发挥要受到一系列条件的限制。

① 社会中存在没有充分利用的资源，企业拥有剩余的生产能力。如果社会的各种资源已经得到充分利用，企业没有剩余的生产能力，则投资的增加及由此导致消费支出的增加，将不会引起生产的增加，而只会刺激物价水平的上升。另外，如果经济中的大部分资源处于闲置状态，但由于一种或几种重要资源处于"瓶颈状态"，也会限制乘数作用。

② 投资和储蓄决定的相互独立性。要假定投资和储蓄相互独立，否则，乘数作用要小得多。因为投资的增加会引起货币需求的增加，在货币供给不变的条件下，利率上升会鼓励

储蓄，削弱消费，从而部分抵消投资增加引起的国民收入的增加。

③ 货币供给量增加能否适应支出增加的需要。当投资和消费支出增加时，货币需求增加，如果货币供给量没有得到相应的增加，利率就会上升，从而私人投资减少，人们的消费受到抑制，总需求水平下降。

2. 乘数作用的影响因素

乘数作用的大小要受到边际消费倾向或边际储蓄倾向、社会资源的利用程度、边际投资倾向和反应时滞的长短等多种因素的制约。

（1）边际消费倾向或边际储蓄倾向

前面提到乘数的大小与边际消费倾向有关，也就是在其他条件一定时，边际消费倾向越大，或边际储蓄倾向越小，则乘数作用越大；反之，边际消费倾向越小，或边际储蓄倾向越大，则乘数作用越小。

（2）社会资源的利用程度

在社会资源的不同利用水平上，乘数的作用是不一样的。如果存在大量闲置资源，国民产出水平较低，此时自发支出的增加，如投资的增加，会使总需求增加，因而国民收入会明显地增加，乘数作用较大；如果社会资源已被充分利用，此时增加自发支出，由于没有可供使用的闲置资源，国民收入几乎不能增加，乘数效应趋于零。因此，乘数作用要以存在闲置资源为前提条件。不具备这个条件，无论边际消费倾向多高，国民收入都不会出现倍数变化。

除了上述因素之外，乘数作用的大小还取决于经济反应时期的长短。因为，一笔自发支出对国民收入的影响，是一个连锁累积的过程，并非一蹴而就的事情。因此，如果其他条件相同，经济反应时期越长，乘数效应越大；经济反应时期越短，乘数效应越小。

10.4 三部门国民收入的决定及其变动

10.2 节所建立的简单的国民收入决定模型是在两部门经济中进行的，不包括政府部门，也不包括国外部门，因而是不完全的。本节将在两部门经济的基础上引入政府部门，建立三部门经济的简单国民收入决定模型。

10.4.1 三部门国民收入的决定

在三部门经济中，由于增加了政府的经济活动，国民收入的构成也发生了变化。从总需求角度看，国民收入包括消费、投资和政府购买；从总供给的角度看，国民收入包括消费、储蓄和税收，这里的税收，是指总税收减去政府转移支付以后所得的净税收。

如果用 t 代表净税收，g 代表政府支出，则

从总需求角度看，$y = c + i + g$

从总供给角度看，$y = c + s + t$

这时，国民收入均衡的条件仍然是：

$$总供给 = 总需求$$
$$c + i + g = c + s + t$$

消去上式等号两边的 c，得：

$$i + g = s + t \tag{10.17}$$

式（10.17）是三部门经济中经济均衡的条件。

在这里，税收有两种情况，一种为定量税，即税收量不随收入的变动而变动，用 t 来表示；另一种是比例税，即随着收入增加而增加的税收量。为简化起见，这里只讨论定量税的情况。

政府部门加入经济活动，对于居民部门来说，一方面要向政府缴纳税款；另一方面可以从政府部门取得转移支付，可支配收入应该是从收入中减去税收 t 加上转移支付 t_r。如果用 y_d 表示可支配收入，则

$$y_d = y - t + t_r$$

那么三部门中的总需求为

$$y = c + i + g = \alpha + \beta y_d + i + g = \alpha + \beta(y - t + t_r) + i + g$$

在这里，仍是定量税，在这种情况下，三部门经济中的均衡国民收入为

$$y = \frac{\alpha + i + g + \beta t_r - \beta t}{1 - \beta} \tag{10.18}$$

假设消费函数为 $c = 1\,600 + 0.75 y_d$，定量税收为 $t = 800$，投资为 $i = 1\,000$，政府购买性支出为 $g = 2\,000$（单位均为亿美元）。根据上述条件就可以计算出三部门经济中的均衡国民收入。

$$y = \frac{\alpha + i + g + \beta t_r - \beta t}{1 - \beta} = \frac{1\,600 + 1\,000 + 2\,000 - 0.75 \times 800}{1 - 0.75} = 16\,000 \text{（亿美元）}$$

10.4.2 三部门经济中的乘数

在三部门经济中，由于加入了政府部门，不仅投资支出变动有乘数作用，政府购买支出、税收和转移支付的变动同样具有乘数作用，因为政府购买支出、税收和转移支付都会影响总需求。下面来讨论各种乘数的计算问题。

在 10.4.1 节中，我们知道三部门经济中的均衡国民收入为 $y = \dfrac{\alpha + i + g + \beta t_r - \beta t}{1 - \beta}$，通过这一公式，可以求出各种乘数。

1. 政府购买乘数

政府购买乘数是指收入的变动与带来这种变动的政府购买支出变动的比率。用 Δg 表示政府购买支出的变动，Δy 表示均衡收入的变动，k_g 表示政府购买乘数，则

$$k_g = \frac{\Delta y}{\Delta g} = \frac{1}{1 - \beta} \tag{10.19}$$

政府购买乘数 k_g 的推导过程如下。

在 $y = \dfrac{\alpha + i + g + \beta t_r - \beta t}{1 - \beta}$ 中，若其他条件不变，只有政府购买变动，则政府购买支出为 g_0 和 g_1 时的收入分别为

$$y_0 = \frac{\alpha_0 + i_0 + g_0 + \beta t_{r0} - \beta t_0}{1 - \beta}$$

$$y_1 = \frac{\alpha_0 + i_0 + g_1 + \beta t_{r0} - \beta t_0}{1-\beta}$$

则

$$y_1 - y_0 = \Delta y = \frac{g_1 - g_0}{1-\beta} = \frac{\Delta g}{1-\beta}$$

所以

$$\frac{\Delta y}{\Delta g} = k_g = \frac{1}{1-\beta}$$

可见，k_g 为正值。

举例来说，如果边际消费倾向 $\beta = 0.75$，则 $k_g = 0.4$，政府购买增加 200 亿美元，国民收入可增加 800 亿美元；反之，国民收入减少 800 亿美元。

2. 税收乘数

税收乘数是指收入的变动与带来这种变动的税收变动的比率。税收的变动分为定量税变动和边际税率变动两种情况。由于边际税率变动不属于自发总需求的变动，因此，边际税率变动所引起的均衡收入变动的倍数不属于乘数的范畴。产生税收乘数的自发总需求变动的只能是定量税 t 的变动。

在 $y = \frac{\alpha + i + g + \beta t_r - \beta t}{1-\beta}$ 中，若其他条件不变，只有税收 t 变动，则税收为 t_0 和 t_1 时的国民收入分别为

$$y_0 = \frac{\alpha_0 + i_0 + g_0 + \beta t_r - \beta t_0}{1-\beta}$$

$$y_1 = \frac{\alpha_0 + i_0 + g_0 + \beta t_r - \beta t_1}{1-\beta}$$

$$y_1 - y_0 = \Delta y = \frac{-\beta t_1 + \beta t_0}{1-\beta} = \frac{-\beta \cdot \Delta t}{1-\beta}$$

所以

$$\frac{\Delta y}{\Delta t} = k_t = \frac{-\beta}{1-\beta} \tag{10.20}$$

式 (10.20) 中，k_t 为税收乘数，税收乘数为负值，这表示收入随着税收的增加而减少，随税收减少而增加，其原因是税收增加表明人们可支配收入减少，从而消费相应减少。比较政府购买乘数和税收乘数，有 $k_g > |k_t|$，这是因为政府购买的变动对均衡产出的影响是通过对总需求的影响产生的。政府购买支出直接构成总需求的一个组成部分，其变化直接影响总需求。而增税或减税对总需求的影响是通过减少个人可支配收入或增加个人可支配收入影响消费的路径产生的，即 $\Delta t \rightarrow \Delta y_d \rightarrow \Delta c \rightarrow \Delta AD$。可见 Δt 并不全部转化为对自发总需求的影响，而只有 $\beta \cdot \Delta t$ 部分转化为对自发总需求的影响。因而，政府购买乘数大于税收乘数。

3. 政府转移支付乘数

政府转移支付乘数是指收入的变动与带来这种变动的政府转移支付变动的比率。政府转移支付增加，增加了人们可支配收入，因而消费会增加，总支出和国民收入增加，因而政府转移支付乘数为正值，用 Δt_r 表示政府转移支付的变动，用 k_{t_r} 表示政府转移支付乘数，则

$$k_{t_r} = \frac{\Delta y}{\Delta t_r} = \frac{\beta}{1-\beta} \tag{10.21}$$

在 $y = \dfrac{\alpha + i + g + \beta t_r - \beta t}{1-\beta}$ 公式中,若其他条件不变,只有政府转移支付变动,则转移支付为 t_{r0} 和 t_{r1} 时的国民收入分别为

$$y_0 = \frac{\alpha_0 + i_0 + g_0 + \beta t_{r0} - \beta t_0}{1-\beta}$$

$$y_1 = \frac{\alpha_0 + i_0 + g_0 + \beta t_{r1} - \beta t_0}{1-\beta}$$

$$y_1 - y_0 = \Delta y = \frac{\beta t_{r1} - \beta t_{r0}}{1-\beta} = \frac{\beta \cdot \Delta t_r}{1-\beta}$$

所以

$$\frac{\Delta y}{\Delta t_r} = k_{t_r} = \frac{\beta}{1-\beta}$$

比较政府转移支付乘数和税收乘数,两者绝对值相同,但符号相反。

4. 平衡预算乘数

平衡预算乘数是指政府收入和支出同时以相等的数量增加或减少时,国民收入变动与政府收支变动的比率。用 Δt 表示政府收入的变动,Δg 表示政府支出的变动,Δy 表示 $\Delta t = \Delta g$ 时均衡收入的变动,用 k_b 表示平衡预算乘数。

平衡预算乘数公式的推导为

$$\Delta y = k_t \cdot \Delta t + k_g \cdot \Delta g = \frac{-\beta}{1-\beta} \cdot \Delta t + \frac{1}{1-\beta} \cdot \Delta g$$

由于假定 $\Delta t = \Delta g$,因此

$$\Delta y = \frac{-\beta}{1-\beta} \cdot \Delta g + \frac{1}{1-\beta} \cdot \Delta g = \frac{1-\beta}{1-\beta} \cdot \Delta g = \Delta g$$

或

$$\Delta y = \frac{-\beta}{1-\beta} \cdot \Delta t + \frac{1}{1-\beta} \cdot \Delta t = \frac{1-\beta}{1-\beta} \cdot \Delta t = \Delta t$$

所以

$$\frac{\Delta y}{\Delta g} = \frac{\Delta y}{\Delta t} = \frac{1-\beta}{1-\beta} = 1 = k_b \tag{10.22}$$

式中,k_b 是平衡预算乘数,其值等于 1。

10.5 四部门国民收入的决定及其变动

10.4 节所建立的简单国民收入决定模型是在三部门经济中进行的。三部门经济是一个封闭的经济模型,它不包括国外部门。但在当今世界,各国经济都是不同程度的开放经济,即与外国有贸易往来或其他经济往来的经济。因此,在三部门经济中引入国外部门,变成了四部门经济。本节将在三部门经济的基础上引入国外部门,建立四部门经济的简单国民收入决定模型。

10.5.1 四部门国民收入的决定

在四部门经济中,一国均衡的国民收入不仅取决于国内消费、投资和政府支出,还取决于净出口。在考虑到净出口后,产品市场的均衡条件就变为

$$y = c + i + g + nx \tag{10.23}$$

式中,nx 指净出口,它等于出口与进口的差额,即 $nx = x - m_0$。其中,出口 x 表示本国商品在国外的销售,代表着国外对本国商品的需求,所以它由国外的购买力和购买需求决定,本国难以左右,因而一般假定为外生变量;但进口 m 却会随本国的收入变动而变动,因为随着本国收入的增加,人们对进口消费品和投资品的需求也会增加,这样,可以把进口看成是国民收入的函数,即

$$m = m_0 + \gamma y \tag{10.24}$$

式中,m_0 为自发性进口,即不随收入的变动而变化的进口部分,如本国不能生产,但又为国计民生所必需的产品,不管收入水平如何都是必须进口的;γ 为边际进口倾向,即收入增加一个单位时进口会增加多少,也就是进口增量与收入增量的比率,用公式表示为 $\dfrac{\Delta m}{\Delta y}$。

有了净出口以后,四部门国民收入决定的模型可以表示为

$$y = c + i + g + (x - m)$$
$$c = \alpha + \beta y_d$$
$$y_d = y - t + t_r$$
$$m = m_0 + \gamma y$$

式中,i、g、x 和 t_r 为外生变量。

根据以上公式,可以推导出四部门经济的均衡收入,即

$$y = c + i + g + (x - m) = \alpha + \beta(y - t + t_r) + i + g + x - (m_0 + \gamma y)$$

整理得

$$y = \frac{1}{1 - \beta + \gamma}(\alpha + i + g - \beta t + \beta t_r + x - m_0) \tag{10.25}$$

10.5.2 四部门经济中的乘数

1. 对外贸易乘数

所谓对外贸易乘数,是指均衡收入的变动与带来这种变动的出口变动之间的比率。用 Δx 表示出口的变动,用 Δy 表示均衡收入的变动,用 k_x 表示对外贸易乘数,则

$$k_x = \frac{\Delta y}{\Delta x} = \frac{1}{1 - \beta + \gamma} \tag{10.26}$$

这就是对外贸易乘数,表示出口增加 1 单位引起国民收入变动多少。

2. 四部门经济中的其他乘数公式

加入对外贸易以后,不仅出口的变动形成了对外贸易乘数,而且投资、政府购买、政府转移支付、税收变动对均衡收入变动的影响,与封闭经济相比,也发生了相应的变化。在开放经济中,投资乘数、政府购买乘数、税收乘数和政府转移支付乘数的公式如下。

投资乘数为

$$k_i = \frac{1}{1-\beta+\gamma}$$

政府购买乘数为

$$k_g = \frac{1}{1-\beta+\gamma}$$

税收乘数为

$$k_t = \frac{-\beta}{1-\beta+\gamma}$$

政府转移支付乘数为

$$k_{t_r} = \frac{\beta}{1-\beta+\gamma}$$

由于 $1 > \gamma > 0$，因此 $\frac{1}{1-\beta} > \frac{1}{1-\beta+\gamma}$。可见，与封闭经济相比，有了对外贸易以后，四部门经济中的乘数小了。这主要是由于增加的收入的一部分现在要用到进口商品上去了。

本 章 小 结

（1）社会总需求由消费、投资、政府购买和净出口4部分组成。

（2）消费函数 $c = \alpha + \beta y$ 表明人们的消费支出是其收入的函数，消费随收入的变动而变动。

（3）储蓄函数 $s = -\alpha + (1-\beta)y$ 表明在其他条件不变的情况下，储蓄与收入按同方向变化，收入的增减会引起储蓄的增减。

（4）在两部门经济中，社会总需求由消费和投资构成，用消费函数和储蓄函数两种不同方法推导出的均衡收入的公式是相同的，即 $y = \frac{\alpha + i}{1-\beta}$；

三部门经济均衡收入的公式是 $y = \frac{\alpha + i + g + \beta t_r - \beta t}{1-\beta}$；

四部门经济均衡收入的公式是 $y = \frac{1}{1-\beta+\gamma}(\alpha + i + g - \beta t + \beta t_r + x - m_0)$。

（5）乘数作用的条件有3个：社会中存在没有充分利用的资源，厂商拥有剩余的生产能力；投资和储蓄决定的相互独立性；货币供给量增加能否适应支出增加的需要。

（6）三部门经济中的政府购买乘数 $k_g = \frac{1}{1-\beta}$；税收乘数 $k_t = \frac{-\beta}{1-\beta}$；政府转移支付乘数 $k_{t_r} = \frac{\beta}{1-\beta}$；平衡预算乘数 $k_b = 1$；四部门经济中的对外贸易乘数 $k_x = \frac{1}{1-\beta+\gamma}$。

案例分析

乘数效应的威力

由于乘数效应的存在，评论家在指责政府采取的经济增长措施不力的时候必须三思而行。毕竟，如果乘数效应足够大的话，一项微不足道的措施亦将促使经济达到充分就业的繁荣。

1992 年年初，在美国总统选举处于白热化阶段，民主党和共和党之间在关于如何刺激经济增长方面的分歧尤为突出。当时，美国的国内生产总值为 57 000 亿美元（下面为了说明方便，假定这个数字离充分就业下的 GDP 还差 2%，即还差 1 140 亿美元）。布什总统在 1 月 28 日所做的国情咨文中首先发难。他指出联邦政府机构将加快各种联邦开支项目，如在 6 个月内用 100 亿美元来修筑道路，进行公共设施建设。同时他还宣布了联邦政府的减税政策，预计在 6 个月内会有 120 亿美元投入刺激经济增长。上述措施无须经过国会的批准，可由总统立即执行。布什总统还进一步要求国会通过一系列税收减免的措施，包括对房地产投资者的税收鼓励政策，对首次购房者的税收优惠，对资本所得的税收减免以及其他的各类政策。总统还敦促国会于 3 月 20 日前通过该项议案。

分析：根据最乐观的估计，该议案可为刺激经济增长投放 500 亿美元。假如乘数是 2，经济将会处于充分就业水平。然而以现实的眼光来看，许多措施将收效甚微。例如，扩大政府的花费规模，虽然意味着近期花费水平会提高，但是牺牲了未来的花费。税收信贷政策只会暂时为纳税人带来少量的现金盈余，而当税单到期时，纳税人将面临更沉重的负担。由于这些措施只是短期有效，因此实际上它们收效不大。有针对性的税收减免政策同样具有争议性，毕竟房地产投资者或资本利息的收益人没有什么理由比其他纳税人得到更多的税收优惠。

由民主党控制的国会虽然愿意通过布什提出的议案，但对该议案做出了重大的修改。规定税收优惠政策只能给予年收入在 7 万美元以下的纳税人，而其余的纳税人必须缴纳更高的税额。这项修改后的议案虽然提供了 420 亿美元的税收减免（在乘数效应的影响下应该足以使经济达到充分就业的水平），但是由于同时导致 600 亿美元的税收增加而使该措施归于无效。3 月 20 日，国会将修改后的议案交予布什总统，布什总统很快就否决了这一议案。

在这场政治游戏中，双方都在阻挠对方政策的实施，而又同时在指责对方的不合作。但经过缜密的观察，任何一方似乎都未能提出能够促使经济发展达到充分就业水平的可行方案。在这里，即使存在乘数效应也无济于事。

资料来源：张云峰，2001. 宏观经济学典型题解析及自测试题 [M]. 西安：西北工业大学出版社.

习 题

一、名词解释

边际消费倾向　　自主的消费　　　平均储蓄倾向　　平均消费倾向
均衡收入　　　　乘数　　　　　　投资乘数　　　　节约悖论
政府支出　　　　政府购买　　　　政府转移支付　　政府购买乘数
税收乘数　　　　平衡预算乘数　　自发性进口　　　对外贸易乘数

二、单项选择

1. 在两部门经济中，均衡发生于（　　）之时。

   A. 实际储蓄等于实际投资

   B. 实际的消费加实际的投资等于产出值

   C. 计划储蓄等于计划投资

   D. 总支出等于企业部门的收入

2. 假定其他条件不变，厂商投资增加将引起（　　）。

   A. 国民收入增加，但消费水平不变

   B. 国民收入增加，同时消费水平提高

   C. 国民收入增加，但消费水平下降

D. 国民收入增加,储蓄水平下降

3. 边际消费倾向与边际储蓄倾向之和是（　　）。
   A. 大于 1 的正数　　　　　　　　B. 小于 2 的正数
   C. 0　　　　　　　　　　　　　　D. 1

4. 平均消费倾向与平均储蓄倾向之和是（　　）。
   A. 大于 1 的正数　　　　　　　　B. 小于 1 的正数
   C. 0　　　　　　　　　　　　　　D. 1

5. 根据消费函数,引起消费增加的因素是（　　）。
   A. 价格水平下降　　　　　　　　B. 收入增加
   C. 储蓄增加　　　　　　　　　　D. 利率提高

6. 消费函数的斜率取决于（　　）。
   A. 边际消费倾向
   B. 与可支配收入无关的消费的总量
   C. 平均消费倾向
   D. 由于收入变化而引起的投资总量

7. 如果与可支配收入无关的消费为 300 亿元,投资为 400 亿元,边际储蓄倾向为 0.1,那么在两部门经济中,均衡收入水平为（　　）。
   A. 770 亿元　　　B. 4 300 亿元　　　C. 3 400 亿元　　　D. 7 000 亿元

8. 如果投资暂时增加 150 亿元,边际消费倾向为 0.8,那么收入水平将增加（　　）。
   A. 150 亿元　　　B. 600 亿元　　　C. 750 亿元　　　D. 450 亿元

9. 投资乘数等于（　　）。
   A. 收入变化除以投资变化　　　　B. 投资变化除以收入变化
   C. 边际消费倾向的倒数　　　　　D. （1－MPS）的倒数

10. 三部门经济中的平衡预算乘数是指（　　）。
    A. 政府预算平衡（即赤字为零）时的乘数
    B. 政府支出和税收同方向变化同一数量时,国民收入变化与政府支出或税收量变化量之比
    C. 政府转移支付和税收同方向变化同一数量时,国民收入变化与政府转移支付变化量或税收变化量之比
    D. 政府购买和税收同方向变化同一数量时,国民收入变化与政府购买或税收变化量之比

11. 四部门经济与三部门经济相比,乘数效应（　　）。
    A. 变大　　　　　　　　　　　　B. 变小
    C. 不变　　　　　　　　　　　　D. 变大、变小或不变均有可能,不能确定

三、计算题

1. 设某三部门经济的数据为：$c = 80 + 0.75 y_d$,$y_d = y - T$,$T = -20 + 0.2y$,$i = 165$,$g = 200$。请计算均衡收入、消费与税收水平。

2. 假定某经济的消费函数 $c = 100 + 0.8 y_d$,投资支出 $i = 50$,政府购买支出 $g = 200$,政府转移支付 $T_r = 62.5$,税收 $T = 250$。请计算：

（1）均衡收入；

（2）投资乘数、政府购买乘数、税收乘数、政府转移支付乘数。

3. 假定某经济社会的消费函数 $c = 30 + 0.8y_d$，净税收 $t = 50$，投资 $i = 60$，政府支出 $g = 50$，净出口函数 $nx = 50 - 0.05y$。请计算：

（1）均衡收入；

（2）在均衡收入水平上的净出口余额；

（3）投资乘数；

（4）投资从 60 增加到 70 时的均衡收入和净出口余额；

（5）当净出口函数从 $nx = 50 - 0.05y$ 变为 $nx = 40 - 0.05y$ 时的均衡收入和净出口余额。

4. 假定计算题 3 中的消费函数、投资、政府支出及净出口函数都不变，但税收从定量税变为比例税，其税收函数 $T = 6.25 + 0.15y$。请计算：

（1）均衡收入；

（2）若投资从 60 增加到 70，均衡收入增加多少？

（3）为什么本题中投资增加 10 所增加的收入比计算题 3 中投资增加 10 所增加的收入要少一些？

四、分析讨论题

1. 能否说边际消费倾向和平均消费倾向一般是大于 0 而小于 1？

2. 储蓄是存量还是流量？为什么？

3. 政府购买和政府转移支付都属于政府支出，为什么计算总需求时只计入政府购买而不包括政府转移支付？

【第 10 章 在线答题】

第11章

产品市场和货币市场的一般均衡——IS–LM 模型

教学目标

通过本章的学习,读者应掌握 IS–LM 模型。

教学要求

能够掌握 IS–LM 模型并熟练运用该模型。

第11章 产品市场和货币市场的一般均衡——IS-LM模型

思维导图

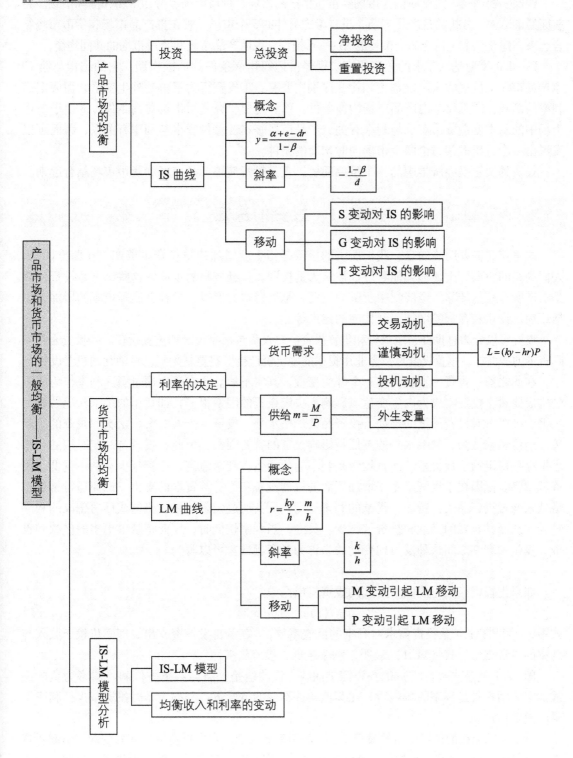

约翰·梅纳德·凯恩斯认为市场经济包括产品市场、货币市场、劳动市场和国际市场。在前面的章节中，分析的是产品市场，没有考虑另外的 3 个市场。现在把产品市场和货币市场结合起来，建立一个包括这两个市场的 IS – LM 模型，说明产品市场和货币市场的共同均衡。

IS – LM 模型是从需求的角度研究宏观经济运行均衡条件的标准模型，它的结构与第 10 章产品市场的国民收入决定理论相比，区别主要有：①投资行为不再是外生变量，而假定是利率的函数；②不仅考虑产品市场均衡条件，而且还要研究货币市场均衡条件；③由于货币市场中的基本变量货币需求与利率有关，产品市场基本变量投资也与利率有关系，因而可以发展出一个分析框架讨论两个市场同时均衡的条件。

投资的决定是经济学中的一个重要问题，正是投资使得产品市场和货币市场结合起来。

11.1 投资的决定

这里首先需要明确的是，我们所讲的投资是指企业增加或更换资本资产。在西方国家，人们购买的股票、土地和其他财产都被认为是投资。从经济学的角度看这些都不是投资，只是财产所有权的转移。经济学中所讲的投资，是指资本的形成，即社会实际资本的增加，包括厂房、设备和存货的增加，新住宅的建设等。

投资可以分为总投资、净投资和重置投资。总投资包括净投资和重置投资。净投资是指实际资本的净增加；重置投资是指企业用提取的固定资产折旧费重新购买已经消耗的机器设备。

在此之前，投资一直被当作一个外生变量，其实不然。现在我们通过引入利率作为模型的构成要素，投资就成为内生变量。影响和决定投资的因素很多，如货币的供求状况、利率水平、投资者对投资回报的预期、投资品的价格水平、投资者个人的资金状况和投资的风险等。经济学家认为，利率水平的高低是影响投资的首要因素，因此，投资与一定时期的利率水平存在稳定的函数关系。而且投资是利率的减函数，利率越高，投资越少；利率越低，投资就越多。原因在于投资是用于增加厂商的机器设备和厂房等资本的支出。厂商通常是通过借款来购置投资品的，所以，借款的利率越高，厂商通过借款购置新机器或厂房赚取的利润越少，从而其合意的借款和投资就越少。反之，当利率较低时，厂商将从事更多的借款和投资。投资和利率之间这种反方向变动关系称为投资函数。可以写为

$$i = i(r)$$

如果把投资函数写成以下形式的投资支出函数。

$$i = i(r)e - dr \quad (d > 0) \tag{11.1}$$

式中，r 为利率；d 是投资需求对利率的反应系数；e 表示自发投资支出，即不依赖于收入与利率的投资支出。式（11.1）表明，利率越低，投资越多。

图 11.1 就是式（11.1）的投资需求曲线。该曲线是一条向右下方倾斜、斜率为负的曲线。它表明投资是利率的减函数，在其他条件不变的情况下，利率上升时投资减少，利率下降时投资增加。

投资需求曲线的位置由自发投资支出 e 和斜率 d 决定。自发投资支出 e 的变动将引起投资需求曲线的移动，如果 e 增加了，意味着在每一利率水平上厂商的投资都增加了，这将表现为投资需求曲线向右平行移动；e 减少则投资需求曲线向左平行移动。如果投资需求对利率的反

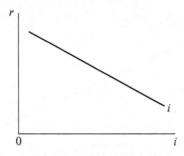

图 11.1　投资需求曲线

应系数 d 较大，那么利率的微小变动将引起投资需求较大的变动，投资需求曲线就较为平缓；相反，如果 d 较小，那么利率的较大变动引起投资需求较小变动的，投资需求曲线就比较陡峭。

11.2　产品市场的均衡——IS 曲线

11.2.1　IS 曲线及其推导

当明确了投资是利率的减函数以后，经济学家进一步用 IS 曲线来说明产品市场的均衡条件。所谓产品市场的均衡，是指产品市场上总需求等于总供给。在前面的章节里，在分析两部门经济均衡收入决定的时候，假定投资是外生变量，所以均衡国民收入的公式是 $y = \dfrac{\alpha + i}{1 - \beta}$。现在把投资作为利率的函数，即 $i = e - dr$，那么均衡收入的公式就变为

$$y = \frac{\alpha + e - dr}{1 - \beta} \tag{11.2}$$

这其实就是 IS 曲线的数学表达式。该公式表明，要实现产品市场均衡，即投资等于储蓄，均衡的国民收入与利率之间存在反方向变化的关系。下面举例说明。

假设消费函数为 $c = 500 + 0.5y$，投资函数为 $i = 1\,250 - 250r$。按照均衡收入的公式计算如下。

$$y = \frac{\alpha + e - dr}{1 - \beta} = \frac{500 + 1\,250 - 250r}{1 - 0.5} = 3\,500 - 500r$$

当 $r = 1$ 时，$y = 3\,000$

当 $r = 2$ 时，$y = 2\,500$

当 $r = 3$ 时，$y = 2\,000$

当 $r = 4$ 时，$y = 1\,500$

……

在平面坐标系中，以横轴代表收入 y，纵轴代表利率 r，根据以上数据可以画出 IS 曲线，如图 11.2 所示。IS 曲线是表示产品市场均衡的收入和利率组合的曲线。从图 11.2 中可以直观地看到，IS 曲线是一条向右下方倾斜的曲线，在产品市场均衡条件下，收入和利率组合的每一点都在这条曲线上。而且该曲线还表明国民收入与利率是呈反方向变动的关系，利率越高，国民收入越少；利率越低，国民收入越多。

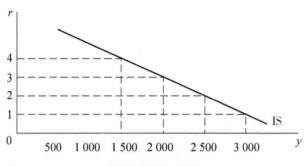

图 11.2　IS 曲线

11.2.2　IS 曲线的斜率

在前面说过，两部门均衡的国民收入公式是 $y=\dfrac{\alpha+e-dr}{1-\beta}$，这个公式也可以写成

$$r=\dfrac{\alpha+e}{d}-\dfrac{1-\beta}{d}y \tag{11.3}$$

式（11.3）中 y 前面的 $\dfrac{1-\beta}{d}$ 就是 IS 曲线的斜率。显然，IS 曲线的斜率既取决于 β 也取决于 d。

β 是边际消费倾向，如果 β 较大，IS 曲线斜率的绝对值就较小。这是因为，β 较大，表明支出乘数较大，从而当利率变动引起投资变动时，收入会以较大幅度变动，因而，IS 曲线比较平缓；反之，β 较小，IS 曲线就比较陡峭。

d 是投资需求对利率的反应系数，表示利率变动一定幅度时投资变动的程度。如果 d 较大，表明投资需求对利率变动比较敏感，利率的较小变动会引起投资的大幅度变动，IS 曲线的斜率较小，IS 曲线较为平缓；反之，d 较小，IS 曲线就比较陡峭。

在三部门经济中，由于存在税收和政府支出，消费成为可支配收入的函数。在定量税的情况下，IS 曲线的斜率仍然是 $\dfrac{1-\beta}{d}$；而在比例税的情况下，用 t 表示边际税率，即增加的税收在增加的收入中所占的比率，消费函数为 $c=\alpha+\beta(1-t)y$，于是 IS 曲线的斜率相应地变为 $\dfrac{1-\beta(1-t)}{d}$，在这种情况下，IS 曲线的斜率除了受 β 和 d 影响之外，还受边际税率 t 的影响。在 β 和 d 既定的条件下，t 越小，IS 曲线越平缓；t 越大，IS 曲线越陡峭。

西方学者认为，影响 IS 曲线斜率大小的主要因素是投资需求对利率的反应系数 d，原因在于边际消费倾向比较稳定，税率也不会轻易变动。

11.2.3　IS 曲线的移动

1. 储蓄变动对 IS 曲线的影响

储蓄增加，国民收入减少，总需求减少，IS 曲线向左移动；反之，储蓄减少，国民收入增加，总需求增加，IS 曲线向右移动。

2. 政府购买变动对 IS 曲线的影响

如果加入政府购买,那么三部门经济中的 IS 曲线的数学表达式推导如下。

$$y = c + i + g = \alpha + \beta(y - t) + e - dr + g$$
$$= \alpha + e + g - \beta t + \beta y - dr$$
$$y = \frac{\alpha + e + g - \beta t}{1 - \beta} - \frac{dr}{1 - \beta} \tag{11.4}$$

在三部门 IS 曲线的数学表达式中,可以看到 α、e、g、t 的变化都将引起 IS 曲线的平行移动,如图 11.3 所示。如果增加一笔政府购买 Δg,将使 IS 曲线向右平行移动。IS 曲线移动的幅度取决于两个因素:政府支出增量和支出乘数的大小,即均衡收入增加量 $\Delta y = k_g \cdot \Delta g$。

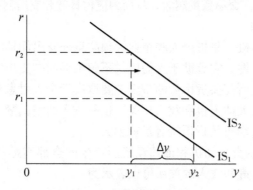

图 11.3　IS 曲线的平行移动

3. 政府税收对 IS 曲线的影响

税收增加,国民收入减少,总需求减少,引起 IS 曲线向左移动;反之,税收减少,国民收入增加,总需求增加,引起 IS 曲线向右移动。

财政政策是指政府变动税收和支出以便影响总需求,进而影响就业和国民收入的决策。增加政府支出和减税都属于增加总需求的扩张性财政政策,会引起 IS 曲线向右移动;减少政府支出和增税都属于减少总需求的紧缩性财政政策,会引起 IS 曲线向左移动。

11.3　利率的决定

利率是指单位时间内所支付的利息与所借入的货币本金的比率。利率就是货币的价格。利率的高低取决于货币的需求和货币的供给。在货币供给既定的条件下,货币需求越强烈,利率就越高。如果货币需求非常强烈,人们都不愿意放弃货币而去持有其他资产,借钱就比较困难,必须给予很高的报酬才能诱使人们放弃货币。在货币需求既定的条件下,货币供给越多,利率就越低。利率的高低与货币的供给量负相关,如果货币供给量较多,借钱就比较容易,因而诱使人们放弃货币的报酬就可以低一些。

11.3.1　货币需求

对货币的需求又称流动性偏好,也称为灵活性偏好或流动偏好。流动性偏好是指由于货币具有使用上的灵活性,人们宁肯牺牲利息收入而持有不生息的货币来保持财富的心理倾向。它是凯恩斯三大心理规律（边际消费倾向、资本边际效率、货币的流动偏好）之一。

假定人们的财富只以两种资产形式存在：货币和债券，人们可以任意选择这两种资产。其中，持有货币没有收益，持有债券能得到一定的债息收入。

既然持有货币得不到利息收入，可是人们为什么还要持有货币呢？约翰·梅纳德·凯恩斯认为人们持有货币是出于以下3种动机。

（1）货币的交易动机

交易动机是指个人和企业为满足正常的交易活动（购买支出）而持有货币的动机。交易动机的存在是由于人们的收入和支出在时间上的不同步，因而个人和企业必须有足够的货币资金来支付日常需要的开支。按照约翰·梅纳德·凯恩斯的说法，出于交易动机的货币需求量主要取决于收入，收入越高，交易数量越大，从而为应付日常开支所需要的货币量就越大。

（2）货币的谨慎动机

谨慎动机也称预防动机，是指个人和企业为预防意外支出而持有的货币。预防动机产生于未来收入和支出不确定性，它有助于人们应付不曾预料到的支出增加和收入延迟。经济学家认为，货币的预防动机所需要货币量的多少主要取决于个人对意外事件的看法。但从全社会来看，这一货币需求量大体上也和收入相关，也是收入的增函数。收入越高，用于意外支出的规模越大，从而预防动机的货币持有量就越大。

因此，如果用 L_1 表示交易动机和谨慎动机所产生的全部实际货币需求量，用 y 表示实际收入，则这种货币需求量和收入的关系可以表示为

$$L_1 = L_1(y) \tag{11.5}$$

或

$$L_1 = ky \tag{11.6}$$

式中，k 是出于上述两种动机所需要的货币量与实际收入的比例；y 为实际收入。

例如，如果实际收入是3 000万元，交易动机和谨慎动机需要的货币占实际收入的比例是30%，则 $L_1 = 3\,000 \times 0.3 = 900$ 万元。

（3）货币的投机动机

投机动机是指人们为了抓住有利的购买有价证券的机会而持有一部分货币的动机。货币的投机动机来源于未来利率的不确定性。

假定人们可以在货币和债券两种资产之间进行选择。他们可以在任何时候在市场上出售债券而持有货币，或者放弃货币而持有债券。

在实际生活中，债券价格的高低与利率的高低成反比，即利率越高，债券价格越低。人们之所以不把满足交易动机和预防动机之外的货币全部购买当期债券以获取利息，而是保留在手上，是因为未来利率的高低变动具有不确定性，即源于人们对未来利率可能上涨的预期。因此，货币的投机需求与利率负相关。

债券的市场价格与固定债息成正比，与资本市场的利率成反比。假定一张债券一年可以获得利息10元，而如果利率是10%，那么这张债券的市场价格就是100元；若市场利率是5%，则这张债券的市场价格就是200元。可见债券价格一般随着利率的变化而变化。由于债券的市场价格是经常变化的，凡是预期债券价格上涨的人，就会用货币买进债券以期日后以更高的价格卖出；反之，如果预期债券价格下降，就卖出债券，把货币留在手中，以备日后债券价格下跌时再买进。这种预计债券价格下跌（利率上升）而需要把货币保留在手中

的情况，就是对货币的投机性需求。可见，有价证券未来价格的不确定性是对货币投机需求的必要前提，这一需求与利率呈反方向变化。利率越高，有价证券的市场价格越低，如果人们认为这一价格已经降低到市场价格以下，很快就会反弹，就会抓住机会买进有价证券，于是，人们手中出于投机动机所需要的货币量就会减少；相反，利率越低，有价证券的市场价格越高，如果人们认为这一价格已经高到正常水平以上，不久就要下跌，于是，就会卖出有价证券，这样人们手中为投机动机而持有的货币量就会增加。

总之，对货币的投机性需求取决于利率，如果用 L_2 表示货币的投机需求，用 r 表示利率，那么这一货币需求量和利率的关系可以表示为

$$L_2 = L_2(r) \tag{11.7}$$

或

$$L_2 = -hr$$

这里 h 是货币投机需求的利率系数，负号表示货币的投机需求与利率呈反方向变动。

11.3.2 货币需求函数

对货币需求是人们对货币的交易需求、谨慎需求和投机需求的总和。货币的交易需求和谨慎需求决定于收入，是收入的增函数；投机需求取决于利率，是利率的减函数。因此，对货币的总需求函数可以用下面的公式来表示。

$$L = L_1 + L_2 = L_1(y) + L_2(r) = ky - hr \tag{11.8}$$

式（11.7）中的 L_1 和 L_2 都是代表对货币的实际需求，即具有不变购买力的实际货币需求量。这里需要区分名义货币量和实际货币量。名义货币量是不管货币购买力如何而仅仅计算其票面额的货币量。把名义货币量折算成实际货币量，必须用价格指数进行调整。如用 M 表示名义货币量，m 表示实际货币量，P 为价格指数。则有

$$m = \frac{M}{P} \tag{11.9}$$

或

$$M = P \cdot m$$

由于 $L = ky - hr$ 仅仅代表对货币的实际需求量，因此，名义货币需求函数还应是实际货币需求函数乘以价格指数，即

$$L = (ky - hr)P \tag{11.10}$$

式（11.10）代表名义货币需求函数，而式（11.8）代表实际货币需求函数。式中的 k 和 h 是常数，k 衡量收入增加时引起货币需求增加多少，这是货币需求关于收入变动的系数，h 是衡量利率提高，货币需求变动多少，这是货币需求关于利率变动的系数，如果知道了 k、h、y、r 和 P 的值，就可以求出货币需求量。

由于 L_1 表示为满足交易动机和谨慎动机所需要的货币量，它们都是收入的函数，与利率没有关系，所以 L_1 曲线是一条与横轴垂直的线。L_2 是利率的减函数，所以 L_2 曲线是一条向右下方倾斜的线，表示投机动机所需要的货币量随着利率的下降而增加，最后为水平状，表示"流动偏好陷阱"，如图 11.4（a）所示。

图 11.4（b）中，横轴表示实际货币需求量，纵轴表示利率。L 曲线表示全部的实际货币量，包括了 L_1 和 L_2。这条货币需求曲线表示在一定收入水平上货币需求量和利率的关系；

利率上升时,货币需求量减少;利率下降时,货币需求量增加。

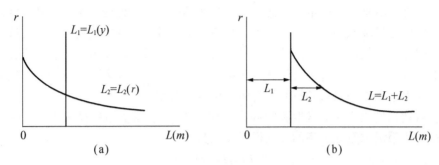

图 11.4 货币需求曲线

11.3.3 货币供给

货币是指被人们普遍接受的作为交易媒介的物品。货币的三大职能为价值尺度、交易媒介与储藏手段。货币有狭义货币与广义货币两种。狭义货币仅包括在银行体系以外流通的现金(硬币与纸币)与人们存在银行的活期存款,常用 M_1 表示。在 M_1 基础上再加上储蓄存款与小额定期存款,就是广义的货币供给,一般用 M_2 来表示。在 M_2 的基础上再加上个人和企业所持有的政府债券等流动资产或"货币近似物",便是意义更广泛的货币供给,一般用 M_3 表示。下面所讲的货币供给是指 M_1。

货币供给是指一个国家在某一个特定时点上,由居民和厂商持有的政府和银行系统以外的货币总和。货币供给是一个存量概念。经济学家认为一国的货币供给量是由其货币当局决定的,是一个外生变量,其大小与利率高低无关。名义货币供给用 M 来表示,实际货币供给用 m 来表示, $m=\dfrac{M}{P}$。那么货币供给曲线就是一条与横轴垂直的直线。

11.3.4 均衡利率的决定

均衡利率是指货币需求与货币供给相等,即货币市场出清时的利率。利率决定模型如下。

$$\begin{cases} m = L \\ m = \dfrac{M}{P} \\ L = L_1(y) + L_2(r) \end{cases}$$

利率的决定过程(机制)如下。

若 $r_1 > r_0 \to m > L \to$ 债券需求上升 $\to$ 债券价格上涨 $\to r$ 下降;

若 $r_2 < r_0 \to m < L \to$ 债券供给上升 $\to$ 债券价格下跌 $\to r$ 上升。

当货币需求等于货币供给时,利率才不再变动,均衡利率为 r_0,如图 11.5 所示。

货币需求曲线和供给曲线是会变动的。当人们对货币的交易需求或投机需求增加时,货币需求曲线就会向右上方移动;当政府增加货币供给时,货币供给曲线就会向右移动。

在图 11.6 中,如果货币供给不变,货币需求增加,使货币需求曲线向右移动到 L',均衡利率就会上升到 r_1;相反,当货币需求不变,货币供给增加,使得货币供给曲线向右移动到 m',均衡利率就会下降至 r_2。

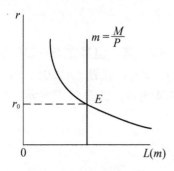

图 11.5　均衡利率的决定

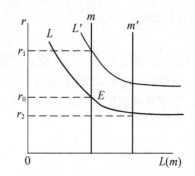

图 11.6　均衡利率的变动

11.4　货币市场的均衡——LM 曲线

11.4.1　LM 曲线及其推导

由货币市场均衡条件可以推导出：在货币供给 M 给定的条件下，用表达货币市场货币供给与货币需求达到平衡时国民收入（y）和利率（r）之间存在依存关系的函数式，描述货币市场均衡时国民收入与利率之间关系的曲线，称为 LM 曲线。

按照凯恩斯流动偏好理论或称货币需求理论，货币市场的均衡包括以下 3 个方程。

货币需求函数为 $L = L_1(y) + L_2(r) = ky - hr$。

货币供给量为 $m = \dfrac{M}{P}$。

均衡条件为 $m = ky - hr$。

由上面的均衡条件可以得出

$$y = \frac{hr}{k} + \frac{m}{k} \tag{11.11}$$

或

$$r = \frac{ky}{h} - \frac{m}{h} \tag{11.12}$$

这两个公式都是 LM 曲线的数学表达式，由于该曲线图形的纵轴表示利率，横轴表示收入，因此一般用式（11.12）表示 LM 曲线。对于任意给定的实际国民收入 y，必然有一个相应的利率 r，以保证在该利率下人们自愿持有的货币（货币需求）恰好等于既定的货币供给量。从而可以得到 LM 曲线。

例如，假定对货币的交易需求函数为 $m_1 = L_1(y) = 0.5y$，货币的投机需求函数为 $m_2 = L_2(r) = 1\,000 - 250r$，实际货币供给量 $m = 1\,250$（亿元），则货币市场均衡时，$1\,250 = 0.5y + 1\,000 - 250r$，得到 $y = 500 + 500r$ 或 $r = 0.002y - 1$，因此：

当 $y = 1\,000$ 时，$r = 1$；

当 $y = 1\,500$ 时，$r = 2$；

当 $y = 2\,000$ 时，$r = 3$；

当 $y=1\,000$ 时，$r=4$；

……

需要说明的是，$r=1$、$r=2$ 等，实际上是 $r=1\%$、$r=2\%$ 等，但是在 IS-LM 模型中计算时，仍按照 $r=1$、$r=2$ 等来计算，而不能按 $r=1\%$、$r=2\%$，或者 $r=0.01$、$r=0.02$ 等来计算。根据这些数据就可以得到一条向右上方倾斜的 LM 曲线，如图 11.7 所示。

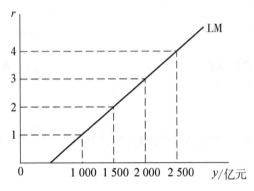

图 11.7　LM 曲线

从图 11.7 中可见，LM 曲线是一条向右上方倾斜的线，线上任意一点都表示货币市场均衡条件下的国民收入和利率的组合。反过来也可以说，只有当货币市场实现均衡时，国民收入和利率组合的点才能在 LM 曲线上。

由于在推导过程中始终满足货币需求等于货币供给，所以这条反映国民收入和利率之间关系的曲线称为 LM 曲线。LM 曲线表示在货币市场达到均衡时，国民收入和利率之间是同方向变化的关系，即利率越高，国民收入越多；利率越低，国民收入越少。

11.4.2　LM 曲线的斜率

如前所述，LM 曲线的数学表达式为 $y=\dfrac{m}{k}+\dfrac{h}{k}r$，或 $r=\dfrac{k}{h}y-\dfrac{m}{h}$。从中得到 LM 曲线的斜率为 $\dfrac{k}{h}$。

其中，若 h 既定，k 越大，即货币需求对收入变动的敏感度越大，则 $\dfrac{k}{h}$ 就越大，LM 曲线就越陡峭；若 k 既定，h 越大，即货币需求对利率敏感度越高，则 $\dfrac{k}{h}$ 越小，LM 曲线的斜率就越小，曲线就越平缓。

西方学者认为，货币的交易需求函数一般比较稳定，因此，LM 曲线的斜率主要取决于货币的投机需求函数。投机动机的货币需求函数是利率的减函数。

若 $h=0$，货币的投机需求量等于零，这时候人们除了为完成交易还必须持有一部分货币（交易需求）外，不会为投机持有货币。这时 LM 曲线是与纵轴平行的垂直线，这就是 LM 曲线的古典区域。同时，由于 LM 曲线的斜率是 $\dfrac{k}{h}$，当 $h=0$ 时，$\dfrac{k}{h}$ 为无穷大，因此，LM 曲线在古典区域是一条垂直线。

若 $h = \infty$，则意味着一定量的利率变动会引起货币的投机需求量向无穷大变动。这时 LM 曲线呈水平状，这就是 LM 曲线的凯恩斯区域。当 $h = \infty$ 时，$\frac{k}{h}$ 为零，因此，LM 曲线在凯恩斯区域是一条水平线古典区域和凯恩斯区域之间的这段 LM 曲线是中间区域。LM 曲线的斜率在古典区域为无穷大，在凯恩斯区域为零，在中间区域为正值。

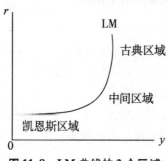

图 11.8　LM 曲线的 3 个区域

11.4.3　LM 曲线的移动

在 LM 曲线的数学表达式 $r = \frac{k}{h}y - \frac{m}{h}$ 中，$\frac{k}{h}$ 是 LM 曲线的斜率，而 $\frac{m}{h}$ 是 LM 曲线截距的绝对值，因此，只有 $\frac{m}{h}$ 的数值发生变动，LM 曲线才会移动。假定 LM 曲线的斜率不变，也就是假定 k 和 h 都不变，这时 LM 曲线要移动，就只能是实际货币供给量 m 变动。实际货币供给量是由名义货币供给量 M 和价格水平 P 决定的，即 $m = \frac{M}{P}$。因此，造成 LM 曲线移动的因素只能是以下两个。

① 名义货币供给量 M 的变动。在价格水平不变时，M 增加，LM 曲线向右下方移动；反之，LM 曲线向左上方移动。中央银行实行扩张的货币政策，增加货币供给量，LM 曲线向右下方移动；相反，LM 曲线向左上方移动。

② 价格水平的变动。价格水平上涨，实际货币供给量 m 减少，故 LM 曲线向左上方移动；反之，LM 曲线向右下方移动，利率就下降，收入就增加。

11.5　产品市场和货币市场的同时均衡（IS–LM 模型分析）

IS–LM 模型是英国经济学家约翰·希克斯和美国经济学家阿尔文·汉森共同提出的，所以也称希克斯–汉森模型，它是宏观经济分析的重要工具，是描述产品市场和货币市场之间关系的理论结构。该模型是建立在凯恩斯的宏观经济理论基础之上的。约翰·梅纳德·凯恩斯认为产品市场和货币市场不是独立的，货币市场上的均衡利率要影响投资和收入，而产品市场上的均衡收入又会影响货币需求和利率，这就是产品市场和货币市场之间的联系和作用。但约翰·梅纳德·凯恩斯本人并没有用一种模型把上述 4 个变量联系在一起。约翰·希克斯和阿尔文·汉森则用 IS–LM 模型把这 4 个变量放在一起，构成了一个产品市场和货币市场之间相互作用，共同决定国民收入和利率的理论框架，从而使凯恩斯的有效需求理论得到了较为完善的表述。不仅如此,凯恩斯理论中对财政政策和货币政策的分析,也是围绕 IS – LM 模型而展开的,因此可以说,IS – LM 模型是凯恩斯理论宏观经济学的核心。

IS 曲线表示的是产品市场的均衡,LM 曲线表示的是货币市场的均衡,都是单个市场的均衡,本节所要研究的是产品市场和货币市场的共同均衡。

11.5.1 两个市场同时均衡收入和利率的决定

IS – LM 模型可以表示为

$$\begin{cases} i(r) = s(y) \\ m = L_1(y) + L_2(r) \end{cases}$$

该模型分别表示 IS 曲线和 LM 曲线。

由于货币供给 M 被假定为既定,因此,在这个二元方程组中,变量只有利率 r 和收入 y,解出这个方程组,就可以得到 r 和 y 的一般解。

11.5.2 均衡收入和利率的变动

IS 曲线和 LM 曲线的交点是同时实现两个市场共同均衡的均衡点。然而这一均衡不一定是充分就业时的均衡。例如,在图 11.9 中 E_0 点是均衡点,对应的均衡收入是 y_0,但是,充分就业的收入是 y_1,均衡的国民收入小于充分就业的国民收入。在这种情况下,单纯依靠市场的力量自发进行调整,是无法实现充分就业的国民收入的。这就需要依靠政府的财政政策和货币政策进行调节。财政政策是政府通过变动支出和税收来调节国民收入的。如果政府增加支出或降低税收,或者双管齐下,IS 曲线将向右上方平行移动到 IS_1,IS_1 与 LM_0 相交于 E_1 点,收入达到充分就业的国民收入 y_1;货币政策是中央银行变动货币供给。如果中央银行增加货币供给,将使 LM 曲线右移到 LM_1,LM_1 与 IS_0 曲线相交于 E_2 点,也可以实现充分就业的国民收入 y_1。

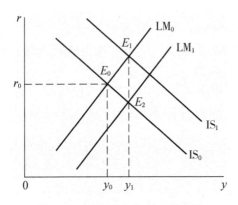

图 11.9 均衡收入和利率的变动

当然,从图 11.9 中也可以看到,IS 曲线和 LM 曲线移动时,不仅收入会变动,利率也会变动。当 LM 曲线不变而 IS 曲线向右上方移动时,不仅收入增加了,利率也上升了。这是因为,IS 曲线向右移是由于消费、投资或政府支出增加,总支出增加使生产和收入增加,导致货币交易需求也增加。由于货币供给不变(LM 曲线不变),因此人们只能抛售有价证券来获得从事交易增加所需要的货币,从而使有价证券价格下降,利率上升。同样可以说明,LM 曲线不变而 IS 曲线向左下方移动时,收入和利率都会下降。

当 IS 曲线不变而 LM 曲线向右下方移动时，则收入提高，利率下降。这是因为，当中央银行增加货币供给时引起 LM 曲线向右移动，在 IS 曲线不变的情况下，意味着货币供给大于货币需求，这必然导致利率下降。利率下降使人们的消费和投资增加，从而使收入增加。相反，当 LM 曲线向左上方移动时，则会使利率上升，收入下降。

如果 IS 曲线和 LM 曲线同时移动，收入和利率的变化情况则由 IS 曲线和 LM 曲线如何同时移动的情况而定。如果 IS 曲线向右移动，LM 也同时向右移动，则可能出现收入增加而利率不变的情况。这就是所谓的扩张性财政政策和货币政策相结合可能出现的情况。

本 章 小 结

（1）投资是利率的减函数，利率上升，投资减少；利率下降，投资增加。

（2）IS 曲线是表示产品市场均衡条件下的收入与利率组合的轨迹。当产品市场实现均衡时，收入和利率组合的点都在 IS 曲线上。

（3）IS 曲线是向右下方倾斜、斜率为负的曲线。斜率的大小取决于 d 和 β。

（4）自发支出增加使 IS 曲线向右平移；自发支出减少使 IS 曲线向左平移。

（5）货币需求有 3 种动机：交易动机、谨慎动机（预防动机）和投机动机。

（6）交易动机和谨慎动机是收入的函数；投机动机是利率的函数。货币需求函数为 $L = L_1(y) + L_2(r)$。

（7）货币供给是一国货币当局决定的，因此是一个外生变量，$m = \dfrac{M}{P}$。

（8）利率的高低是由货币需求和货币供给决定的。均衡利率是货币需求曲线和货币供给曲线的交点所决定的。

（9）LM 曲线是货币市场均衡条件下收入和利率组合的轨迹。当货币市场实现均衡时，所有收入和利率的组合点都在 LM 曲线上。

（10）LM 曲线是向右上方倾斜、斜率为正的曲线。斜率的大小取决于 k 和 h。

（11）货币供给增加，LM 曲线向右下方平移；相反，LM 曲线向左上方平移。

（12）IS 曲线和 LM 曲线的交点是实现了产品市场和货币市场同时均衡的均衡点。

越战升级与美元利率上升——IS–LM 模型在政治选择面前受挫

1965—1966 年越南战争升级，引发美元利率大幅上升。从 1965 年年初到 1966 年年末，美国驻越南的军队由不足 2.5 万人剧增到 35 万人以上，美国深深陷入越南战争的泥潭而不能自拔。军队的增加使军费开支摇直上，1965—1966 年，美国政府支出增加了 550 亿美元。利用 IS–LM 模型预测，对均匀产出和利率将产生什么影响？

分析：如图 11.10 所示，政府支出增加，使 IS 曲线由 IS_1 移至 IS_2，而 LM 曲线不变。因为按不变价格计算，货币供给 M_1 几乎没动。这样，用 IS–LM 模型预测美国经济均衡点，将从 E 点变到 E_1 点，GDP 增加了，但是，同时利率上升。这也正是 1965—1966 年美国经济的实际情况：GDP 从 24 710 亿美元增长至 26 160 亿美元，增加了 1 450 亿美元（是美国政府支出增加额 550 亿美元的数倍），但是，国库券利率却从 3.95% 升至 4.88%。

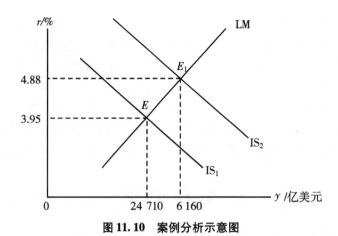

图 11.10 案例分析示意图

习 题

一、名词解释

IS 曲线　　　LM 曲线　　　交易动机
谨慎动机　　　投机动机　　　流动性偏好

二、选择题

1. IS 曲线表示满足（　　）关系。
   A. 收入与支出均衡　　　　　　B. 总供给和总需求均衡
   C. 储蓄和投资均衡　　　　　　D. 以上都对

2. 在 IS 曲线上存在储蓄和投资均衡的收入和利率的组合点有（　　）。
   A. 一个　　　　　　　　　　　B. 无数个
   C. 一个或无数个　　　　　　　D. 一个或无数个都不可能

3. 自发投资支出增加 10 亿美元，会使 IS 曲线（　　）。
   A. 向右移 10 单位　　　　　　　B. 向左移 10 单位
   C. 向右移支出乘数乘以 10 亿美元　D. 向左移 10 亿美元乘以支出乘数

4. 政府的净税收和政府购买性支出的等量增加，使得 IS 曲线（　　）。
   A. 不变　　　　　　　　　　　B. 向右平移 $k_b \cdot \Delta g$ 单位
   C. 向左平移 $k_b \cdot \Delta g$ 单位　　　D. 向右平移 Δg 单位

5. 假定货币供给量和价格水平不变，货币需求为收入和利率的函数，则收入增加时（　　）。
   A. 货币需求增加，利率上升　　B. 货币需求增加，利率下降
   C. 货币需求减少，利率上升　　D. 货币需求减少，利率下降

6. 假定货币需求函数为 $L = ky - hr$，货币供给量增加 10 亿美元而其他条件不变，则会使 LM 曲线（　　）。
   A. 向右移 10 亿美元　　　　　　B. 向右移 k 乘以 10 亿美元
   C. 向右移 10 亿美元除以 k（$10/k$）　D. 向右移 k 除以 10 亿美元（$k/10$）

7. IS–LM 模型研究的是（　　）。
   A. 在利率与投资不变的情况下，总需求对均衡的国民收入的决定

B. 在利率与投资变动的情况下，总需求对均衡的国民收入的决定
C. 把总需求与总供给结合起来，研究总需求与总供给对国民收入和价格水平的影响
D. 以上都不对

8. IS 曲线向左下方移动的条件是（　　）。
   A. 自发总需求增加　　　　　　　　　B. 自发总需求减少
   C. 价格水平下降　　　　　　　　　　D. 利率水平下降

9. 利率提高时，货币的投机需求将（　　）。
   A. 增加　　　　B. 不变　　　　C. 减少　　　　D. 以上都对

10. 假定货币供给量不变，货币的交易需求和预防需求的增加将导致货币的投机需求（　　）。
    A. 增加　　　　B. 不变　　　　C. 减少　　　　D. 以上都对

三、计算题

1. 假定 $y = c + i + g$，消费需求为 $c = 800 + 0.63y$，投资需求为 $i = 7\,500 - 20\,000r$，货币需求为 $l = 0.162\,5y - 10\,000r$，价格水平为 $P = 1$。试计算当名义货币供给量为 6 000 亿美元，政府支出为 7 500 亿美元时的 GDP，并证明所求的 GDP 等于消费、投资和政府支出的总和。

2. 设消费函数 $c = 100 + 0.75y$，投资函数 $i = 2\,000 - 200r$，$g = 50$，货币需求函数 $l = 0.2y - 50r$，货币供给量 $M = 500$。要求：

   （1）写出 IS 曲线和 LM 曲线的数学表达式；
   （2）均衡产出和均衡利率；
   （3）若政府购买增加 50，求产出和利率变动额。

3. 假定货币需求函数为 $L = 0.2y - 5r$，价格水平不变（$P = 1$）。要求：

   （1）若名义货币供给量为 150，找出货币需求与供给均衡时的 LM 曲线；
   （2）若名义货币供给量为 200，找出货币需求与供给均衡时的 LM 曲线，并与（1）中 LM 曲线比较有什么不同；
   （3）对于（2）中这条 LM 曲线，若 $r = 10$，$y = 1\,100$，货币需求与供给是否均衡，若非均衡，利率该如何变化？

四、分析讨论题

1. 什么是 IS–LM 模型？
2. 消费函数中的自发消费支出和边际消费倾向变动时，IS 曲线会发生什么变动？
3. 为什么利率和收入的组合点位于 IS 曲线右上方时，反映产品市场上供过于求的情况？
4. 为什么价格水平不变而名义货币供给增加时，或名义货币供给不变而价格水平下降时，都会使 LM 曲线向右下方移动？
5. 在 IS 曲线和 LM 两条曲线相交时所形成的均衡收入是否就是充分就业的国民收入？为什么？

【第 11 章　在线答题】

第12章 财政政策与货币政策实践

教学目标

通过本章的学习,读者能够掌握财政政策、货币政策的概念和内容,并能够使用宏观经济政策分析现实问题,做到理论与实践相结合。

教学要求

掌握宏观经济政策目标;了解财政政策和货币政策及两种政策的混合使用。

思维导图

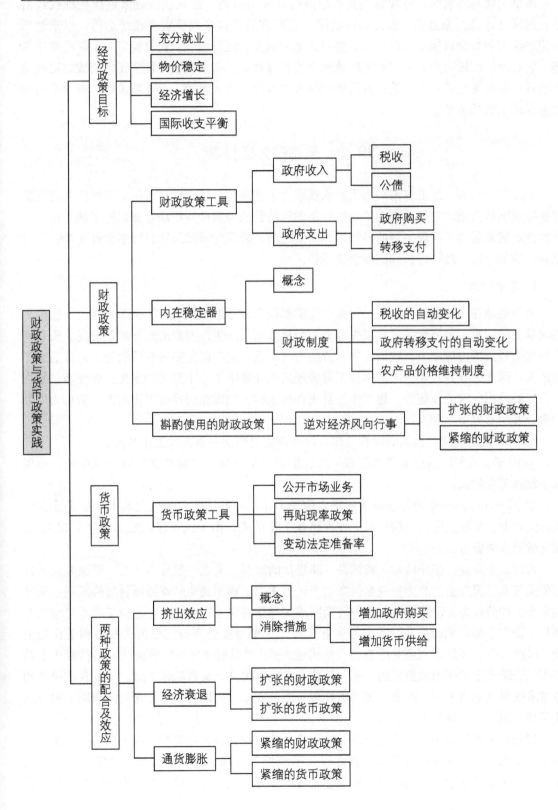

本章主要是对宏观经济政策及其效应进行介绍与分析。宏观经济政策是指在现代经济中，国家（政府）有意识、有计划地运用一系列政策工具来调节宏观经济运行，以求达到一定的经济与社会目标。这些目标主要包括充分就业、经济增长、物价稳定和国际收支平衡等。宏观经济政策可分为需求管理政策和供给管理政策。需求管理政策主要由宏观财政政策和宏观货币政策组成。供给管理政策则包括人力政策、收入政策、产业政策等。本章分析的重点是需求管理政策。

12.1 经济政策目标

西方学者认为，经济政策是指国家或政府为了增进社会经济福利而制定的解决经济问题的指导原则和措施。它是政府为了达到一定的经济目的而对经济活动有意识的干预。任何一项经济政策都是为了实现一定的经济目标而制定的。宏观经济政策的目标主要有4个：充分就业、物价稳定、经济增长和国际收支平衡。

1. 充分就业

充分就业在广泛意义上是指一切生产要素都以自己意愿的报酬参加生产的状态。但由于在测量上的困难，经济学家通常以失业率来衡量劳动这一生产要素的充分就业情况。失业率是指失业者人数占劳动力人数的比率。劳动力是指在一定年龄范围内有劳动能力并且愿意工作的人。何为失业者？联合国国际劳工局曾经给失业者下了一个经典的定义：失业者是指在一定年龄范围内有工作能力，想工作而且正在找工作，但现在仍没有工作的人。劳动力中划归失业者的有以下3种人。

① 由于被解雇或自己离职没有工作，但在调查前四周一直在找工作的人。

② 由于企业暂时减少生产而没有上班，但没有被解雇，等待被重新召回原单位，一周以上没领工资的人。

③ 第一次进入劳动力市场或重新进入劳动力市场寻找工作四周以上的人。这是官方承认的失业者，实际上还有一些没有工作也想找工作的人，由于找工作困难而放弃了找工作，没有被归为失业者。

为什么会失业？按照约翰·梅纳德·凯恩斯的解释，失业一般分为3类：摩擦失业、自愿失业和非自愿失业。摩擦失业是指在生产过程中由于难于避免的摩擦而引起的短期、局部性失业，如劳动力流动性不足、工种转换困难等导致的失业。自愿失业是指工人不愿意接受现行工资水平而形成的失业。非自愿失业是指工人愿意接受现行工资但仍找不到工作的失业。除此以外，经济学家还有所谓的"结构性失业""周期性失业"等说法。结构性失业是指因经济结构变化等因素造成的失业。其特点是既有失业，又有职位空缺，失业者或没有相应技术或居住地点不当，因此，无法填补现有职位空缺。周期性失业是指经济周期中的衰退或萧条时因需求下降而造成的失业。

宏观经济政策目标是实现充分就业。那么，什么是充分就业呢？约翰·梅纳德·凯恩斯认为，如果非自愿失业已经消除，失业仅限于摩擦失业和自愿失业，那么就实现了充分就业。另一种观点认为，如果职位空缺总额正好等于寻找工作的人数，就是充分就业。而货币主义针对约翰·梅纳德·凯恩斯的"非自愿失业",提出了"自然失业率"的概念。自然失业率是指在没有货币因素干扰的情况下,让劳动市场和商品市场自发供求力量发生作用时,总需求和总供给处于均衡状态的失业率。尽管对于充分就业的看法不同,但是经济学家一致认为,充分就业不是百分之百的就业,4%~6%的失业率是正常的,此时经济社会处于充分就业状态。

2. 物价稳定

物价稳定是一个宏观经济概念,是指价格总水平的稳定。经济学家一般用价格指数来表达一般价格水平的变化。价格指数有消费者价格指数、生产者价格指数和GDP平减指数3种。消费者价格指数反映消费者消费价格变化情况,反映生活费用上升与下降的变化情况;生产者价格指数是一个用来衡量制造商出厂价的平均变化的指数,反映一国商品批发价格上升或下降的幅度;GDP平减指数是按当年不变价格计算的CNP与按基年不变价格计算的CNP的比率。

值得注意的是,价格稳定不是指每一种商品价格的固定不变,而是指价格指数的相对稳定,不出现通货膨胀。但是,实践证明西方国家的通货膨胀很难消除,因此,大部分国家已把轻微的通货膨胀的存在看作正常的经济现象。

3. 经济增长

经济增长是指在一个特定时期内经济社会所生产的人均产量和人均收入的持续增长。通常用一定时期内实际国内生产总值年平均增长率来衡量。经济增长和失业常常是相互关联的,维持较高的增长率以实现充分就业,是各国宏观经济政策追求的目标之一。

4. 国际收支平衡

国际收支平衡成为宏观经济政策目标是因为伴随着各国之间经济交往的日益密切,平衡国际收支对现代开放型国家所起的作用越来越重要。收支盈余表明国际市场需求增加(出口大于进口),减小国内市场需求,社会总需求减少,不利于充分就业;国际收支赤字表明由外汇储备或通过对外举债偿还,必将导致国内通货膨胀的发生。经济学家认为,一国的国际收支状况不仅反映了这个国家的对外经济交往情况,还反映出该国经济的稳定程度。

上述4个宏观经济政策目标彼此之间有一致性、互补性,也有一定的冲突。例如,充分就业有利于促进经济增长,经济的稳定增长提供了更多的就业岗位,有利于实现充分就业;但是充分就业和价格稳定之间存在两难的选择。为此,政府在制定经济政策时,既要考虑政策的有效性,也要考虑政策制定的整体性。

12.2 财政政策

财政政策是国家干预经济的主要政策之一。财政政策的一般定义是:为了促进就业水平的提高,减轻经济波动,防止通货膨胀,实现经济稳定增长而对政府支出、税收和借债水平所进行的选择,或是对政府收入和支出水平所做的决策。为了便于理解财政政策,首先介绍与财政政策有关的西方国家财政制度,然后再说明财政政策的主要内容。

12.2.1 财政的构成与财政政策工具

国家财政是由政府收入和政府支出构成。政府收入包括税收和公债两部分；政府支出包括政府购买和政府转移支付两部分。

1. 政府收入

政府收入包括税收和公债两个部分。税收是政府收入的主要来源，西方国家政府收入的增长，在很大程度上源自税收收入的增长。它是国家为了实现其职能，按照法律预先规定的标准，强制地、无偿地取得财政收入的一种手段。因此税收具有强制性、无偿性、固定性。

税收依据不同的标准可以进行不同的分类。

根据课税的对象不同，税收可以分为财产税、所得税和流转税。财产税是对不动产或房地产，即土地和土地上的建筑物征收的税。所得税是对个人和企业的收入征收的税，可分为个人所得税和企业所得税。例如，个人的工资收入和股票、债券、存款等资产的收入，企业的利润等。在西方国家的政府税收中，所得税占的比重很大。流转税是对流通中商品和劳务买卖的总额征税，如营业税、增值税、消费税等。

根据纳税的方式不同，税收可以分为直接税和间接税。直接税是对财产和收入等直接征收的税，其税负通常不能转嫁给别人，如财产税、所得税和人头税等。间接税是指税负可以转嫁的税，如营业税、关税和消费税等，这些税种的纳税人可以采取提高价格的方式把税负转移出去。

根据收入中被扣除的比例不同，税收可以分为累退税、累进税和比例税。累退税是税率随着征税客体总量的增加而递减的一种税。累进税是税率随着征收客体总量增加而递增的一种税。大多数国家的所得税多属于累进税。比例税是税率不随征收对象数量的变化而变化的税。这3种税通过税率高低及其变动来反映税负轻重和税收总量的关系。因此，税率的大小及其变动方向对经济活动会产生重大影响。

根据税收管理体制税收又可分为中央税、地方税和中央地方共同税。在这种税收管理体制下，税收分别形成中央政府和地方政府的财政收入来源，支出也同样被划分为中央支出与地方支出，并规定各自相应的支出范围。税率的高低及其变动方向对经济活动如个人收入和消费会直接产生重大影响。

税收的目的在于强迫居民和厂商把他们的购买力或者对资源的控制权交给政府，供政府直接使用或转移给他人。税收减少了纳税人的可支配收入和财富。税收政策作为财政政策的一个有力工具，主要用来实现经济稳定、资源合理配置和收入公平分配的目标。税收作为收入手段，把私人的一部分资源转移到政府部门，从而实现资源的重新配置。税收理论认为，税收对资源配置的影响应该是中性的，即尽可能不干扰私人部门的决策。但是，市场失灵决定了资源在私人部门不可能保持有效配置，政府仍需要利用税收手段强制改变资源配置，以弥补市场机制的缺陷。

当政府税收不足以弥补政府支出时，就会发行公债，使公债成为政府财政收入的又一个组成部分。公债不同于税收，是政府运用信用形式筹集财政资金的特殊形式，包括外债和内债。外债是政府向国外举借的债务。内债是政府对本国公众的债务，它包括中央政府的债务和地方政府的债务。中央政府的债务称为国债。政府借债一般有短期债、中期债和长期债3

种形式。短期债一般通过出售国库券取得,期限一般分为3个月、6个月和1年3种,利率较低,主要进入短期资金市场(货币市场)。中期债一般指1年以上、5年以下的债券。5年以上的债券为长期债。长期债的利率因时间长、风险大而较高,是资本市场上最主要的交易品种之一。政府公债的发行,一方面能增加财政收入,影响财政收支;另一方面又能对包括货币市场和资本市场在内的金融市场的扩张或收缩起重要的作用。传统理论认为,公债是政府加在民众身上的负担。当代西方经济学则认为,外债要还本付息,对民众是一种负担,而内债是政府负民众的债,也就是"自己负自己的债",因而不构成负担。因为发行公债可以更多地促进资本形成,加快经济增长速度,从而会给公众及子孙后代带来更多的消费和享受。只有充分就业时期增加的公债且又没有形成相应的资本,或者引起私人投资的下降,才会成为民众的一种负担。

2. 政府支出

政府支出是指整个国家中各级政府支出的总和,由许多具体的支出项目组成,主要可分为政府购买和政府转移支付两大类。

政府购买主要指政府对商品和劳务的购买,如购买军火、机关办公用品以及支付政府雇员的工资等,它是以取得本年被生产出来的产品和劳务为补偿的支出。由于政府购买发生了商品和劳务的实际交换,直接形成了社会需求和购买力,是国民收入的一个重要组成部分。因此,政府购买是一种实质性支出,它的大小是决定国民收入大小的重要因素之一,其规模直接关系到社会总需求的增减。根据现代公共支出理论,政府购买的增加将直接增加个人收入;个人收入增加的一部分将用于消费,使社会消费总量增加,这种消费量的增加,又可以引起国民收入的增加,继而进一步增加消费数额。相反,如果政府购买减少,效果则相反。政府购买的规模对整个社会总支出水平起着重大的调节作用。当总支出水平过高时,政府可以采取减少购买支出的政策减少社会总需求;当总支出水平过低时,政府可以采取扩大购买支出的政策,增加社会总需求。所以,经济学家认为,政府购买支出政策是调节经济周期、合理配置资源、稳定物价的强有力的工具。

政府转移支付与政府购买不同,它是指政府的社会福利等支出,如卫生保健支出、收入保障支出、退伍军人福利、失业救济和各种补贴方面的支出。这是一种货币支出,政府在支出这些货币时并没有实际的商品和劳务交换发生,因而它不是以取得本年被生产出来的产品和劳务为补偿的支出。因此,政府转移支付不能算作国民收入的组成部分。它只是政府将一部分人的收入转给另一部分人,是社会收入在社会成员之间的再分配,对经济生活的影响不如政府购买强烈。

政府转移支付也是一项重要的财政政策工具,在其他条件不变时,政府转移支付增加能使居民消费支出增加,使IS曲线向右上方移动,导致总需求上升;反之,政府转移支付减少能使IS曲线向左下方移动,从而导致总需求下降。当然,由于政府转移支付对总需求的影响是通过被转移对象居民消费倾向特点发生作用的,因此就比较等量购买性支出和转移性支出对总需求的影响来说,前者比较直接,数量也较大,后者比较间接,数量较小。实际上作为政府行为,转移支付的主要政策目标是提供社会安全网,短期调节是比较次要的功能。

12.2.2 内在稳定器

内在稳定器也称自动稳定器，是指在财政政策没有任何改变，经济系统本身存在的一种会减少各种干扰国民经济冲击的机制，能够在经济繁荣时期自动抑制通货膨胀，在经济衰退时期自动减轻萧条，无须政府采取任何行动。一般认为，充当内在稳定器的财政制度有以下几种。

1. 税收的自动变化

在经济繁荣时期，失业率下降，人们的收入会自动增加，在税率不变的情况下，税收会随着人们收入的增加而自动增加，个人可支配收入会少增加一些。这意味着在边际消费倾向不变时，由可支配收入所决定的总消费需求增长率要低于由国民收入所表现的社会总供给增长率，因而有助于使过高的总需求有所降低，缩小通货膨胀缺口。相反，当经济萧条时，随着收入水平的下降，政府税收会自动减少，个人可支配收入会少减少一些，因而税收下降比率要快于国民收入水平下降比率，总需求下降的幅度要比总供给下降的幅度小，当经济萧条时能够有助于维持一定水平的总需求，并有助于消除通货紧缩缺口。

2. 政府转移支付的自动变化

同税收的作用一样，政府转移支付有助于稳定可支配收入，从而有助于在总支出中占很大比重的消费需求的相对稳定，因而对维持总需求与总供给之间的平衡具有一定的作用。例如，在经济萧条阶段，随着失业的增加，社会保障制度健全条件下的社会福利支出如失业救济金将会增加；反之，在经济扩张阶段，政府转移支付将减少。

3. 农产品价格维持制度

农产品价格维持制度实际上是以政府对农户进行财政补贴为内容的特殊转移支付形式。通过这一制度，农产品价格可以保持相对稳定，从而保证农户的可支配收入不低于一定水平。例如，在经济繁荣时期，国民收入水平上升，农产品价格上升，这时政府减少对农产品的收购并抛售农产品，限制农产品价格的上升，也就抑制农民收入的增长，从而也就抑制了总需求的增加量；在经济萧条时期，政府按照支持价格收购农产品，可以使农民收入和消费维持在一定水平。

上述3个方面都对宏观经济活动起到了稳定的作用，经济学家认为，内在稳定器是减轻经济波动的第一道防线。

12.2.3 斟酌使用的财政政策

经济制度内在稳定器的功能是有限的，它只能在一定程度上减轻经济波动，但不能消除经济波动。要消除经济剧烈的波动，政府必须有意识地对经济活动进行干预。西方学者认为，为确保经济稳定，政府要审时度势，主动采取一些财政措施，变动支出水平或税收以稳定总需求水平，使之接近物价稳定的充分就业水平。这就是斟酌使用的或权衡性的财政政策。例如，当经济出现衰退时，政府要通过增加支出，以减少税收、降低税率，或者双管齐下以刺激总需求，实施所谓的扩张性财政政策，如图 12.1 所示；反之，为防止经济过热和通货膨胀，政府应实施紧缩支出和提高税率的紧缩性财政政策，如图 12.2 所示。

由上述分析可知，斟酌使用的财政政策实际上是在"逆经济风向行事"，通过对宏观经济态势的分析而审慎地使用或紧或松的财政政策。

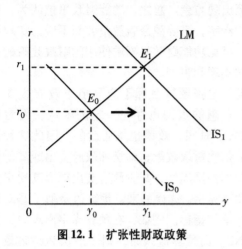

图 12.1　扩张性财政政策

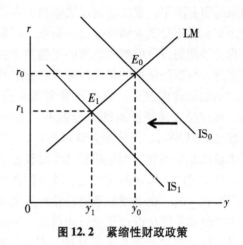

图 12.2　紧缩性财政政策

12.2.4　补偿性财政政策与充分就业预算盈余

传统财政政策所奉行的国家理财原则是年度预算平衡原则，这是 20 世纪 30 年代大危机以前普遍采取的政策原则。这一原则的基本思想是：谨慎行事的政府应厉行节约、量入为出，每个财政年度都要保持财政收支平衡。显然，这一基本思想的背后所隐藏的是尽量地限制国家对经济的调节，而让市场机制来配置社会资源。

在凯恩斯革命之后，人们认识到在经济运行中必须引入国家对经济的干预，特别是遵循"逆经济风向行事"原则的斟酌使用的财政政策调节，这样，在经济萧条时期的政府财政赤字就是不可避免的了。由于年度预算平衡原则已经不能满足现代市场经济实践的要求，因而按预算平衡（不是年度预算平衡）理念，经济萧条时期的财政赤字需要进行弥补，顺其自然，在经济繁荣或通货膨胀时期，财政政策必然要发挥减少总需要的功能，以调节过高的总需求给正常经济运行带来的压力，这就要求政府相应减少支出或增加税收，从而在经济繁荣时期产生相当的政府财政盈余。这样，经济繁荣时期的预算盈余将会自动弥补经济萧条时期的财政赤字，在一个完整的经济周期内实现政府财政预算的基本平衡，这就是周期预算平衡。周期预算平衡是指在一个经济周期中保持平衡。因此，在周期预算平衡原则下所实施的财政政策就被称为补偿性财政政策。同时，需要注意的是，补偿性财政政策在经济萧条时期的实施还可以被称为赤字财政政策。赤字财政政策的主要目的是政府在预算安排中有目的地主动设定一定数量的财政赤字，其目的是通过扩大政府支出或（和）减少政府税收（削减边际税率）而产生一定数量的财政赤字来扩大社会总需求，以使国民收入水平上升，增加就业。无疑，赤字财政政策的作用在经济萧条时期表现得特别明显。

功能财政思想是凯恩斯主义者的财政思想。他们认为不能机械地用财政预算收支平衡的观点来对待预算赤字和预算盈余，而应从经济周期的需要来利用预算赤字和预算盈余。当国民收入低于充分就业的收入（存在通货紧缩缺口）时，政府有义务实行扩张性财政政策，增加支出和减少税收，以实现充分就业。如果起初存在预算盈余，政府有责任减少盈余甚至不惜出现更大赤字，坚定地执行扩张性财政政策。反之，当存在通货膨胀缺口时，政府有责任减少支出，增加税收。如果起初还有预算盈余，宁肯出现更大盈余也要实行紧缩性政策；如果起初有赤字，就应该通过紧缩减少赤字，甚至出现盈余。总之，功能财政思想认为，政府为了实现充分就业和消除通货膨胀，需要赤字就赤字，需要盈余就盈余，而不应为实现财政收支平衡妨碍政府财政政策的正确制定和实行。可见功能财政是斟酌使用的财政政策的指导思想，而斟酌使用的财政政策是功能财政思想的实现和贯彻。

功能财政思想是对原有预算平衡观点的否定，主张预算目标不应是追求政府收支平衡，而应是无通货膨胀的充分就业。然而，这一思想的贯彻也存在一定的困难。因为经济波动难以预期，经济形势难以估计，而且决策需要时间，效果也是滞后的，因此这种预算也难以充分奏效。而且按照功能财政思想实施扩张性财政政策，即增加政府支出或降低税率会使国民收入增加的同时也会减少预算盈余或增加预算赤字，减少政府支出或提高税率降低国民收入时，也会增加政府的预算盈余或减少预算赤字。这样一来，预算盈余似乎是对经济中财政政策的全部作用进行衡量的一个方便和简单的指标。例如，在预算赤字出现时，似乎可以认为财政政策是扩张性的，趋向于增加 GNP，而预算盈余时，则一般认为财政政策是紧缩性的，趋向于减少 GNP。不过问题在于，上述命题隐含着一个前提，即在某一时期内的收入变化不显著，以至于对预算状况无影响。实际上假定预算盈余为 BS，政府支出（$G_0 + TR_0$）不变，社会平均税率 t 也不变，这就意味着财政政策未发生变化，如果国民收入 y 可变，则

$$BS = ty - G_0 - TR_0$$

由上式可知，预算盈余或赤字状况取决于国民收入水平的高低，于是，预算赤字的增加并不必然意味着政府已经改变其财政政策，而很可能是国民收入水平的下降所带来的。因此，一般意义上的预算盈余和赤字并不能正确地显示财政政策作用的方向。要使预算盈余和赤字成为衡量财政政策是扩张还是紧缩的标准，就必须消除经济周期波动本身的影响。于是美国经济学家莱斯特·布朗于 1956 年提出了充分就业预算盈余的概念。

充分就业预算盈余是指既定的政府预算在充分就业的国民收入水平即潜在的国民收入水平上所产生的政府预算盈余。如果这种盈余为负值，就是充分就业预算赤字。它不同于实际预算盈余，实际预算盈余是以实际的国民收入水平来衡量预算状况的，因此两者的差别就在于充分就业的国民收入水平与实际的国民收入水平的差别。一般来讲，当实际国民收入水平高于充分就业的国民收入水平时，则充分就业预算盈余小于实际预算盈余；如果实际国民收入水平低于充分就业的国民收入水平，则充分就业预算盈余大于实际预算盈余。当然，也会出现实际国民收入和潜在国民收入相等，因而充分就业预算盈余与实际预算盈余相等的情况。

如果用 t、G_0、TR_0 分别表示税率、既定的政府购买支出和政府转移支付支出，用 y 和 y^* 分别表示实际国民收入和潜在国民收入，则充分就业预算盈余（用 BS^* 表示）和实际预算盈余（用 BS 表示）分别为：$BS^* = ty^* - G_0 - TR_0$，$BS = ty - G_0 - TR_0$。于是有 $BS^* - BS = t(y^* - y)$。若实际国民收入水平低于充分就业的国民收入水平，即 $y^* > y$，则有 $BS^* > BS$；反之，则 $BS^* < BS$。严格来说，BS^* 是一个估算值，事实上并不存在一个确定性的、真实的充分就业的国民收入水平 y^*。因而，通常假设充分就业是一个较低的失业率，如 4%，再在此基础上推测出 y^*。

充分就业预算盈余有两个重要作用：一是把国民收入水平固定在充分就业水平上，从而消除了周期性波动对预算状况的影响，在 y 被视为既定的 y^* 时，BS^* 的大小就取决于 BS，同时也能较为准确地反映财政政策对预算状况的影响，并由此为判断财政政策的作用方向究竟是扩张的还是紧缩的提供了一个较为准确的依据；二是通过 BS^* 与 BS 的差距来判断国民收入水平的性质，以充分就业目标的实现为依据来安排预算盈余或赤字的规模，确定并及时调整财政政策。例如，当一国经济增长率在扩张性财政政策下得到显著提高、经济运行进入繁荣阶段时，一般认为应该考虑实施紧缩性财政政策，以防通货膨胀的出现。但如果此时 $BS^* > BS$，则说明实际上的国民收入水平 y 仍小于 y^*，因而经济仍未实现充分就业。故按照充分就业预算盈余思想，此时不应该转向实施紧缩性财政政策，否则将会使经济在未达到充分就业时就又开始新一轮的周期性衰退。为防止通货膨胀的出现，可以配合使用适度紧缩性货币政策。

12.3 货币政策

货币政策是一个国家根据既定目标，通过中央银行运用其政策工具，调节货币供给量和利率，以影响宏观经济活动水平的经济政策。通常，货币政策运用恰当将会有助于实现包括充分就业、经济增长、物价稳定及国际收支平衡等在内的宏观经济目标。但在现代经济条件下，各国中央银行的运作实践表明，货币政策的直接的或者说法定的目标应该是通过调节货币供给量和利率（还包括汇率）来稳定宏观经济运行，然后在维护宏观经济稳定（主要是指物价水平的稳定）的前提下间接地影响其他宏观经济目标的实现。因此，在现代市场经济中，行使宏观货币政策职能的主体是中央银行，为了影响货币供给量及利率，通常所使用的货币政策工具有以下几种。

1. 公开市场业务

公开市场业务是指中央银行在证券（债券）市场上通过买卖有价证券（债券）而改变货币供给量和利率的政策行为。例如，中央银行希望扩大货币发行量（放松银根），以刺激经济增长，将会在证券市场买进证券，这一行为首先将增加商业银行系统的基础货币（包括商业银行的存款和公众手中持有的现金），进而通过商业银行的存款创造机制，导致货币供给量的多倍增加；与此同时，购买证券特别是债券将使其供不应求、价格上涨，因而利率下降，由此促进投资和消费需求的扩张，带动国民收入、就业和价格水平的上升。反之，为了遏制经济过热、防止通货膨胀而采取紧缩性货币政策时，中央银行将在证券市场中卖出有价证券，不仅会导致基础货币的减少和货币供给量的多倍收缩，也会引起利率上升、需求减少，进而引起国民收入、就业和价格水平的下降。

在美国，公开市场业务由美国联邦储备系统下设的联邦公开市场委员会开展，它进行大量的债券买卖，而且主要的交易对象是期限在 3 个月到 1 年以内的短期国库券。公开市场业务是发达市场经济中最主要的货币政策工具，它是以充分发达和完善的证券市场为存在前提和基础的。

2. 再贴现率政策

在资本主义经济大萧条之前，商业银行在资金头寸不足时，通常将其贴现的商业票据拿到中央银行再次贴现。现在,商业银行则主要用政府债券作为担保向中央银行借款,其单位借款净成本实际上就是中央银行所规定的贷款利率,通常把中央银行的这种贷款利率称为再贴现率。再贴现率的变动,对市场利率体系产生重要的影响,进而会改变公众在新的货币政策条件下对经济运行未来趋势的预期,对经济的名义变量进行重新估算,进而改变其行为,在很大程度上将会改变宏观经济运行的微观基础。如果中央银行希望增加货币供给量,那么它就会降低再贴现率。这是因为,商业银行将会由于这一政策的实施而降低其向中央银行借款的成本。在商业银行向公众提供贷款的预期收益不变时,它会倾向于增加向中央银行的借款,进而增加银行的准备金这一基础货币,再经由商业银行的货币创造机制,使货币供给量得到倍数扩张,达到刺激经济的目的。反之,若中央银行希望减少货币供给量,则它就会提高再贴现率。

3. 变动法定准备率

由货币乘数的分析可知,法定准备率水平与货币乘数进而与货币供给量成反比。实际上,改变法定准备率不仅影响乘数,而且影响利率。例如,若提高法定准备率,将使原先有着超额准备金的一些商业银行在中央银行的超额准备金消失或减少,因而减少经济社会的基础货币数量,因此法定准备率对货币创造机制的影响是双重的。法定准备率的变动将会在短时期导致大幅度的货币供给量的变动及相应的利率水平的波动,容易引起宏观经济的波动,使改变法定准备率这一政策违背其稳定宏观经济的初衷,所以在发达市场经济中很少使用这一政策工具。

中央银行的其他货币政策工具还包括选择性控制和道义上的劝告。选择性控制包括为证券市场放款、消费信贷、房地产信贷管制等。

12.4 财政政策与货币政策的配合及效应

根据前面的分析可知,如果某一时期经济处于萧条状态,政府既可以采用扩张性财政政策,也可以采用扩张性货币政策,也可以将这两种政策结合起来使用。不仅如此,还因为当政府使用扩张性财政政策时,往往会产生挤出效应,两种政策的配合使用,有利于消除挤出效应,达到政府的预期目的。

12.4.1 挤出效应

政府运用扩张的财政政策,在货币供给量没有增加的情况下,会产生"挤出效应"。所谓挤出效应,是指政府支出增加所引起的私人消费或投资降低的效果。在经济中,政府支出增加会通过下列方式使私人投资出现抵消性的减少:由于政府支出增加,商品市场上购买商品和劳务的竞争会加剧,物价就会上涨,在货币名义供给量不变的情况下,实际货币供给量会因价格上涨而减少,进而使可用于投机目的的货币量减少;结果债券价格就下跌,利率上升,进而导致私人投资减少;投资少了,人们的消费将随之减少。也就是说,政府支出增加"挤占了"私人投资和消费。

在图12.3中,初始的IS曲线处于IS_0的位置上。IS_0和LM曲线相交于E_0点,均衡的国民收入是y_0,利率是r_0。当政府运用扩张性财政政策时,增加政府购买,从而使IS曲线

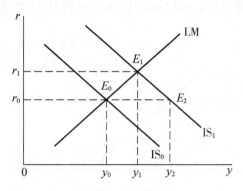

图 12.3 挤出效应

从 IS_0 向右平行移动到 IS_1 的位置上。在货币供给不变的情况下，IS_1 与 LM 曲线相交于 E_1 点，此时达到了新的均衡，均衡的国民收入是 y_1，同时也引起了利率的上升，从原来的 r_0 上升到 r_1。如果利率不上升，均衡的国民收入应该达到 E_2 点所对应 y_2。y_2 与 y_1 的差就是由于利率上升导致私人投资和消费减少对国民收入的影响，即挤出效应。

12.4.2 影响挤出效应的因素

根据 IS – LM 模型理论，影响挤出效应的因素有支出乘数、投资需求对利率的敏感程度、货币需求对产出水平的敏感程度，以及货币需求对利率的敏感程度等。其中，投资需求对利率的敏感程度、货币需求对利率的敏感程度是影响挤出效应大小的主要因素。支出乘数、货币需求对产出水平的敏感程度与挤出效应成正比；货币需求对利率的敏感程度与挤出效应成反比。在这 4 个因素中，支出乘数主要取决于边际消费倾向，而边际消费倾向一般比较稳定；货币需求对产出水平的敏感程度主要取决于支付习惯，也比较稳定。因此，影响挤出效应的决定性因素是货币需求及投资需求对利率的敏感程度。

① 支出乘数。支出乘数越大，政府支出增加所引起的产出增加越多，使利率上升，利率提高会使投资减少所引起的国民收入减少也越多，挤出效应越大。

② 货币需求对产出水平的敏感程度，即货币需求函数 $L = ky - hr$ 中 k 的大小。k 越大，政府支出增加所引起的一定量产出水平所导致的对货币的交易需求增加越大，使利率上升越多，因而挤出效应越大。

③ 货币需求对利率的敏感程度，即货币需求函数中 h 的大小。h 越小，货币需求稍有变动，就会引起利率的大幅度变动，因此，当政府支出增加引起货币需求增加所导致的利率上升就越多，因而挤出效应就越大；反之，h 越大，挤出效应越小。

④ 投资需求对利率的敏感程度，即投资函数 $i = e - dr$ 中 d 的大小。d 越大，投资对利率的敏感度越高，一定量利率水平的变动对投资水平的影响就越大，挤出效应就越大；反之，d 越小，挤出效应越小。

12.4.3 两种政策的配合使用

财政政策有挤出效应。当经济萧条时，政府采用扩张性财政政策，可能会由于挤出效应而起不到应有的作用。在这种情况下，就要用扩张性货币政策来加以配合，以便降低利率，消除挤出效应,有力地刺激经济。可以用图12.4来说明两种政策配合的情况。

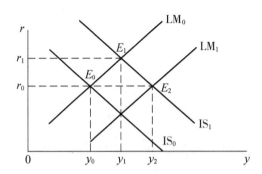

图12.4 两种政策的配合使用

在图12.4中,IS_0与LM_0相交于E_0点,决定了国民收入为y_0,利率为r_0。实行扩张性财政政策后,IS曲线从IS_0移动到IS_1,IS_1与LM_0相交于E_1点,决定了国民收入为y_1,利率为r_1。这说明实行扩张性财政政策使国民收入增加,利率上升,而利率的上升产生挤出效应,不利于收入的进一步增加。这时,再配合扩张性货币政策,即增加货币供给量使LM曲线从LM_0移动到LM_1,LM_1与IS_1相交于E_2点,决定了国民收入为y_2,利率为r_0。这说明在用扩张性货币政策与扩张性财政政策配合时,可以不使利率上升而又能使国民收入有较大的增加,从而可以有效地刺激经济。此外,在繁荣时期,也可以同时使用紧缩性财政政策与紧缩性货币政策,以便更有效地遏止通货膨胀。有时还可以把扩张性财政政策与紧缩性的货币政策配合使用,以便在刺激总需求的同时,又不至于引起严重的通货膨胀;或者把扩张性货币政策与紧缩性财政政策配合使用,以便在刺激总需求的同时,不增加财政赤字;等等。还可以把需求管理政策与供给管理政策配合使用,如在运用扩张性需求管理政策的同时,运用收入政策,把通货膨胀率控制在一定范围之内。

本 章 小 结

(1) 宏观经济政策的目标有充分就业、物价稳定、经济增长和国际收支平衡。

(2) 国家财政是由政府收入和政府支出构成的。政府收入包括税收和公债两部分;政府支出包括政府购买和政府转移支付两部分。这4部分既是财政的组成部分,也是财政政策工具。

(3) 内在稳定器是经济系统本身具有的减轻经济波动的功能。充当内在稳定器的财政制度有税收的自动变化、政府转移支付的自动变化和农产品价格维持制度。

(4) 斟酌使用的财政政策是政府有意识地对经济活动进行的干预。当经济出现衰退时,政府要通过增加支出、减少税收、降低税率,或者双管齐下以刺激总需求,实施所谓扩张性财政政策;反之,为防止经济过热和通货膨胀,政府就应实施紧缩支出和提高税率的紧缩性财政政策。总的原则是"逆经济风向行事"。

(5) 功能财政思想是凯恩斯主义者的财政思想。他们认为,政府为了实现充分就业和消除通货膨胀,需要赤字就赤字,需要盈余就盈余,而不应为实现财政收支平衡妨碍政府财政政策的正确制定和实行。

（6）货币政策工具有公开市场业务、再贴现率政策和变动法定准备率。

（7）政府运用扩张性财政政策，在货币供给量没有增加的情况下，会产生挤出效应。所谓挤出效应，是指政府支出增加所引起的私人消费或投资降低的效果。

（8）两种政策的配合使用。当经济萧条时，政府采用扩张性财政政策，可能会由于挤出效应而起不到应有的作用，在这种情况下，就要用扩张性货币政策来加以配合，以便降低利率，消除挤出效应，有力地刺激经济。

IS-LM 模型与我国宏观经济政策选择

人们通常运用 IS-LM 模型来分析宏观经济政策的效力，并以该模型所体现的经济思想作为政府宏观经济政策选择的理论依据。但我国宏观经济学的实践表明，以 IS-LM 模型为依据的扩张性宏观经济政策，尤其是扩张性货币政策并没有取得预期的效果。

分析：IS-LM 模型的形状取决于 IS 曲线和 LM 曲线的斜率。以我国投资的利率弹性对 IS 曲线斜率的影响看，由于市场经济体制在中国还没有完全确立，政府在企业投资中还起着一定的作用，企业自身还不能自觉地按市场经济原则办事，这必然导致企业投资对利率的反应没有一般市场经济国家敏感，从而导致中国的 IS 曲线比一般市场经济国家的 IS 曲线陡峭。从边际消费倾向变化对 IS 曲线的影响看，储蓄的超常增长表明，中国的边际消费倾向已经远远低于目前收入水平应具有的水平，收入与消费之间已出现了严重的失衡，这种失衡必然导致我国的 IS 曲线比在正常情况下陡峭。

那么，中国的 LM 曲线的斜率如何呢？首先，中国正处于新旧体制交替的过程中，中国居民对货币的预防性需求急剧膨胀，从而打破了收入与消费之间的稳定关系，使中国的货币交易需求的收入弹性不再稳定，导致 LM 曲线不断趋向平坦。其次，从货币投机需求的利率弹性对我国 LM 曲线斜率的影响看，在目前的中国，由于金融市场、资本市场尚不十分完善，广大居民缺乏多种投资渠道，利率的变化对人们的投机性货币需求影响并不大，投机需求的利率弹性较小，其对 LM 曲线的影响使 LM 曲线比较陡峭。

由以上分析，可以得出以下结论。

（1）在进行政策选择时，必须考虑政策的有效性和确定性。在一定的经济形势下，一些政策比另一些政策更加有效，一些政策的影响比另一些政策的影响具有更大的确定性。在我国目前的状况下，IS 曲线陡峭，LM 曲线平坦，这时，财政政策效果十分有效，货币政策效果有限。近几年，利率连续下调对消费和投资的刺激十分有限已经告诉我们，目前条件下，货币政策充分发挥作用的环境并不存在，继续下调利率很难取得预期的效果。因此，在运用扩张性经济政策以刺激需求时，应把重点放在财政政策上。

在运用扩张性财政政策时，必须注意不同措施的效果。由于悲观预期的存在，居民的预防性货币需求无限膨胀，企业对未来利润率的预期也比较悲观，试图通过增加居民（尤其是收入较高阶层居民）收入以扩大消费需求，通过降低利率以扩大投资需求的愿望在实践中具有很大的不确定性，很可能由于公众的不配合使这些政策的作用受到限制。而政府购买和直接投资的效果则是十分确定的，因此，在政策措施选择上，应加大政府开支和用于失业、养老等方面的转移支付和直接投资。基于此，我们认为政府通过举办公共工程以刺激需求的政策是明智的，而在通过增加居民收入以刺激消费上，应把重点放在增加边际消费倾向较高的低收入阶层身上。

（2）在进行政策选择时，应考虑政策的效力与市场完善程度的关系。宏观经济政策作用的发挥，取决于市场经济制度的完善程度，在制度尚不完善的条件下，货币政策的作用自然受到限制；而财政政策是通过税收和政府支出的变化直接影响经济的运行，尤其是政府支出的变化带有强烈的行政色彩，对市场制度的要求没有货币政策那么高，因此，在市场制度尚不十分完善的情况下，扩张性政策的作用应主要通过财政政策来实现。

财政政策之所以比货币政策更容易发挥作用,是由我国现阶段经济体制和财政政策本身的特点决定的。我们在强调本身带有行政色彩的财政政策的作用时,应该谨防片面夸大行政手段的作用,防止出现旧体制、旧的管理方法的复归。更不能因为一些经济手段暂时的失灵而否认其作用,为倒退寻找理论依据。

(3) 货币政策的重点应放在为其充分发挥作用创造制度环境上。目前我国 LM 曲线的形状表明,希望通过降低利率以刺激投资和消费的货币政策注定不会有多大作用。在这种情况下,人们很容易回到老路上去,即希望通过直接增加或减少货币供给量来达到一定的宏观经济目标,这种带有明显行政色彩的货币政策是我们以前常用的。如果说,在经济"软着陆"时期,行政性的货币政策曾经起过很大作用的话,那么,在经济萧条时期,行政性的扩张性货币政策很可能是一剂毒药,这样做的后果是非常严重的,极易酿成严重的金融危机。中国金融机构存在的严重问题和东南亚金融危机已经使我们清醒地认识到了这一点。目前,我国货币政策的重点不在于扩张本身(因为间接的扩张效果有限,直接的扩张可能酿成灾难性后果),而在于完善金融市场、资本市场及需要银行介入的再分配制度和消费制度,为货币政策充分发挥作用创造良好的制度环境。

在市场机制发育不完善的条件下,宏观经济政策的实行不仅要服务于宏观经济管理的目标,而且要肩负起塑造市场体系的重任,以减少政策实施的制约因素。在未来相当长的时期内,重建宏观经济运行环境比宏观经济政策实施更为重要。只有建立起完善的市场体系,才能找到渐进地实现宏观调控目标的途径。

资料来源:https://logistics.nankai.edu.cn/.

习 题

一、名词解释

经济政策　　　　　　自然失业率　　　　　财政政策　　　　　内在稳定器
斟酌使用的财政政策　　货币政策　　　　　　公开市场业务

二、单项选择

1. 宏观经济政策的目标是(　　)。
   A. 充分就业和物价稳定
   B. 物价稳定和经济增长
   C. 同时实现充分就业、物价稳定、经济增长和国际收支平衡
   D. 充分就业和公平

2. 财政政策是指(　　)。
   A. 政府管理价格的手段
   B. 周期性变动的预算
   C. 为使政府收支相抵的手段
   D. 利用税收、支出和债务管理政策来实现宏观经济目标

3. 内在稳定器的功能是(　　)。
   A. 旨在缓解周期性波动　　　　　　B. 旨在稳定收入,刺激价格变动
   C. 旨在保持经济的充分稳定　　　　D. 推迟经济的衰退

4. 属于紧缩性财政政策工具的是(　　)。
   A. 减少政府支出和减少税收　　　　B. 减少政府支出和增加税收
   C. 增加政府支出和减少税收　　　　D. 增加政府支出和增加税收

5. 经济衰退时,应采取的财政政策是(　　)。
   A. 增加政府支出　　　　　　　　　B. 提高个人所得税

C. 提高公司所得税 D. 增加货币发行量

6. 在经济过热时，政府应采取的财政政策工具是（ ）。

A. 减少政府财政支出 B. 增加财政支出

C. 扩大财政赤字 D. 减少税收

7. 通常认为，紧缩性货币政策是（ ）。

A. 提高贴现率 B. 增加货币供给量

C. 降低法定准备率 D. 中央银行买入政府债券

8. 紧缩性货币政策的运用会导致（ ）。

A. 减少货币供给量，降低利率 B. 增加货币供给量，提高利率

C. 减少货币供给量，提高利率 D. 增加货币供给量，降低利率

9. "双紧政策"使利率（ ）。

A. 提高 B. 下降

C. 不变 D. 不确定

三、计算题

1. 在法定准备率为 25%，商业银行没有超额准备金的情况下，若中央银行在公开市场抛售 300 万美元的国库券，求货币供给的变动。

2. 假定一国的充分就业收入水平为 9 800 亿美元，税收占国民收入的 27%，政府在其他投入以外还需支出 2 960 亿美元，请计算刚能保持充分就业水平的政府预算。

四、分析讨论题

1. 中央银行调控货币的主要手段及较次要的工具有哪些？
2. 尽管中央银行能决定商业银行的法定准备率，但为什么不能完全控制货币供给？
3. 从经济角度看，平衡的政府预算的后果是什么？
4. 经济中的内在稳定器有哪些？它们是如何发挥作用的？
5. 什么是功能财政思想？
6. 怎样消除挤出效应？
7. 当一国经济衰退时，应该怎样综合运用财政政策和货币政策进行治理？

【第 12 章 在线答题】

第13章

总需求-总供给模型

教学目标

通过本章的学习,读者应掌握总需求-总供给模型。

教学要求

掌握总需求-总供给模型;熟练运用该模型对经济波动做出解释。

思维导图

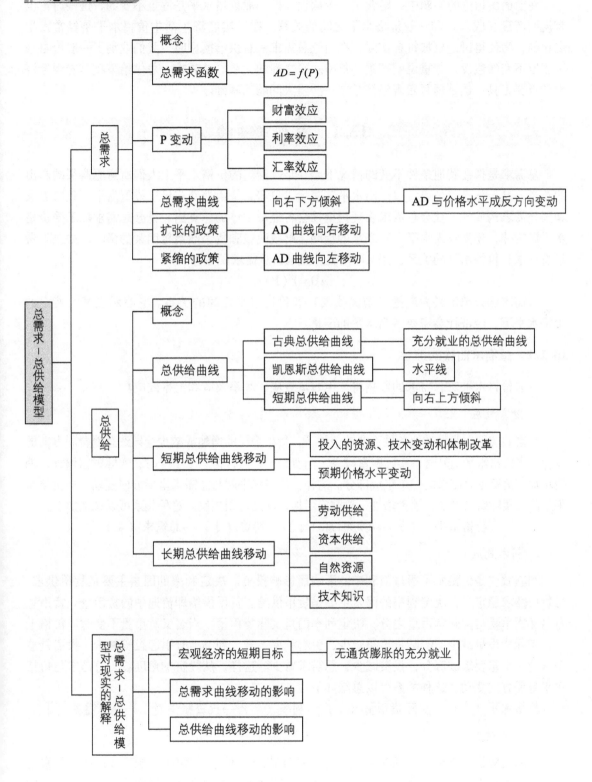

在前面所讨论的问题中，暗含了一个假设，即一般价格水平是固定不变的，这些讨论没有说明产量（收入）和一般价格水平之间的关系。在现实经济生活中价格水平是经常发生变化的，为使得讨论更加符合实际，在讨论总需求－总供给模型时，我们取消了一般价格水平固定不变的假设，着重说明产量和价格水平之间的关系。总需求－总供给模型是宏观经济学的重要工具，也是理解宏观经济学中一些重大问题的基础。

13.1　总需求曲线

总需求是指在其他条件不变的情况下，在某一给定的价格水平上人们所意愿购买的产出的总量，这一需求总量通常以产出水平来表示。总需求是由消费需求、投资需求、政府需求和国外需求构成的。社会总需求表现为全社会各经济主体的总支出。社会总需求除了受价格水平影响外，还受收入水平、对未来的预期、财政政策和货币政策等因素的影响。如果只考察总需求和价格水平的关系，用 AD 代表总需求，总需求函数为

$$AD = f(P)$$

总需求函数被定义为产量（国民收入）和价格水平之间的关系。它表示在某个特定的价格水平下，经济社会需要多高水平的产量。

13.1.1　总需求曲线的推导

一般价格水平对总需求的影响将产生财富效应、利率效应和汇率效应。

1. 财富效应

财富效应即在假设其他条件不变的条件下，货币余额的增加或减少会导致总消费同方向的变化。当价格水平上升时，实际财富减少，消费减少；当价格水平下降时，实际财富增加，消费增加。消费是总需求的一个组成部分。这样，价格水平就与总需求呈反方向变动，即价格水平下降，实际财富增加，消费增加，总需求增加；反之，则相反。这种关系可以总结如下：

价格水平（↑）→实际财富（↓）→消费（↓）→总需求（↓）

2. 利率效应

利率效应是价格水平通过对利率的影响而影响投资。决定利率的因素主要是货币供求。当货币需求稳定时，决定利率的因素主要是货币供给。货币供给即流通中的货币量。货币量有名义货币量与实际货币量之分，决定利率的是实际货币量。当名义货币量不变时，价格上升，实际货币量减少；实际货币量减少，引起利率上升，利率上升引起投资减少。投资是总需求的一个重要组成部分，投资减少，总需求减少。这样，从投资的角度看，总需求与价格水平呈反方向变动。这种关系可以总结如下 。

价格水平（↑）→实际货币量（↓）→利率（↑）→投资减少（↓）→总需求（↓）

3. 汇率效应

汇率效应是指价格水平通过影响汇率影响净出口。利率是影响一国汇率的重要因素之一。在资本自由流动的情况下，资本从低利率国家或地区流向高利率国家或地区。如果一国

利率上升，在外汇市场上对该国货币的需求会增加，从而汇率上升。汇率上升使净出口减少。净出口是总需求的一部分，净出口减少，总需求减少。这种关系可以总结如下。

价格水平（↑）→利率（↑）→汇率（↑）→净出口（↓）→总需求（↓）

下面就来具体说明，如何根据 IS – LM 模型推导出社会总需求曲线。

在以价格水平为纵坐标，产出水平为横坐标的平面坐标系中，总需求函数的几何表示称为总需求曲线。总需求曲线可以从 IS – LM 模型中推导出来，如图 13.1 所示。

图 13.1（a）为 IS – LM 图，图 13.1（b）表示价格水平和需求总量之间的关系，即总需求曲线。当价格水平为 P_0 时，此时的 LM 曲线 LM (P_0) 与 IS 曲线相交于 E_0 点，E_0 点所决定的国民收入是 y_0，利率是 r_0；在货币供给不变的情况下，价格水平从 P_0 下降到 P_1，使 LM 曲线移动到 LM (P_1)，LM (P_1) 与 IS 曲线相交于 E_1 点，此时均衡的国民收入是 y_1，均衡的利率水平是 r_1。在图 13.1（b）中，横轴表示收入 y，纵轴表示价格水平 P，将图 13.1（a）中的 P_0 和 y_0 标在图 13.1（b）中便得到 D_0 点；将图 13.1（a）中的 P_1 和 y_1 标在图 13.1（b）中得到了 D_1 点。按照同样的程序，伴随着每一次价格水平的上升或下降，都会有一条新的 LM 曲线，每一条新的 LM 曲线都会与 IS 曲线有一个交

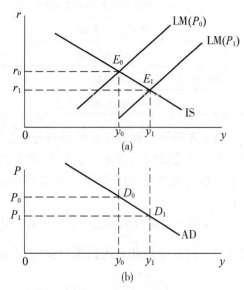

图 13.1　总需求曲线的推导

点，每一个交点都表示一个特定的 y 和 r。于是就有许多 P 与 r 的组合，从而构成了图 13.1（b）中的一系列点。把这些点连在一起所得到的曲线就是总需求曲线 AD。需要进一步说明的是，价格水平的变化，对 IS 曲线的位置没有影响，这是因为决定 IS 曲线的变量被假定是实际量，而不是随着价格水平变化而变动的名义量。

从总需求曲线的推导中可以看到，总需求曲线表示社会的需求总量和价格水平之间的反比关系，即总需求曲线是向右下方倾斜的。向右下方倾斜的总需求曲线表示，价格水平越高，需求总量越小；价格水平越低，需求总量越大。

13.1.2　总需求曲线的移动

总需求曲线表明了价格水平与总需求量的关系。当价格水平不变时，仍有许多影响总需求曲线的因素，这些因素总结如表 13 – 1 所示。

表 13 – 1　引起总需求变动的因素

引起总需求增加的因素	引起总需求减少的因素
利率下降	利率上升
预期的通货膨胀率上升	预期的通货膨胀率下降
汇率下降	汇率上升

续表

引起总需求增加的因素	引起总需求减少的因素
预期未来的利润增加	预期未来的利润减少
货币量增加	货币量减少
总资产增加	总资产减少
政府对物品和劳务的需求增加	政府对物品和劳务的需求减少
转移支付增加	转移支付减少
国外收入增加	国外收入减少
人口增加	人口减少
人们未来收入预期增加	人们未来收入预期减少

以上各种因素对总需求的影响会使总需求曲线的位置移动。引起总需求增加的因素会导致总需求曲线向右移动，引起总需求减少的因素会导致总需求曲线向左移动。以上只是就一般而言的总需求曲线位置的移动。我们知道，财政政策的变动会改变 IS 曲线的位置。

下面分析财政政策和货币政策是如何影响总需求曲线位置移动的。

13.1.3 财政政策和货币政策对总需求曲线的影响

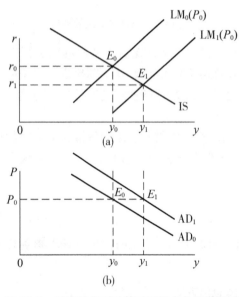

图 13.2 扩张的货币政策对总需求曲线的影响

财政政策和货币政策变化对总需求曲线的影响，其一般结论为，无论是扩张的财政政策还是扩张的货币政策，都会使总需求曲线向右移动。在此仅仅对扩张的货币政策的效果加以说明，如图 13.2 所示。

在图 13.2（a）中，中 IS 曲线和 LM 曲线对应于一定的货币数量和价格水平 P_0，均衡点为 E_0，此时收入为 y_0，利率为 r_0。在图 13.2（b）中，y_0 与 P_0 的连线的交点为 E_0，有总需求曲线 AD_0；现在中央银行增加货币供给，在价格水平保持不变的情况下，LM 曲线从 $LM_0(P_0)$ 移动到 $LM_1(P_0)$，并与 IS 曲线相交于 E_1 点，此时的利率水平下降为 r_1，收入增加到 y_1。在图 13.2（b）中 y_1 与 P_0 连线的交点为 E_1，总需求曲线从 AD_0 向右移动到 AD_1。

13.2 总供给曲线

为了推导出社会总供给曲线，有必要了解社会总供给的概念。总供给是指一个国家或地区在一定时期内（通常为1年）由社会生产活动实际可以提供给市场的可供最终使用的产品或劳务总量。总供给实际上是全社会利用各种资源生产所提供的产品和劳务的总和。社会总供给除受价格水平的影响外，还受劳动、资本和技术水平的影响。

总供给函数是指总产量与一般价格水平之间的关系。在以价格水平为纵坐标，总产量为横坐标的坐标系中，总供给函数的几何表示即总供给曲线。

在微观经济学中，根据生产要素能否来得及改变，将经济分为短期和长期；在宏观经济学中，除了厂房、设备等不变要素以外，还引入了人口、技术水平等要素，所以研究对象的差别使短期和长期的区分原则更为复杂，长期的时间更长，往往涉及数年，甚至是数十年的时间，而短期内总供给曲线涉及的因素主要是货币工资和价格水平调整所需要的时间的长短。按照货币工资（W）和价格水平（P）进行调整所需时间的长短，宏观经济学将总产出与价格水平之间的关系分为3种，即古典总供给曲线、凯恩斯总供给曲线和常规的总供给曲线。

13.2.1　两种极端的总供给曲线

1. 古典总供给曲线

按照古典学派的说法，在长期中，价格和货币工资具有伸缩性，因此，社会的就业水平就会处在充分就业的水平上，产量水平也将位于潜在的产量或充分就业的产量水平上，不受价格变动的影响。因此，古典学派认为，总供给曲线是一条经济的潜在产量水平或充分就业产量水平上的垂直线。如图13.3所示。

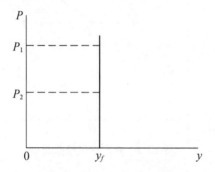

图13.3　古典总供给曲线

在长期中，即使不采用W和P能够迅速或立即调整的假设，货币工资和价格水平也被认为有充分时间来进行调整，使得实际工资（$\frac{W}{P}$）处于充分就业的水平，所以总供给曲线也是一条垂直线。由此得出结论，古典总供给曲线也是长期总供给曲线。

2. 凯恩斯总供给曲线

约翰·梅纳德·凯恩斯的著作《就业、利息和货币通论》出版于1936年。当时，整个西方社会都处于经济大萧条时期，存在大量的失业人员。该书提出了货币工资具有"刚性的假设"。也就是说，由于种种原因，货币工资不会轻易变动。处在这种"刚性"的条件下，当产量增加时，价格和货币工资均不会发生变化。因此，凯恩斯总供给曲线被认为是一条水平线，如图13.4所示。

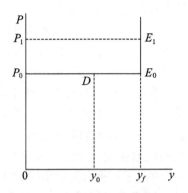

图 13.4　凯恩斯总供给曲线

13.2.2　短期总供给曲线

前面分析的古典总供给曲线和凯恩斯总供给曲线分别代表总供给曲线的两种极端状态。前者来自货币工资和价格水平能够迅速而及时调整的假设；后者则来自货币工资和价格水平完全不能进行调整的假设。西方学者认为，在通常情况下，经济的短期总供给曲线位于两个极端之间，如图 13.5 所示。

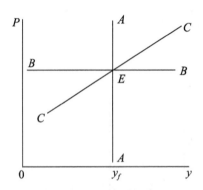

图 13.5　短期总供给曲线

向右上方延伸的 CC 线表示，价格水平越高，经济社会中的企业提供的总产出就越多。从微观经济学的角度看，在短期，工资和其他资源的价格相对固定或不太容易变化时，随着企业产品价格的提高，企业增加产量，通常能够盈利。因此，更高的价格水平将导致更高的总产量。这意味着，在短期中总供给曲线是向右上方延伸的。

13.2.3　短期总供给曲线的移动

不考虑价格水平时，短期总供给曲线的移动有以下两种情况。

① 长期总供给曲线移动引起短期总供给曲线向左或向右移动。也就是说，当投入的资源增加、技术进步、体制改革，改进了生产函数，提高了资源利用效率，使长期潜在生产能力上升，导致长期总供给曲线向右移动时，短期总供给曲线也会随之向右移动；反之，当遇到自然灾害或其他不利冲击，长期总供给曲线向左移动时，短期总供给曲线也会随之向左移动。例如，20 世纪 70 年代石油危机或 2000 年国际石油价格大幅度上涨，或者农产品产区发生严重

干旱等灾害天气，这些外部因素变动的冲击会使企业单位产出的生产成本上升，使得在价格水平不变的情况下，企业愿意供给的产品和劳务减少，从而使总供给曲线向左移动。

② 预期的价格水平变动。如果人们预期的未来物价水平高，则短期总供给曲线向左上方移动，总供给减少；如果人们预期的未来物价水平低，则短期总供给曲线向右下方移动，总供给增加。预期是影响工资水平的重要因素之一，预期变动会引起工资水平变动和短期总供给曲线移动，同样，其他引起工资水平变动的或其他成本变动因素也会使短期总供给曲线移动，影响总供给。

13.2.4 长期总供给曲线的移动

长期总供给也就是充分就业的总供给，即充分就业产量或潜在产量。经济中任何能够改变充分就业产量的因素，都会使长期总供给曲线移动。充分就业产量的变动取决于劳动供给的变动、资本供给的变动、自然资源与技术进步的变动。

1. *劳动供给引起的移动*

如果一个国家从国外来的移民增加了，使物品与劳务的供给增加，就会引起长期总供给曲线向右移动；反之，如果一个国家的许多人流向国外，长期总供给曲线将向左移动。

因为长期供给曲线的位置还取决于自然失业率。自然失业率的任何一种变动都会使长期总供给曲线移动。例如，如果国家大幅度提高最低工资，自然失业率就会上升，从而一国生产的物品和劳务量就会减少，导致长期总供给曲线向左移动；相反，如果保险失业制度改革鼓励失业工人更努力地寻找新工作，自然失业率就会下降，长期总供给曲线将向右移动。

2. *资本供给引起的移动*

一国经济中资本存量的增加提高了生产率，从而增加了物品与劳务的供给量，导致长期总供给曲线向右移动；相反，长期总供给曲线向左移动。

3. *自然资源引起的移动*

一国的生产取决于自然资源，包括土地、矿藏和气候。例如，突然发现的大油田（或者与邻国达成资源获得合同）会使长期总供给曲线向右移动；气候异常使农业受灾，会使长期总供给曲线向左移动。

许多国家，重要的自然资源是从国外进口的，这些资源可获得性的变动也会使总供给曲线移动。

4. *技术知识引起的移动*

技术进步是产量增长的引擎。例如，计算机的发明和普及可以使人们在资源供给量不变的情况下产出更多的物品和劳务，结果使长期总供给曲线向右移动。

因此，我们可以根据这些因素确定长期总供给曲线的位置。随着潜在 GDP 的变动，长期总供给曲线也会移动。在正常情况下，长期总供给曲线随经济增长而向右平行移动，如果发生自然灾害或战争，经济的生产能力被破坏，长期总供给曲线会向左平行移动。

13.3 总需求-总供给模型对现实的解释

在得到总需求和总供给曲线之后,将两者结合到一个平面坐标系中,即构成了总需求-总供给模型。总需求-总供给模型是进行宏观经济分析的重要工具,有了它就可以对短期经济波动进行解释。

13.3.1 宏观经济的短期目标

在短期内,宏观经济力图达到的目标是充分就业和物价稳定,即不存在非自愿失业,同时价格既不上升也不下降,如图 13.6 所示。

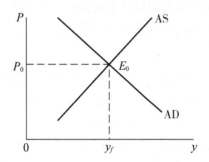

图 13.6 宏观经济的短期目标

总需求曲线和总供给曲线的交点表示经济实现短期均衡。当经济达到短期均衡时,产量为充分就业的产量 y_f,价格水平为 P_0。当然这种短期均衡的实现是非常偶然的,经济中的很多因素都会引起总需求和总供给曲线的移动,从而背离均衡点 E_0,使经济处于非均衡状态。

13.3.2 总需求曲线移动的影响

假定某一时期,国外爆发战争或股票市场崩溃等原因,人们对未来经济失去信心,从而改变他们的计划,削减家庭开支,暂时取消重大购买行为,悲观情绪突然袭击经济,使社会总需求减少,引起了总需求曲线向左移动,如图 13.7 所示。

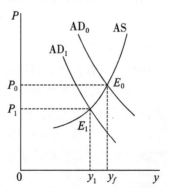

图 13.7 总需求曲线移动的影响

从图 13.7 可以看到总需求减少对经济的影响。在某一时期，AD_0 与 AS 曲线相交于 E_0 点，E_0 点的产量是充分就业的产量 y_f，价格水平是 P_0。假定由于投资和消费的减少，AD_0 向左移动到 AD_1，这样 AD_1 与 AS 曲线相交于 E_1 点，在 E_1 点产量从 y_f 下降到 y_1，而价格水平从 P_0 下降到 P_1。产量和价格均低于充分就业数值，这表明经济处于衰退状态。

13.3.3 总供给曲线移动的影响

在某一时期中，如果总供给受到意外冲击，如世界石油价格上升，恶劣的气候使农业受灾，农产品产量大幅度减少引起价格上升，下游产品的成本增加、产量减少，都会对宏观经济产生很大的影响，如图 13.8 所示。

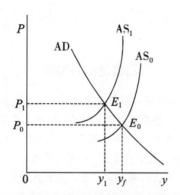

图 13.8　总供给曲线移动的影响

从图 13.8 中可见，AS_0 与 AD 曲线相交于 E_0 点，此时的产量为充分就业的产量 y_f，价格水平为 P_0。在短期中，生产成本的提高使企业的产量减少，社会总供给减少，引起总供给曲线从 AS_0 向左移动到 AS_1，AS_1 与 AD 曲线相交于 E_1 点，此时产量水平从充分就业的产量 y_f 减少到 y_1，价格水平从 P_0 上升到 P_1，经济处于滞涨状态，即停滞（产量下降）与通货膨胀（价格上涨）并存。进一步说，AS 曲线由 AS_0 向左移动偏离的程度越大，失业和通货膨胀会越严重。

从上面的分析可以看到，总供给受到意外冲击，会引起滞涨，即产量减少，失业增加，价格水平上升。

本 章 小 结

（1）总需求是指全社会在一定时间内，对产品和劳务的需求总量，这一需求总量通常以产出水平来表示。总需求是由消费需求、投资需求、政府需求和国外需求构成的。

（2）一般价格水平对总需求的影响将产生财富效应、利率效应和汇率效应。财富效应是指价格水平的变动通过对实际财富的影响进而影响实际消费；利率效应是价格水平通过对利率的影响进而影响投资；汇率效应是指价格水平通过影响汇率进而影响净出口。

（3）扩张的财政政策和扩张的货币政策都会使总需求曲线向右平移。

（4）短期总供给曲线是反映短期总产量与一般价格水平之间关系的一条曲线。在短期内，总供给与价格水平呈同方向变动，总供给曲线是一条向右上方倾斜的线。

（5）短期总供给曲线说明价格水平与总供给之间同方向变动的关系。价格上升，总供给增加；价格下降，总供给减少。

（6）长期总供给曲线是一条表示总供给与价格水平之间不存在任何关系的与横轴垂直的线。长期总供给与价格水平无关。

（7）在短期内，宏观经济力图达到的目标是经济达到充分就业和价格稳定，即不存在非自愿失业，同时价格既不上升也不下降。

（8）在经济中，任何能够改变充分就业产量的因素都会使长期总供给曲线移动。充分就业产量的变动取决于劳动供给的变动、资本供给的变动、自然资源与技术进步的变动。

（9）在某一时期中，如果总供给受到意外冲击，会对宏观经济产生很大的影响。

石油危机的影响

20世纪70年代中期，有大量石油储藏的国家作为欧佩克成员走到了一起。欧佩克是一个企图阻止竞争并减少生产以提高价格的卖者集团。结果石油价格的确大幅度上升了。

在几年后几乎完全相同的事又发生了。在20世纪70年代末期，欧佩克国家再一次限制石油的供给以提高价格。从1978—1981年，石油价格翻了一倍多，结果又是滞胀。第一次欧佩克事件之后通货膨胀已有一点平息，但现在每年的通货膨胀率又上升到10%以上。由于美联储不愿意抵消这种通货膨胀的大幅度上升，经济很快衰退。失业率从1978年和1979年的6%左右在几年后上升到10%左右。

分析：自从1970年以来，美国最大的经济波动源于中东的产油地区。原油是生产许多物品与劳务的关键投入，而且世界大部分石油都来自几个中东国家。当某个事件（通常是源于政治）减少了来自这个地区的原油供给时，世界石油价格就会上升。美国生产汽油、轮胎和许多其他产品的企业会有成本增加。结果是总供给曲线向左移动，这又引起滞胀。

世界石油市场也可以是总供给有利移动的来源。1986年，欧佩克成员之间爆发了争执，成员国违背限制石油生产的协议。在世界原油市场上，价格下降了一半左右。石油价格的这种下降减少了美国企业的成本，这又使总供给曲线向右移动。结果，美国经济经历了滞胀的反面，产量迅速增长，失业减少，而通货膨胀率也达到了多年来的最低水平。

习 题

一、名词解释

总需求　　　总供给　　　利率效应

二、单项选择

1. 在非充分就业条件下，扩大总需求会使（　　）。
A. 国民收入增加　　　　　　　　　B. 总供给曲线向左移动
C. 利率下降　　　　　　　　　　　D. 物价水平下降

2. 下列选项中，（　　）不属于总需求。
A. 政府支出　　　B. 税收　　　C. 净出口　　　D. 投资

3. 除（　　）以外，总需求曲线较陡峭。
A. 私人部门支出对利率更敏感　　　　B. 私人部门支出对利率不敏感

C. 支出乘数较小　　　　　　　　　　D. 货币需求对利率更敏感

4. 较高的实际利率导致很多事情的发生。以下（　　）不是由较高的实际利率导致的？
   A. 投资利润下降　　　　　　　　　　B. 商业投资减少
   C. 消费者贷款减少　　　　　　　　　D. 政府投资减少

5. 下列哪一项能导致总需求曲线向左移动？（　　）
   A. 实际利率的增加　　　　　　　　　B. 政府支出的增加
   C. 投资支出的增加　　　　　　　　　D. 价格水平的上升

三、计算题

假设一两部门的经济由下述关系式描述：消费函数为 $C=100+0.8y$，投资函数为 $I=150-6r$，货币需求函数为 $L=0.2y-4r$，设 P 为价格水平，货币供给为 $M=150$。试求：

（1）总需求函数。

（2）若 $P=1$，均衡的收入和利率各为多少？

（3）若该经济的总供给函数为 $AS=800+150P$，求均衡的收入和价格水平。

四、分析讨论题

1. 总需求曲线为何向右下方倾斜？
2. 用总需求–总供给模型说明宏观经济中的萧条和滞胀的状态。

【第13章　在线答题】

第14章

失业与通货膨胀理论

教学目标

通过本章的学习,读者能够了解失业和通货膨胀的含义和种类,掌握失业和通货膨胀的原因、通货膨胀的效应,以及失业与通货膨胀之间的关系,并能够利用失业和通货膨胀理论分析现实问题,做到理论和实践的很好结合。

教学要求

了解失业和通货膨胀的含义;掌握失业和通货膨胀形成的原因;掌握失业与通货膨胀的关系。

思维导图

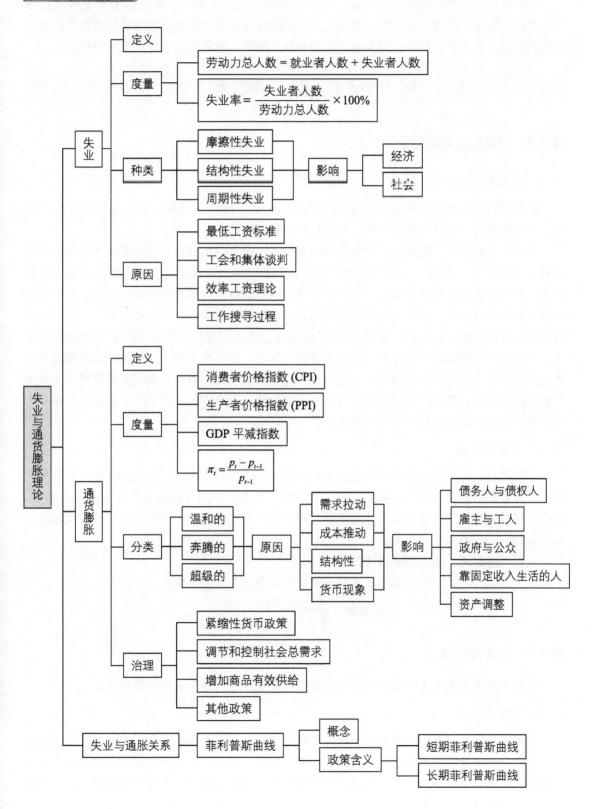

失业是一个比较复杂的经济现象。失业无论是对个人、家庭，还是国家都是很大的损失。因此，深入地研究失业问题，找到失业的原因并寻求应对措施就显得格外重要了。本章先从失业的定义入手，然后探讨失业的类型和形成原因，进而提出失业的应对措施。

14.1 失业概述

14.1.1 失业的定义和度量

1. 失业的定义

联合国国际劳动局给失业者下了一个经典的定义：所谓失业者，是指在一定年龄范围内，有工作能力，而且正在找工作，但仍没有找到工作的人。

对于失业的理解，需要注意的是，失业者要在一定年龄范围内。世界各国劳动年龄人口的标准一般在 16~65 岁，在这个年龄范围内，有劳动能力并愿意工作的人得不到适当的就业机会就是失业者。没有劳动能力的人即使在劳动年龄范围内也不存在失业问题。有劳动能力的人虽然没有职业，但自身也不想就业的人，也不能称为失业。对失业的界定，在不同的国家往往有所不同。在美国，年满 16 周岁而没有正式工作或正在寻找工作的人都称为失业者。以下几种情况也算作失业者：新加入劳动力队伍，第一次寻找工作的人，或重新加入劳动力队伍正在寻找工作已达四周以上的人；为寻找其他工作而离职，在找工作期间作为失业者登记注册的人；被暂时辞退等待重返工作岗位连续 7 天未领到工资的人；被企业解雇且无法回到工作岗位的人，即非自愿离职者。

2. 失业的度量

一般而言，人们用失业率来衡量失业状况。失业率是指失业人数占劳动力总人数的比例。就业者是指正在从事有报酬工作的人。如果一个人既不属于就业者，也不属于失业者，如全日制学生、家务劳动者或退休人员等，则属于非劳动力人口。而劳动力总人数就是指就业者人数与失业者人数的总和。

根据上述定义，能够形成以下的关系。

$$劳动力总人数 = 就业者人数 + 失业者人数$$

$$失业率 = \frac{失业者人数}{劳动力总人数} \times 100\%$$

14.1.2 失业的分类

经济学家将失业大体分为 3 种类型：摩擦性失业、结构性失业和周期性失业。

1. 摩擦性失业

摩擦性失业是指人们由于在各地区、各种工作岗位之间不停地变动，或者正在跨越生命周期的某一个阶段等原因而造成的短期、局部性失业。例如，学生毕业后需要寻找工作、母亲在生育孩子后重新寻找工作等都属于摩擦性失业。摩擦性失业源于劳动力的供给方。它被认为是在任何时候都存在的。但对于某些个人和家庭来说，它是过渡性的，并不会产生很严重的经济问题。

2. 结构性失业

结构性失业是由于劳动力的供给和需求不匹配而造成的失业。这种失业经常发生在对一种劳动的需求上升，而对另一种劳动的需求下降，而劳动的供给又未能及时做出调整的时候。结构性失业的特点是既有失业，又有职位空缺，失业者或者没有合适的技能，或者居住地点不当，因此不能填补现有的职位空缺。当前，在我国大学生就业市场中就存在着结构性失业。一方面大学生毕业后感觉找工作很难，另一方面，企业又觉得招工难。究其原因就是学校的教育在一定程度上落后于市场经济的发展，使得大学生在学校所学到的知识技能不能满足市场经济的需要，形成了劳动力市场上的供求不匹配，从而形成结构性失业。

3. 周期性失业

周期性失业是在经济处于萧条时，总支出和总产出下降，因而对劳动整体需求下降而造成的失业。这种失业是随着经济周期的变动而普遍产生的，具有明显的周期波动性。当经济中的总需求的减少降低了总产出时，就会引起整个经济体系较为普遍的失业。

区分周期性失业、摩擦性失业和结构性失业可以帮助我们了解劳动力市场的情况。有时摩擦性失业和结构性失业甚至可以在劳动市场总体均衡时出现，但是周期性失业却往往发生在经济衰退时期，此时就业率的下降是总供求不平衡的结果。

另外，在宏观经济学中还有一种关于失业的分类：自愿性失业和非自愿性失业。自愿性失业是指工人不愿意接受现行工资水平而形成的失业；非自愿性失业是指工人愿意接受现行工资水平但仍然找不到工作而形成的失业。

由于人口结构的变化、技术的进步、人们的消费偏好改变等因素，社会上总会存在着摩擦性失业、结构性失业和自愿性失业。就长期而言，经济循环带来的失业情形常会消弭无踪，社会上只留下自然失业现象。自然失业率就是指经济社会在正常情况下的失业率，它是劳动市场处于供求稳定状态时的失业率。这里的稳定状态是指，既不会造成通货膨胀也不会导致通货紧缩的状态。

当经济中不存在周期性失业时，所有失业都是摩擦性失业、结构性失业和自愿性失业时，便可认为经济达到了充分就业。充分就业是指消除了非自愿性失业或周期性失业以后的社会就业状况。因而也可以说，充分就业时的失业率就是自然失业率。充分就业既意味着一个国家劳动力资源的充分利用，也意味着一个国家所有经济资源的充分利用。当实际失业率等于自然失业率时，一国经济处于长期均衡状态，所有的经济资源都得到了充分利用，即实现了充分就业均衡。

14.2 失业的原因分析及其影响

在上一节中，主要了解了失业的定义、失业的度量及失业的主要类型，那么为什么会存在失业？失业对经济、社会有什么影响呢？

14.2.1 失业的原因分析

造成失业的原因很多,大体上有最低工资标准、工会和集体谈判、效率工资理论和工作搜寻过程等。

1. 最低工资标准

国家颁布的最低工资是造成失业的原因之一。在微观经济学中,我们已经学过了价格管制。最低工资标准就属于价格管制中的价格下限。最低工资标准是国家为了保护劳动者的基本利益,要求雇主支付给劳动者的最低的劳动力价格。最低工资标准一般都高于劳动力市场的均衡工资水平。当最低工资迫使工资高于均衡工资水平时,它就增加了劳动供给量而减少了劳动需求量,存在劳动过剩。由于愿意工作的人多于工作岗位,有一些人就会失业。具体如图14.1所示。

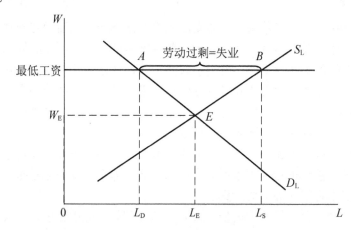

图14.1　工资高于均衡水平引起的失业

在图14.1中,纵坐标W代表工资水平,横坐标L代表劳动数量。S_L表示劳动的供给曲线,D_L表示劳动的需求曲线。S_L和D_L相交于E点,此时,均衡工资为W_E,均衡的劳动数量为L_E。最低工资水平高于均衡工资水平W_E,它与劳动需求曲线交于A点,此时,对劳动的需求为L_D。最低工资水平与劳动供给曲线交于B点,此时,对劳动供给为L_S。劳动供给大于劳动需求,多出来的部分即A点与B点的距离表示劳动过剩的部分,也就是失业人数。

虽然最低工资标准是造成失业的一个原因,但是一定要注意,最低工资标准不是造成失业的主要原因。在经济中大多数人的工资都会高于最低工资标准。最低工资标准主要是限制劳动者中最不熟练的人和经验最少的人。

2. 工会和集体谈判

工会是一个就工资与工作条件与雇主进行谈判的工人组织。而集体谈判则是工会和企业就就业条件达成协议的过程。当工会与企业谈判时,提出的工资、津贴和工作条件会比没有工会保护的企业高。如果工会和企业没有达成协议,工会可能会组织工人罢工。由于罢工将会减少生产、销售和利润,所以,面临罢工威胁的企业可能会同意支付比没有工会时更高的工资。但是,当工会把工资提高到均衡工资水平之上时,就会增加劳动供给量,并减少劳动需求量,从而导致失业。

在某些情况下很多人把工会看成是不同工人群体之间产生冲突的原因。因为当工会提高工资导致失业时，对于那些仍然就业的工人来说状况变好了，但是对于那些以前有工作而在工资较高时失业的工人来说状况变坏了。

3. 效率工资理论

造成经济中存在失业的原因还有效率工资理论。效率工资是企业为了提高工人生产效率而支付的高于均衡水平的工资。效率工资理论认为，如果工资高于均衡水平，企业经营效率会更高。因此，即使在存在超额劳动供给时，企业保持较高工资也是有利可图的。

效率工资引起的失业与最低工资标准与工会保护所引起的失业大体相似，都是由于工资高于均衡工资水平。但不同的是，最低工资标准和工会是阻止企业在工人过剩时降低工资。而在很多情况下，这种对企业的限制是不必要的，因此企业使工资保持在均衡水平时，其状况可能更好。

4. 工作搜寻过程

工作搜寻过程也是造成失业的一个原因。工作搜寻过程是在求取偏向与技能既定时，工人寻找适当工作的过程。在现实中，求职者与合适的招聘岗位之间需要时间匹配，导致工人在找到合适工作之前处于失业状态。

工作搜寻过程导致的失业与前3种情况不同。前3种情况的失业是由于工资高于均衡水平导致劳动供给量大于需求量造成的。而工作搜寻过程的失业是由于工人在等待工作岗位的出现时形成的。

14.2.2 失业的影响

高失业率不仅是经济问题，也是社会问题。说它是经济问题，是因为它意味着浪费了有价值的资源。说它是社会问题，是因为它是造成失业人员收入减少的原因。而且高失业率时期，经济上的贫困也会影响人们的情绪和家庭生活。

1. 经济影响

失业造成了经济上有价值的资源的浪费，实际上是在抛弃那些本可以由失业率工人生产的商品和劳务。因此，失业造成的实际损失和机会成本都很大。表14-1列举了美国高失业率时期的经济代价。

表14-1 美国高失业率时期的经济代价

	平均失业率/%	产出损失	
		GDP损失 （10亿美元，1999年价格）	占该时期GDP的百分比/%
经济大萧条时期 （1930—1939年）	18.2	2 420	27.6
石油危机和通货膨胀时期 （1975—1984年）	7.7	1 480	3.0
新经济时期 （1985—1999年）	5.7	240	0.3

高失业率时期的经济损失是现在经济中有据可查的最大损失，比微观经济中由于垄断而引起的效率损失或关税和配额所引起的效率损失都要大许多倍。表 14-1 表明美国高失业率对经济造成的损失。同时也表明，在商业周期中，失业通常会伴随着产出的变动而变动。美国经济学家阿瑟·奥肯首先发现了产出变动与失业变动之间在数量上存在着显著的相关关系。这就是著名的奥肯定律。

奥肯定律的内容是，当失业率高于自然失业率 1 个百分点时，实际 GDP 将低于潜在 GDP 2 个百分点。也可以说，相对于潜在 GDP，实际 GDP 每下降 2 个百分点，实际失业率都会比自然失业率上升 1 个百分点。

西方经济学家认为，奥肯定律揭示了产品市场和劳动市场之间极为重要的联系，它描述了实际 GDP 的短期变动与失业率变动之间的联系。

从奥肯定律中我们得出一个重要结论，实际 GDP 必须保持与潜在 GDP 同样快的增长，以防止失业率上升。如果政府希望失业率下降，那么，该经济社会的实际 GDP 的增长必须快于潜在 GDP 的增长速度。

2. 社会影响

失业的经济损失虽然很大，但是长时间持续的非自愿失业给人们所造成的精神损失，是无法用金钱来衡量的。失业会给人们带来许多不幸。例如，2007 年 12 月美国经济开始进入衰退时，失业人口为 750 万人，失业率为 5.0%；2008 年金融危机发生以后，美国的失业率持续恶化，2009 年 10 月份升至 10.2%，大量人口失业使得美国经济不断下滑，更使得著名的汽车城底特律于 2013 年 7 月 18 日宣布破产保护。心理学研究表明，解雇造成的创伤不亚于亲友的逝世或者学业上的失败，而且家庭之外的人际关系也会受到严重影响。

14.3 通货膨胀概述

14.3.1 通货膨胀的定义和度量

1. 通货膨胀的定义

西方经济学家将通货膨胀定义为：一个经济中大多数商品和劳务的价格在一段时间内持续地、显著地上涨。

大体上，经济学家是以对整体经济活动的影响程度，来界定是不是出现了通货膨胀。从这个定义中可以知道，要称为通货膨胀，还得符合另一些条件。

首先，单一商品涨价不是通货膨胀。如果只是某一种或某一类商品价格上涨，而其他商品的价格没有发生变化，这并不是通货膨胀。因为它只对某一些人有影响，对整体经济活动影响不大。

其次，如果很多商品的价格都上涨了，但却是在一次调升后，就停下来，这也不算是通货膨胀。因为经济学家认为这种"涨一次即停"的现象，对经济活动的冲击不大。

最后，如果涨幅不大也不能称为通货膨胀。在现代经济社会，物价水准也常有上涨的特性，多数情况下，物价只升不降，这是"物价的刚性"。因此，如果幅度不大，也不能称为通货膨胀。但是，如果许多商品的价格在某一段时间内，以相当大的幅度持续性地上涨，则会对整个经济社会造成困扰,这就是所谓的通货膨胀了。

对于通货膨胀的理解,除了以上几个方面外,还需要注意以下两个方面。

① 价格总水平持续上升期间,个别物价有可能是下降的。

② 判断是否出现了通货膨胀,一定程度上取决于人们对通货膨胀水平的承受能力。发达国家一般在通货膨胀率为3%~5%时就难以承受,而发展中国家则能承受更高的通货膨胀水平。

2. 通货膨胀的度量

既然通货膨胀表现为总体价格水平持续地、显著地上涨。怎么度量这个总体价格水平呢?经济学家一般用价格指数来度量。宏观经济学衡量价格总水平的指数主要有消费者价格指数、生产者价格指数和 GDP 平减指数。

消费者价格指数(Consumer Price Index,CPI)是反映与居民生活有关的产品及劳务价格统计出来的物价变动指标,通常是观察通货膨胀水平的重要指标。它告诉人们的是,对于普通家庭的支出来说,购买具有代表性的一组商品,在今天要比过去某一时间多花费多少。

对于消费者价格指数,一般来说是有选择地选取一组与人们生活息息相关的商品和劳务,然后比较它们按照当期价格购买的支出和按照基期价格购买的支出。用公式表示如下。

$$\text{CPI} = \frac{\text{一组固定商品按照当期价格计算的价值}}{\text{一组固定商品按照基期价格计算的价值}} \times 100\% \tag{14.1}$$

例如,1995 年某国普通家庭每个月购买一组商品的费用为 800 元,而 2000 年购买这一组商品的费用为 1 000 元,那么该国以 1995 年作为基期的 2000 年的消费价格指数为

$$\text{CPI} = \frac{1\ 000}{800} \times 100\% = 125\%$$

生产者价格指数(Producer Price Index,PPI)是衡量生产原料和中间投入品等价格平均水平的价格指数。它主要用来衡量生产者在生产过程中所需采购品的物价状况,因而这项指数包括了原料、中间投入品和最终产品 3 个生产阶段的物价信息。这就使得 PPI 成为表示一般价格水平变化的一个信号。

PPI 是衡量工业企业产品出厂价格变动趋势和变动程度的指标,是反映某一时期生产领域价格变动情况的重要经济指标,也是制定相关经济政策和国民经济核算的重要依据。

GDP 平减指数是指没有扣除物价变动的 GDP 增长率与剔除物价变动的 GDP 增长率之差。它的计算基础比 CPI 广泛得多,涉及全部商品和劳务,除消费外,还包括生产资料和资本、进出口商品和劳务等。因此,这一指数能够更加准确地反映一般物价水平走向。

经济学家比较关注 GDP 平减指数,是因为与投资相关的价格水平在这一指标中具有更高的权重。例如,我国 2004 年 GDP 平减指数上涨 6.9%,高出 CPI 涨幅 3 个百分点,说明投资价格的涨幅远远高于消费价格的涨幅。

我们可以用上述的价格指数来衡量总体物价水平,但通货膨胀的程度一般是用通货膨胀率来衡量的。通货膨胀率是指从一个时期到另一个时期价格水平变动的百分比,用公式表示为

$$\pi_t = \frac{p_t - p_{t-1}}{p_{t-1}} \tag{14.2}$$

式中,π_t 为 t 时期的通货膨胀率;p_t 和 p_{t-1} 分别是 t 时期和 $t-1$ 时期的价格水平。

如果用上面介绍的消费者物价指数来衡量价格水平，则通货膨胀率就是不同时期的消费者价格指数变动的百分比。

14.3.2 通货膨胀的分类

按价格总水平上涨的幅度，可以把通货膨胀分为温和的通货膨胀、奔腾的通货膨胀和超级通货膨胀。

① 温和的通货膨胀是一般物价水平年均上涨率在10%以内的通货膨胀。一些持有较为乐观态度的经济学家认为，温和的通货膨胀在一定程度上可以激励经济主体的积极性，有利于经济活动的扩张，从而有利于促进就业。但另一些经济学家认为，缓慢的物价水平上涨在短时期内可能会促进经济扩张，但若不加控制任其发展，最终可能导致物价水平大幅度上涨。

② 奔腾的通货膨胀是指年通货膨胀率在10%~100%。在发生这类通货膨胀期间，货币流通速度提高而货币购买力下降，但其剧烈程度还不足以导致货币体系和经济生活的崩溃。这种通货膨胀对一国经济活动和居民的生活水平都有极大的不利影响。

③ 超级通货膨胀是指通货膨胀率在100%以上，对经济社会产生破坏作用的通货膨胀。在这种通货膨胀下，货币流通异常迅速，货币购买力急剧下降，物价水平上涨率以加速度增长。这种通货膨胀使人们对本国货币完全失去信任，不仅严重地破坏正常的经济生活，扰乱正常的生产和流通，而且还会造成社会的动荡不安，导致国家货币信用制度及经济生活的崩溃。

14.4 通货膨胀的原因

有关通货膨胀的原因，不同的学派有不同的解释，大体上可以分成3类：第一类是从供给和需求的角度，利用总供给和总需求模型来解释；第二类则是从经济结构因素变动的角度说明通货膨胀的原因；第三类是通过货币数量论来解释。

14.4.1 需求拉动型通货膨胀

需求拉动型通货膨胀是指总需求超过总供给所引起的物价水平持续上涨。其形成的原因就是总需求超过了总供给，出现了通货膨胀缺口，在市场上具体表现为"过多的货币追逐过少的货物"。

总需求是影响通货膨胀的主要因素之一。在前几章中已经介绍了，消费、投资、政府支出和净出口都能影响总需求，并推动 GDP 增长，甚至可以超过潜在的 GDP。无论是什么因素推动，只要总需求的增长速度超过经济潜在生产能力，就会发生需求拉动通货膨胀，使物价上涨以平衡总供给和总需求。也就是说，由于需求方的货币竞相追逐有限的商品供给，从而将价格提拉起来，同时，由于失业率下降，劳动力变得稀缺，工资会被提高，通货膨胀会加速到来。

需求拉动型通货膨胀如图 14.2 所示。从初始均衡状态 E_1 点开始分析，假定某项支出的扩大将总需求 AD 曲线向右上方移动到 AD_2 曲线，该经济的均衡点就从 E_1 点移至 E_2 点。在更高的需求水平上，价格从 P_1 点上升到 P_2 点。以后，继续增加总需求，就会遇到生产过程中所谓的瓶颈现象，即由于劳动、原材料、生产设备等的不足而使成本增加，从而引起价格水平的上升，于是，需求拉动型通货膨胀便会发生。

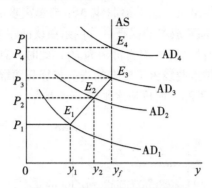

图 14.2　需求拉动型通货膨胀

西方经济学家认为，无论总需求的过度增长是来自消费需求、投资需求，还是来自政府需求、国外需求，都会导致需求拉动型通货膨胀。需求方面的原因或冲击主要包括财政政策、货币政策、消费习惯的突然改变，国际市场的需求变动等。

14.4.2　成本推动型通货膨胀

西方经济学家除了从需求方面来研究通货膨胀外，还从供给方面说明总体价格水平的上升。成本推动型通货膨胀侧重从成本的角度来解释物价水平的持续上升，是指在社会商品和劳务需求不变的情况下，由于生产成本的提高而引起物价总水平持续上升的现象。

成本推动型通货膨胀可以分为两类：一类是由于工资的提高造成的工资推动型通货膨胀；另一类是由于利润提高造成的利润推动型通货膨胀。

1. 工资推动型通货膨胀

工资推动型通货膨胀是不完全竞争劳动市场造成的过高工资所导致的一般价格水平的上升。在不完全竞争的劳动市场上，由于工会组织的存在，工资是由工会和雇主集体商议的结果。同时，由于工资的增长率超过劳动生产率的增长，工资的提高就会导致成本的增加，从而导致总体价格水平的上升，这就是所谓的工资推动型通货膨胀。

工资推动型通货膨胀一般表现为工资－价格的螺旋式上升。具体机制表现为：当物价上涨时，工会就会要求雇主提高工资，迫于工会以罢工相威胁的要求，雇主必然会提高工资，同时，为了不影响自己的利润，雇主会相应地提高商品的价格，由于工资的增长率超过劳动生产率的增长，商品价格的提高必然会导致工人生活成本的提高，工人就又要求提高工资，雇主迫于工会的压力还会提高工资，但同时还会提高商品的价格，从而导致随着工资的提高，总体价格水平也上升的工资－价格螺旋式上升。西方经济学家把这种由于工资提高引起价格上涨，价格上涨又导致工资提高的螺旋式上升称为工资－价格螺旋。

2. 利润推动型通货膨胀

利润推动型通货膨胀是由于垄断企业和寡头企业利用市场势力谋取过高的利润而导致的一般价格水平的上升。不完全竞争的产品市场是利润推动型通货膨胀的前提。在不完全竞争下，垄断企业和寡头企业能够操纵价格，使价格上涨的速度超过成本增加的速度，获取垄断利润，推动物价上涨。

在需求曲线不变的情况下，成本推动型通货膨胀如图 14.3 所示。其中，总需求曲线 AD 保持不变，变动只发生在总供给上。总供给曲线 AS_1 与总需求曲线 AD 相交于 E_1 点，均衡产量为 y_1，均衡价格为 P_1，随着成本的提高，总供给曲线向左上方平移到 AS_2，与 AD 曲线相交于 E_2 点，此时的均衡产量为 y_2，均衡价格为 P_2，此时，总产量比以前降低了，而价格水平却比以前提高了。当总供给曲线由于成本的进一步提高而继续向左移动并与 AD 曲线相交于 E_3 点时，总产量进一步下降，而价格水平进一步上升。

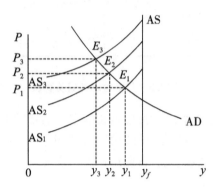

图 14.3　成本推动型通货膨胀

14.4.3　结构性通货膨胀

在没有需求拉动和成本推动的时候，由于经济结构因素的变动，有时也会导致总体价格水平的持续上升，这种价格水平的持续上升称为结构性通货膨胀。

造成结构性通货膨胀的主要原因是经济结构本身所具有的特点。其形成的原理为：在一国经济中存在开放部门（先进部门/工业部门）和非开放部门（保守部门/服务部门），开放部门与世界市场紧密联系。在整体经济中，开放部门和非开放部门有不同的劳动生产率增长率，但却有相同的货币工资增长率。因此，当劳动生产率增长率较高的开放部门货币工资增长时，就给劳动生产率增长率较低的非开放部门形成了一种增加工资成本的压力，因为尽管这些部门的劳动生产率增长率较低，但各部门的货币工资增长率却是一致的，这样就会导致非开放部门也提高工资，向开放部门看齐，从而导致总体价格水平的上升。

通常，结构性通货膨胀发生在以下情况：一个国家中，一些经济部门的劳动生产率，比另一些经济部门的劳动生产率提高的快；一个国家中，与世界市场联系紧密的开放经济部门的劳动生产率，比与世界市场没有直接联系的封闭经济部门的劳动生产率提高的快；一个国家中，各部门的产品供求关系不同，也会造成通货膨胀的发生。

14.4.4　货币现象的通货膨胀

货币主义者认为，通货膨胀归根结底是一种货币现象，归因于货币供给高于经济规模增长量。他们的理论出发点是现金交易方程式①。

$$MV = Py \tag{14.3}$$

---

① 现金交易方程式是美国著名经济学家欧文·费雪在其著作《货币的购买力》一书中首先提出来的。

式中，M 为货币供给量；V 为货币流通速度，表示在一定时期内平均每一元钱用于购买最终商品与劳务的次数；P 为价格水平；y 为实际收入水平。

式（14.3）的左边表示经济中的总支出，右边表示名义收入水平。由于对商品与劳务支出的货币额要与商品和劳务的总销售价值相等，所以式（14.3）左右两边是相等的。将式（14.3）两边取自然对数，并对时间求微分，加以整理可以得到以下等式。

$$\pi = \hat{m} - \hat{y} + \hat{v} \tag{14.4}$$

式中，π 为通货膨胀率；$\hat{m}$ 为货币增长率；$\hat{y}$ 为产量增长率；$\hat{v}$ 为货币流通速度变化率。

根据式（14.4），通货膨胀来源于3个方面的变化，即货币流通速度的变化、货币增长和产量的增长。假定在一定时期内，货币流通速度不变，那么通货膨胀的产生则主要是货币供给增加导致货币供给率高于产量增长率，即经济规模变化的结果。因此，货币主义者认为，货币供给的增加是通货膨胀的基本原因。

14.5 通货膨胀的影响和治理

通货膨胀必将对社会经济生活产生影响。如果社会的通货膨胀率是稳定的，人们可以完全预期，那么通货膨胀率对社会经济生活的影响很小。因为在这种可预期的通货膨胀下，各种名义变量（如名义工资、名义利息率等）都可以根据通货膨胀率进行调整，从而使实际变量（如实际工资、实际利息率等）不变。这时通货膨胀对社会经济生活的唯一影响是将减少人们所持有的现金量。但是，在通货膨胀率不能完全预期的情况下，通货膨胀将会影响社会收入分配及经济活动。因为这时人们无法准确地根据通货膨胀率来调整各种名义变量，以及他们应采取的经济行为。本节将从再分配效应方面探讨通货膨胀的影响。

14.5.1 通货膨胀的影响

通货膨胀的发生对有些人有利，对有些人有害，从而产生了再分配效应。

1. 在债务人与债权人之间，通货膨胀将有利于债务人而不利于债权人

在通常情况下，借贷的债务契约都是根据签约时的通货膨胀率来确定名义利息率，所以当发生了未预期的通货膨胀之后，债务契约无法更改，从而就使实际利息率下降，债务人受益，而债权人受损。其结果是对贷款，特别是长期贷款带来不利的影响，使债权人不愿意发放贷款。贷款的减少会影响投资，最后使投资减少。要注意，通货膨胀不利于储蓄者。因为储蓄者和银行也是债权人与债务人的关系。

2. 在雇主与工人之间，通货膨胀将有利于雇主而不利于工人

这是因为，在不可预期的通货膨胀下，工资增长率不能迅速地根据通货膨胀率来调整，即使在名义工资不变或略有增长的情况下，使实际工资下降。实际工资下降会使利润增加。利润的增加有利于刺激投资，这正是一些经济学家主张以温和的通货膨胀来刺激经济发展的理由。

3. 在政府与公众之间，通货膨胀将有利于政府而不利于公众

由于在不可预期的通货膨胀下，名义工资总会有所增加（尽管并不一定能保持原有的实际

工资水平），随着名义工资的提高，达到纳税起征点的人增加了，更多人进入了更高的纳税档次，这样就使得政府的税收增加。但公众纳税数额增加，实际收入却减少了。政府由这种通货膨胀中所得到的税收称为"通货膨胀税"。一些经济学家认为，这实际上是政府对公众的掠夺。这种通货膨胀税的存在，既不利于储蓄的增加，也会影响私人与企业投资的积极性。

4. 通货膨胀有利于靠变动收入维持生活的人，而不利于靠固定收入维持生活的人

对于固定收入阶层，其收入是固定的货币额，一般都落后于物价水平的上涨，他们的实际收入会随着通货膨胀而减少，也就是说他们每获得的一元货币购买力水平都是随着价格的上涨而下降的，但是其货币收入并没有改变，所以他们的生活水平必然会相应地下降。而靠变动收入维持生活的人，他们的货币收入会在价格水平上涨和生活费用增加之前变化。这样就避免了由于货币收入固定而导致的购买力水平下降的弊端。

5. 通货膨胀会导致资产调整

家庭的财富包括实物资产和金融资产。在通胀环境下，资产的货币值随通胀率而变动，导致各种资产的收益率变动。例如，随着价格水平的上涨，存款的实际价值或购买力就会降低。那些把钱存在银行的人将会遭受损失。同时，像保险金、养老金及其他固定价值的证券财产等，也会不同程度地受到影响。随着利率变动的有价证券可能会获得很多收益。由于各经济主体持有资产的目的是获得最大的利润或效用，所以他们就会根据"边际收益率恒等"的原则安排各种资产的持有比例，即无论资产的收益率如何，各经济主体都必须随时将其资产结构依据市场状况加以调整，直至所有资产的边际收益率相等时，资产结构就会达到最佳，处于均衡状态。

14.5.2 通货膨胀的治理

由于通货膨胀对于经济的正常发展有相当不利的影响，所以许多国家都十分重视通货膨胀的治理。

1. 实行紧缩性货币政策，控制货币供应量

由于通货膨胀作为纸币流通条件下的一种货币现象，最直接的原因就是流通中的货币量过多，所以各国在治理通货膨胀时所采取的一个重要对策就是实行紧缩性货币政策，控制货币供应量，使之与货币需求量相适应，以减轻货币贬值和通货膨胀的压力。

紧缩的货币政策又称抽紧银根。中央银行可以通过在公开市场上出售政府债券；或者提高再贴现率，以影响商业银行借款成本，进而影响市场利率；也可以提高商业银行的法定准备率，以缩小货币扩张乘数等措施，达到紧缩银根的目的。

2. 调节和控制社会总需求

对于需求拉动型通货膨胀，调节和控制社会总需求是个关键。这主要通过实施正确的财政和货币政策及收入政策来实现。

在财政政策方面，就是通过紧缩财政支出、增加税收、谋求预算平衡、减少财政赤字来实现。在货币政策方面，主要是紧缩信贷和控制货币投放及减少货币供应量。财政政策和货币政策相配合综合治理通货膨胀，其重要途径就是通过控制固定资产投资规模和控制消费基金过快增长，来实现控制社会总需求的目的。

在收入政策上，一般可以采取3种措施。一是确定工资-物价指导线，所谓工资-物价指导线，即政府当局在一定年份内允许货币总收入增长的目标数值线，并据此相应地采取控制每个部门工资增长率的措施。二是管制或冻结工资，即强行将职工工资总额或增长率固定在一定水平上的措施。三是运用税收手段，即通过对过多增长工资的企业按工资超额增长比率征收特别税等办法来抑制收入增长速度。

3. 增加商品有效供给，调整经济结构

治理通货膨胀的另一个重要对策就是增加有效商品供给，主要的手段有降低成本，减少消耗，提高经济效益，提高投入产出的比例；同时，调整产业和产品结构，支持短缺商品的生产。

4. 其他政策

治理通货膨胀的其他政策还包括限制垄断高价、减税、指数化等。

众所周知，在通货膨胀形成过程中，有时候垄断高价常起到推波助澜的作用，因此，通过制定反托拉斯法限制垄断高价，是不少发达国家价格政策的基本内容。

还有些国家采取减税政策。这一政策是供给学派提出的"供给政策"，主要是通过降低边际税率以刺激投资与产出。

在一些发展中国家，经常使用指数化方案控制通货膨胀。所谓的指数化方案，其通常的含义是收入指数化，即按物价变动情况自动调整收入的一种分配方案。指数化的范围包括工资、政府债券和其他货币性收入。实施的办法是使各种收入按物价指数滑动或根据物价指数对各种收入进行调整。实行指数化方案的好处有：借以剥夺政府从通货膨胀中所获得的收益，杜绝其制造通货膨胀的动机；借以抵消或缓解物价波动对个人收入水平的影响，克服通货膨胀造成的分配不公；稳定通货膨胀环境下的微观主体行为，避免出现抢购商品、储物保值等使通货膨胀加剧的行为。但是指数化方案也存在弊端：全面实行收入指数化会提出很高的技术性要求，任何政府都难以实施包罗万象的指数化政策；收入指数化会造成工资-物价的螺旋上升，进一步加剧通货膨胀。

14.6 失业与通货膨胀的关系——菲利普斯曲线

失业与通货膨胀是宏观经济运行中的两个重要问题。它们之间存在什么关系呢？如果政策制定者的目标是实现低通货膨胀和低失业，会发现这两个目标往往是相互冲突的。因为采用扩张性财政、货币政策扩大总需求，会导致总需求曲线向右上方移动，结果是产出增加了，但是价格水平也上升了。较高的产出会导致企业需要更多的生产工人，从而导致较低失业，而较高的价格水平则意味着较高的通货膨胀。相反，当采取措施，紧缩总需求时，导致总需求曲线向左下方移动，结果物价降低了，但是产出也减少了。而产出的减少将意味着失业也增加了。因此，有必要探讨一下失业和通货膨胀之间的关系，而用菲利普斯曲线能很好地说明两者之间的关系。

14.6.1 菲利普斯曲线的提出

菲利普斯曲线是英国经济学家威廉·菲利普斯研究了1861—1957年的英国失业率和货

币工资增长率的统计资料后，于1958年在《1861—1957年英国失业和货币工资变动率之间的关系》一文中最先提出的。它是一条用以表示失业率和货币工资增长率之间替换关系的曲线。该曲线表明，当失业率较低时，货币工资增长率较高，而当失业率较高时，货币工资增长率较低。

继威廉·菲利普斯之后，经济学家对此进行了大量的理论解释，尤其是以保罗·萨缪尔森为代表的新古典综合派将原来表示失业率与货币工资增长率之间交替关系的菲利普斯曲线，改造为用来表示失业率与通货膨胀率之间交替关系的曲线。

保罗·萨缪尔森认为，货币工资增长率、劳动生产增长率和通货膨胀率之间的关系是：

$$通货膨胀率 = 货币工资增长率 - 劳动生产增长率$$

根据这个关系，在一定时期，当劳动生产增长率为零时，通货膨胀率就等于货币工资增长率。因此，经过改造后的菲利普斯曲线就表示失业率与通货膨胀之间的替代关系：即失业率高，则通货膨胀率低；失业率低，则通货膨胀率高。菲利普斯曲线如图14.4所示。

在图14.4中，横轴代表失业率u，纵轴代表通货膨胀率π，向右下方倾斜的曲线PC即菲利普斯曲线。

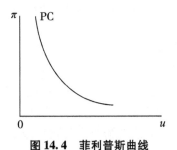

图14.4　菲利普斯曲线

14.6.2　菲利普斯曲线的政策含义

经过修改的菲利普斯曲线对分析短期的失业和通货膨胀的相互变动是十分有用的。政策制定者可以选择不同的失业率和通货膨胀率的组合。政策制定者如果能够容忍高的通货膨胀率，则可以获得低的失业率；还可以通过高失业率来维持低通货膨胀率。在短期内，失业与通货膨胀之间存在一种替代关系。

具体而言，政策制定者可以根据经济发展情况，事先确定一个失业率和通货膨胀率的最优组合区间。政策制定者的任务就是利用菲利普斯曲线的关系对现实经济情况进行调节，以使得现实经济情况中的实际失业率和通货膨胀率组合在预先确定的最优组合区间内，如图14.5所示。

在图14.5中，假定当失业率和通货膨胀率在4%以内，是一个比较理想的安全区间——由通货膨胀率和失业率均为4%的组合点A点以内形成的正方形。当经济的实际失业率和通货膨胀率组合落在这个区间内，政策制定者则不用采取任何措施。

如果该经济体的失业率高于4%，如达到5%，根据菲利普斯曲线，政策制定者可以采用扩张性货币政策或财政政策，以提高通货膨胀率为代价换取失业率的降低。从图14.5中可以看出，当失业率降到4%以下，通货膨胀率仍然处于比较安全的范围内。

但是如果通货膨胀率高于4%，如5%，这时根据菲利普斯曲线，政策制定者应该采取

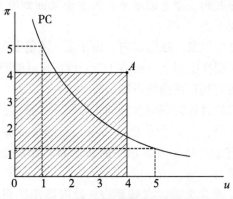

图 14.5 菲利普斯曲线与政策运用

紧缩性货币政策或财政政策，以提高失业率为代价换取通货膨胀率的降低。由图 14.5 中可以看出，当通货膨胀率降到 4% 以下，失业率仍然处于比较安全的范围内。

14.6.3 长期菲利普斯曲线

上述讨论的菲利普斯曲线存在失业与通货膨胀的替代关系只适合于短期分析。也就是说，仅仅在短期菲利普斯曲线表明失业与通货膨胀具有相互替代关系是成立的。长期菲利普斯曲线是一条垂直于以自然失业率为横轴的垂线。在长期，不存在失业与通货膨胀的替代关系。长期菲利普斯曲线如图 14.6 所示。

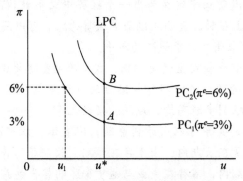

图 14.6 长期菲利普斯曲线

在图 14.6 中，假定某经济处于自然失业率为 u^*，通货膨胀率为 3% 的 A 点处。如果这时政府采取扩张性政策，使失业率降到 u_1。由于扩张性政策的实施，总需求增加，导致价格水平上升，使通货膨胀率上升到 6%。因为在 A 点处，工人预期的通货膨胀率为 3%，而实际的通货膨胀率为 6%，高于预期的通货膨胀率，使实际工资下降，从而会增加生产，增加就业，失业率减少为 u_1。于是就会发生图中短期菲利普斯曲线 PC_1（$\pi^e = 3\%$）所表示的情况，失业率由 u^* 下降为 u_1，而通货膨胀率则从 3% 上升到 6%。

但是这种情况只能是短期的。经过一段时间，工人们会发现价格水平的上升和实际工资的下降，这时他们便要求提高货币工资。与此同时，工人们会相应地调整其预期通货膨胀率，即从原来的 3% 调整到现在的 6%。伴随着这种调整，实际工资回到了原来的水平。相应地,企业生产和就业也都回到了原有的水平,失业率又回到原来的 u^*。但此时经济已处于具有较高通货膨胀率预期 B 点（6%）。

上述过程重复下去,可以想象,在短期内,由于工人不能及时改变预期,存在失业和通货膨胀之间的替代关系,表现在图形上,便有 PC_1、PC_2 等短期菲利普斯曲线。随着工人预期通货膨胀率的上升,短期菲利普斯曲线不断上升。

从长期来看,工人预期的通货膨胀与实际通货膨胀是一致的,因此,企业不会增加生产和就业,失业率也就不会下降,从而便形成了一条与自然失业率重合的长期菲利普斯曲线 LPC。由图 14.6 可知,垂直于自然失业率水平的长期菲利普斯曲线表明,在长期中不存在失业与通货膨胀的替换关系。

长期菲利普斯曲线的政策含义是,在长期内,政府运用扩张性政策不但不能降低失业率,还会导致通货膨胀率不断上升。

本 章 小 结

（1）所谓失业者,是指在一定年龄范围内,有工作能力、想工作,而且正在找工作,但现在仍没有工作的人。

（2）失业可以分为摩擦性失业、周期性失业和结构性失业。

（3）最低工资法、工会和集体谈判、效率工资理论和工作搜寻过程等是造成失业的原因。

（4）西方经济学家将通货膨胀定义为当一个经济中大多数商品和劳务的价格连续在一段时间内持续地、显著地上涨时,说明正经历着通货膨胀。可以用消费者价格指数、生产者价格指数和 GDP 平减指数来衡量通货膨胀的水平。

（5）通货膨胀主要有需求拉动型通货膨胀、成本推动型通货膨胀、结构性通货膨胀等。

（6）对于通货膨胀的治理,可以实行紧缩性的货币政策、调节和控制社会总需求、增加商品的有效供给,以及限制垄断高价、减税、指数化等。

（7）失业与通货膨胀的关系可以用菲利普斯曲线表示。短期菲利普斯曲线存在失业与通货膨胀的替代关系。但是在长期内,由于存在预期,长期菲利普斯曲线是一条垂直于自然失业率水平的垂线,在长期内,不存在失业与通货膨胀的替代关系。因此,在长期内,政府运用扩张性政策只会导致通货膨胀率不断上升,不会降低失业率。

案例分析

为什么会存在大量失业？

失业问题已经成为各国政府非常头痛的问题。欧洲和日本在 20 世纪 90 年代的绝大多数年份里,徘徊在经济不景气和大量失业并存的阴影中。我国的失业问题也比较严重。截至 2004 年,我国农村大约有 4.9 亿左右的劳动力,全国 19 亿亩的耕地充其量需要 1.9 亿劳动力,加上农村乡镇企业吸纳的 1.3 亿左右劳动力,约有 1.7 亿农村劳动力事实上处于失业状态或潜在失业状态,农村失业率高达约 34.7%。中国经济处于失业性增长的不正常状态,也是中国社会潜伏的重要危险。根据联合国国际劳工局发布的年度报告,2004 年全球失业总人数为 1.847 亿人。其中,中国城市登记失业人口占 17%。如果加上农村失业人口,中国失业人数将达到 2 亿,超过其他国家登记的失业人数总和。党的二十大报告中"增进民生福祉,提高人民生活品质"部分关于实施就业优先战略的内容,为我们指明了实现充分就业的方向。应当明确当前我国这样一个发展中国家,仍然存在大量工作需要去完成,那为什么还会有这么多人失业呢?这是一个值得深入思考的问题。

分析:(1)我国也存在摩擦性失业。摩擦性失业是指劳动力在正常流动过程中所产生的失业。在一个动态经济中,各行业、各部门和各地区之间劳动需求的变动是经常发生的。即使在充分就业状态下,由于人们从学校毕业或搬到新城市而要找工作,总会有一些人的周转。摩擦性失业量的大小取决于劳动力流动性的大小和找工作所需要的时间。由于在动态经济中,劳动力的流动是正常的,所以摩擦性失业的存在也是正常的。

(2)结构性失业。结构性失业是在对劳动力的供求不一致时产生的。供求之所以会不一致,是因为对某种劳动的需求增加,而对另一种劳动的需求减少,与此同时,供给没有迅速做出调整。因此,当某些部门相对于其他部门出现增长时,经常会看到各种职业或地区之间供求不平衡。在这种情况下,往往"失业与空位"并存,即一方面存在有活没人干,而另一方面又存在有人没活干。这是由劳动力市场的结构特点造成的。

(3)临时性或季节性失业。临时性或季节性失业是由于某些行业生产的时间性或季节性变动所引起的失业。在农业、旅游业、建筑业中,这种失业最多。这些行业生产的时间性或季节性是客观条件或自然条件决定的,很难改变。因此,这种失业也是正常的。

习　题

一、名词解释

失业率　　　　　　　　自然失业率　　　　　　通货膨胀
需求拉动型通货膨胀　　成本推动型通货膨胀

二、单项选择

1. 从一种工作过渡到另一种工作的失业被称为(　　　)。
   A. 摩擦性失业　　B. 自愿性失业　　C. 结构性失业　　D. 周期性失业
2. 自然失业率总是正的,因为总是存在(　　　)。
   A. 摩擦性失业和周期性失业
   B. 周期性失业和结构性失业
   C. 结构性失业和丧失勇气的工人
   D. 结构性失业和摩擦性失业
3. 工资的压力导致通货膨胀上升或下降根源于(　　　)。
   A. 摩擦性失业　　B. 周期性失业　　C. 结构性失业　　D. 自然失业

三、计算题

1. 设某经济实体某一时期有 1.9 亿劳动力,其中 1.2 亿人有工作,0.1 亿人在寻找工作,0.45 亿人没工作但也没在找工作。试求:
   (1)劳动力人数。
   (2)劳动力参与率。
   (3)失业率。

2. 若某一经济的价格水平 1984 年为 107.9,1985 年为 111.5,1986 年为 114.5。请问 1985 年和 1986 年通货膨胀率各是多少?若人们对 1987 年的通货膨胀率预期是按前两年通货膨胀率的算术平均得出的,假设 1987 年的利率为 6%,问该年的实际利率为多少?

四、分析讨论题

1. 摩擦性失业和结构性失业相比,哪个失业问题更严重?
2. 如何解释当前大学生就业难和企业招工难的问题?这种原因导致的失业是什么失业?
3. 如何理解通货膨胀的定义?凡是价格上涨都是通货膨胀吗?
4. 严重的通货膨胀为什么会伴随着"抢购风"呢?很多家庭在通货膨胀期间都成了小型超市,如何理解这一现象?
5. 如何理解通货膨胀的再分配效应?

【第14章 在线答题】

第15章

经济增长理论和经济周期理论

教学目标

通过本章的学习,读者能够对经济增长理论和经济周期理论有初步了解,特别要关注新古典综合派对经济增长现象和经济周期现象的解释,这对于理解现代西方经济理论和经济周期理论具有现实意义。

教学要求

掌握经济增长的定义、影响因素分析及新古典经济增长模型;了解经济周期的特征和解释经济周期的各种理论;掌握约瑟夫·汉森和保罗·萨缪尔森的乘数-加速数模型。

思维导图

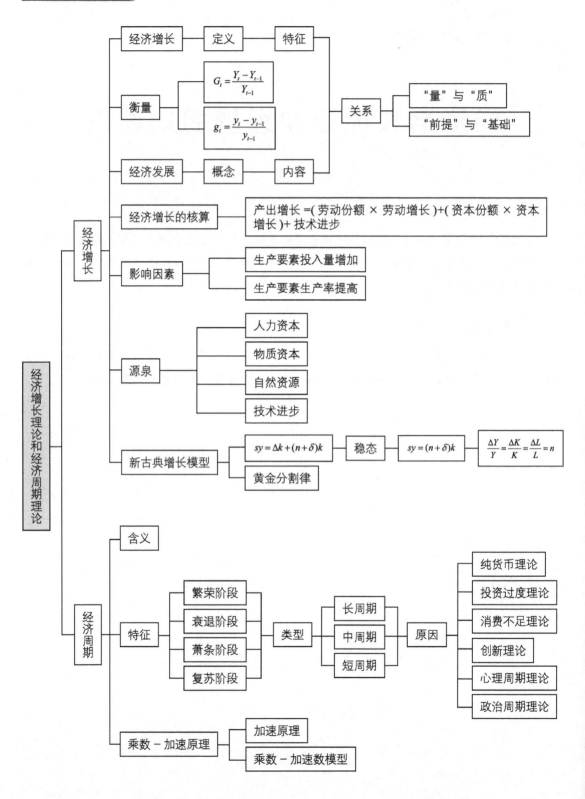

15.1 经济增长因素分析

15.1.1 经济增长与经济发展

经济增长是宏观经济中既古老又新颖的主题之一。1776年亚当·斯密的《国富论》就是最早的经济增长理论。现代经济增长理论是在凯恩斯主义出现之后形成的，它研究国民收入的长期增长趋势，是国民收入决定理论的长期化和动态化。如果把人均国民收入作为衡量一个国家经济成就的尺度，那么经济增长理论的任务就是要回答一定时期的人均国民收入水平是由哪些因素决定的？这些因素与人均国民收入水平之间的数量关系是什么？并在此基础上进一步回答当决定一定时期人均国民收入水平的诸因素随着时间的推移而发生变化的时候，人均国民收入水平将发生何种相应的变化。

1. 经济增长的定义

经济增长是一种长期经济现象，是指一国潜在的国民产出或经济生产能力的持续增加。美国经济学家西蒙·史密斯·库兹涅茨给经济增长下的定义是："一个国家的经济增长，可以定义为给居民提供日益繁多的经济产品能力的长期上升，这种不断增长的能力是建立在先进技术以及所需要的制度和思想意识之相应的调整基础上的。"他认为，这个定义有3个组成部分：一是提供产品能力的长期上升，因而不断提高国民生活水平，是经济增长的结果，也是经济增长的标志；二是先进技术是经济增长的基础或者说是必要条件；三是制度与意识的调整是技术得以发挥作用的充分条件。

2. 经济增长的特征

从这个定义出发，西蒙·史密斯·库兹涅茨总结了经济增长的6个基本特征。

① 按人口计算的产量的高增长率和人口的高增长率。这一特征在经济增长过程中是十分明显的，可以通过统计资料得到证明。

② 生产率的高速增长。生产率的提高正是技术进步的标志与结果，它使得一定量的投入获得了越来越多的产出。这一特征也可以用统计资料加以证明。

③ 经济结构的迅速变革。其主要包括产业结构的变化、就业结构的变化、消费结构的变化等。

④ 社会结构和意识形态的迅速变化。例如，文化教育、宗教信仰、城市化等，这种变化是整个现代化过程的组成部分。

⑤ 经济增长是世界性的。这是因为发达国家凭借其技术力量，尤其是运输和通信，通过和平或战争的形式向世界其他地方伸展，使世界都卷入增长的范围之内，成为一个统一体。

⑥ 全世界的增长是不平衡的。发展中国家的经济水平远远落后于现代技术的潜力可能达到的最低水平。在国际范围内，贫富差距不断拉大。

在这6个特征中，前两个数量特征属于总和的比率，中间两个属于结构的转变，后两个属于国际间扩散。它们是密切相关的，标志着一个特定的经济时代。

3. 经济增长的衡量

经济增长的程度通常用增长率来衡量。

总产量增长率的公式为

$$G_t = \frac{Y_t - Y_{t-1}}{Y_{t-1}} \tag{15.1}$$

人均产量增长率的公式为

$$g_t = \frac{y_t - y_{t-1}}{y_{t-1}} \tag{15.2}$$

式中，Y_t 表示 t 时期的总产量；Y_{t-1} 表示（$t-1$）时期的总产量；y_t 表示 t 时期的人均产量，y_{t-1} 表示（$t-1$）时期的人均产量。

4. 经济发展

经济发展就是在经济增长的基础上，一个国家或地区经济结构和社会结构持续高级化的创新过程或变化过程。具体来说就是，一个国家或地区按人口平均的实际福利增长过程。它不仅是一种财富和经济机体量的增加和扩张，而且还意味着其质的方面的变化，即经济结构、社会结构的创新，社会生活质量和投入产出效益的提高。其核心内容包括生存、自尊和自由。

经济发展具体包含以下内容。

① 投入结构变化。如果以要素投入内容来划分经济增长方式，分别有资本密集型、劳动密集型和技术密集型三大类。为保证经济的可持续增长，经济增长应该从资本密集型和劳动密集型向技术密集型转变。

② 产出结构的变化。一国经济发展重点或产业结构重心由第一产业向第二产业和第三产业逐次转移。

③ 生活水平的变化。随着经济的不断增长，人均国内生产总值的增加，人民生活水平的普遍提高，可以消费更多的产品和服务。

④ 卫生健康状况的变化。医疗卫生条件的改善和卫生常识的普及，不仅会降低新生儿的死亡率，还可以延长人均寿命。从世界各国的经济发展水平并结合 2000—2011 年世界卫生组织公布的统计数据来看，发达国家人均寿命高于发展中国家。

⑤ 文化教育状况。教育对于劳动力素质的形成至关重要，衡量教育水平的主要指标包括适龄儿童入学率、辍学率和大学生比例。人们接受教育后技术水平的提高，改善了劳动力素质，形成有较高素质的人力资本。需要注意的是，文化教育不仅仅是在校教育，还应考虑在职教育的时间和知识老化率等指标。

⑥ 自然环境、生态环境的变化。经济增长带来了对自然环境的破坏，毁林造田、滥砍滥伐、油煤开采，凡此种种，不仅改变了区域气候、流域气候，更重要的是全球整体生态环境的恶化。

5. 经济增长与经济发展的关系

从上面的分析中可以看到，经济增长和经济发展是两个既有联系又有区别的概念。如果说经济增长是一个"量"的概念，那么经济发展就是一个比较复杂的"质"的概念。

一般而言，经济增长是经济发展的前提和基础，是一切社会进步的首要条件，没有经济增长是很难有经济发展的。虽然经济增长是经济发展的前提，但有经济增长也不一定有经济发展，即使在经济增长速度很高的情况下，许多发展中国家并没有取得社会经济的普遍进步，甚至出现了所谓"有增长而无发展"或"没有发展的经济增长"的现象。究其原因，这往往与经济增长过程中出现的经济结构失调或经济依附有很大关系。

经济增长理论与经济发展理论是西方经济学中研究经济成长问题的两个分支。经济增长理论以发达资本主义国家为研究对象，以国内生产总值的长期稳定增长为目标。由于这些国家都面临工人失业、通货膨胀、环境污染、经济危机等共同问题，经济增长理论专门研究经济稳定增长的因素、条件及其趋势。经济发展理论则以发展中国家为研究对象，以整个国民经济现代化为目标。由于这些国家一般都有农业比重高、人口出生率高、失业率高、劳动生产率低、出口增长率低、生活水平低的特点，经济发展理论的范围要广泛得多。它不仅研究经济增长问题，而且研究经济结构、经济体制、人口素质、收入分配、对外贸易等，即"整个社会的向上运动"。

6. 经济增长的基本问题

面对着世界各国经济增长的不同情况，经济学家在思考以下3个问题。

① 为什么一些国家如此富裕，而另一些国家那么贫穷？
② 什么是影响经济增长的因素？
③ 怎样理解一些国家和地区的经济增长奇迹？

15.1.2 经济增长的核算

经济增长的核算就是要把经济增长的不同决定因素的贡献程度数量化。

设生产函数为

$$Y = Af(L,K) \tag{15.3}$$

式中，Y 为总产出；A 为技术水平；L 为劳动力总量；K 为资本总量。

在一些文献中，生产函数又称全要素生产率，表示除资本和劳动力以外总产出的影响因素。

根据上述假设，可推出

$$\frac{\Delta Y}{Y} = \alpha \frac{\Delta L}{L} + (1-\alpha) \frac{\Delta K}{K} + \frac{\Delta A}{A} \tag{15.4}$$

式中，ΔY、ΔL、ΔK、ΔA 分别代表 Y、L、K、A 的改变量；α 为劳动力收入占总收入的份额，显然，$1-\alpha$ 代表资本利润占总收入的份额。

式(15.4)可直观地表示为

产出增长 = (劳动份额×劳动增长) + (资本份额×资本增长) + 技术进步

这就是经济增长核算的关键公式，它告诉人们，产出的增长可以由3种因素来解释，即劳动量变动、资本量变动和技术进步。

增长核算方程又称增长速度方程，不仅用来说明经济增长的源泉，而且用来衡量经济的技术进步。由式(15.4)可得

$$\frac{\Delta A}{A} = \frac{\Delta Y}{Y} - \alpha \frac{\Delta L}{L} - (1-\alpha) \frac{\Delta K}{K} \tag{15.5}$$

式（15.5）说明，当知道了劳动力和资本在产出中份额的数据，并且有产出、劳动力和资本增长的数据，则技术进步可以作为一个余量计算出来。所以，式（15.5）被称为索洛余量公式。

若令 $\frac{\Delta Y}{Y}=y$，$\frac{\Delta L}{L}=l$，$\frac{\Delta K}{K}=k$，$\frac{\Delta A}{A}=a$，则 $\frac{\alpha l}{y}$、$\frac{(1-\alpha)k}{y}$、$\frac{a}{y}$ 分别表示劳动力、资本和技术进步在经济增长中的贡献率。

例如，设 $y=10\%$，$l=2\%$，$k=20\%$，$\alpha=0.7$，则由式（15.5），可得 $a=2.6\%$。

从而，劳动力、资本和技术进步在经济增长中的贡献率分别为 14%、60% 和 26%。

15.1.3 影响经济增长的因素

经济增长是一个复杂的经济和社会现象，影响经济增长的因素很多，正确地认识和估计这些因素对经济增长的贡献，对于理解和认识现实的经济增长和制定促进经济增长的政策都是至关重要的。

20世纪六七十年代，美国经济学家爱德华·富尔顿·丹尼森利用统计分析方法对影响经济增长的因素进行了定量分析和定量研究，估算出了各个因素对经济增长率的贡献，并在此基础上提出自己的政策主张，从而建立了自己的经济增长因素分析理论。表15-1是美国1948—1969年国民收入增长因素的估计。

表15-1　美国1948—1969年国民收入增长因素的估计　　　　　单位：%/年

国民收入增长率	3.85
不规则因素的影响	0.15
除去不规则因素后的国民收入增长率	4.0
源泉：	
劳动力的变化	1.3
就业人数、工作小时、年龄、性别构成等	0.9
就业人员的教育水平	0.4
资本的变化	0.8
住宅	0.3
其他私人资本	0.5
知识的增加和其他未计量因素	1.2
农业劳动力和自由职业者的减少	0.3
规模经济	0.4

爱德华·富尔顿·丹尼森认为，促进现代经济增长的因素，主要是生产要素投入量的增加和生产要素生产率的提高。所谓生产要素投入量的增加，包括生产中投入的劳动力在数量上的增加和质量上的提高，以及资本、土地在数量上的增加。所谓生产要素生产率的提高，包括教育水平的提高、资源配置的改善、市场的扩大、贸易条件的改善、规模的集约、知识的进展及其在生产中的应用。爱德华·富尔顿·丹尼森还具体分析了1929—1969年，生产要素投入量对国民收入增长所起的作用占54.4%，生产要素生产率所起的作用占45.6%，而在此生产要素生产率所起作用的比例中，有27.6%是知识进展的结果，即生产要素生产率的提高，有60%以上要归因于知识进展的作用。爱德华·富尔顿·丹尼森还把这一时期

划分为1929—1948年和1948—1969年两个阶段，分别进行考察。他发现在各个经济增长因素对国民收入增长起的作用中，知识进展所占的比重，在前一阶段为22.5%，在后一阶段为30.9%。这说明知识进展的作用在战后比战前大大提高。爱德华·富尔顿·丹尼森的结论是，知识进展是经济发达国家最重要的经济增长因素。知识进展包括的范围很广，既包括技术知识、管理知识的进步和由于采用新的知识而产生的结构和设备的更有效的设计，也包括从国内的和国外的有组织的研究、个别研究人员和发明家得来的，或者简单的观察和经验中得来的知识。在他看来，管理和组织知识的进步更可能降低生产成本，增加国民收入。因此，它对国民收入的贡献比改善产品物理特性对国民收入的贡献影响更大。总之，爱德华·富尔顿·丹尼森认为技术知识和管理知识进步的重要性是相同的，不能只重视前者而忽略后者。

爱德华·富尔顿·丹尼森对经济增长因素的分析，在一定程度上描述了资本主义经济发展的事实，为我们研究西方经济提供了参考资料。它对社会经济问题采取综合分析的方法，对我们也有一定的启示，特别强调了知识进展在经济增长中的重要作用，对于我们认识现代化生产的特点，尤其是对发展中国家制定正确的经济发展战略，都具有重要的借鉴意义。

15.1.4 经济增长的源泉

对于经济增长的源泉，不同的经济学家有不同的看法。亚当·斯密强调分工、专业化生产与国际贸易中的绝对优势；大卫·李嘉图强调比较优势与自由贸易；卡尔·马克思和弗里德里希·恩格斯及约瑟夫·熊彼特强调创新；罗伯特·默顿·索洛等人强调生产要素；加里·S.贝克尔和西奥多·舒尔茨则强调人力资本；在新经济增长理论中，保罗·罗默等人强调内生性增长，特别是规模报酬递增在经济增长中的贡献，其实是强调内生性技术创新；道格拉斯·诺斯等人强调制度创新对经济增长的作用；威廉·杰克·鲍莫尔强调自由市场机制是资本主义经济增长的关键。

可以根据总产量生产函数来研究增长的源泉。设总产量生产函数为

$$Y = Af(L, K, R) \tag{15.6}$$

式中，Y代表总产量；A代表技术；L代表劳动力；K代表资本；R代表自然资源。

由总量生产函数可以看出，经济增长的源泉是人力资本（劳动力）、物质资本（资本）、自然资源和技术进步。

1. 人力资本

当代西方经济学家认为，不仅存在对存货、房屋建筑和机器设备的投资，而且存在对人的投资。因此，不仅有物质资本，而且还有人力资本。人力资本是指对人进行生产性投资的资本化价值。对人的生产性投资主要包括教育、培训和保健的支出。投资的效果是人的能力提高了，因此可以获得更高的报酬。

劳动力的数量与质量是决定一国经济增长的重要因素。尤其是劳动力的质量或素质，如劳动者的生产技术水平、知识水平与结构、纪律性及健康程度等，是决定一国经济增长最重要的因素。一个国家可以购买最先进的生产设备，但是这些先进的生产设备只有拥有一定技术并受过良好训练的劳动者才能使用，并使它们充分发挥效用。提高劳动者的知识水平与生产技能，增强他们的身体素质与纪律意识，将极大地提高劳动生产率。一般来说，在经济增

长的开始阶段，人口增长率较高，这时经济增长主要依靠劳动力数量的增加。而经济增长到一定阶段，人口增长率下降，劳动时间缩短，这时就要通过提高劳动力的质量或人力资本的积累来促进经济增长。

2. 物质资本

物质资本又称有形资本，是指设备、厂房、基础设施等存量。一般来说，在劳动数量不变的条件下，物质资本的数量越多，社会生产能力就越高，经济增长就越快。物质资本积累是经济增长的基础。英国古典经济学家亚当·斯密曾把物质资本的增加作为国民财富增加的源泉。现代经济学家认为，只有人均资本量的增加，才能有人均产量的提高。许多经济学家都把资本积累占国民收入的10%～15%作为经济起飞的先决条件，把增加资本积累作为实现经济增长的首要任务。西方各国经济增长的事实表明，储蓄多从而使资本积累多的国家，经济增长率往往是比较高的，如德国、日本等。

3. 自然资源

自然资源也是影响一国经济增长的重要因素，自然资源包括土地、石油、天然气、森林、河流、矿藏等。自然资源是一种重要的生产要素，自然资源越丰富，就越有利于经济的增长。一些国家，如加拿大和挪威，就是凭借其丰富的自然资源，在农业、渔业和林业等方面获得高产而发展起来的。自然资源是经济增长的重要基础，但不是经济增长的决定性因素。例如，日本是一个自然资源贫乏的国家，但它通过国际贸易来获得所需要的自然资源，并借助技术进步和资本密集型产业而发展成为发达国家。

4. 技术进步

新知识的增加和技术的进步对经济增长起着至关重要的作用，在没有资本积累的条件下也可以导致经济的增长。例如，假定新生产的资本品刚好能够补充损耗的资本品，资本存量并没有发生变化。如果新资本品是和以前同质量的资本品，社会生产能力没有提高。但如果新资本品吸收了科学技术的新成果，社会生产能力得到提高，在其他条件不变的情况下将导致经济的增长。

技术进步在经济增长中的作用，主要体现在生产率的提高上，使得同样的生产要素投入量能提供更多的产品。随着 L、K、R 投入的增加，产出虽然也增加，但由于它们的边际生产力递减，经济增长的速度会日益减慢。而技术水平的提高可以使一国的经济快速增长。而且，随着经济的发展，技术进步的作用越来越重要。据索洛估算，1909—1940 年，美国 2.9% 的年经济增长率中由于技术进步而引起的增长率为 1.49%，即技术进步在经济增长中所做出的贡献占 51% 左右。而且，随着经济的发展，技术进步的作用越来越重要。

需要说明的是，在本节的分析中，隐含着现存的社会政治经济制度和意识形态符合经济增长要求的假定。若不具备这一假设条件，社会政治经济制度和意识形态的相应调整对促进经济增长具有十分重要的作用。一个社会只有在具备了经济增长所要求的基本制度条件，有了一套能促进经济增长的制度后，上述影响经济增长的因素才能发挥其作用。第二次世界大战后，许多发展中国家经济发展缓慢的原因，关键并不是缺乏资本、劳动或技术，而是没有改变落后的制度。著名经济学家杨小凯认为，制度模仿对于后发国家来说比技术模仿重要得多。然而，多数后发国家往往是模仿技术而不模仿制度，导致后发劣势。

15.2 新古典经济增长理论

现代经济增长理论的重点在于研究经济稳定增长的条件，也就是在长期内达到较低的失业率和通货膨胀率以及在适当经济条件下的经济增长率这一目标，注重研究如何控制各种经济变量使其满足稳定增长条件。为了表述和说明各经济变量之间的相互关系，经济学家建立起各自的数学模型，并用模型来概括经济增长的理论，其中新古典经济增长理论最具代表性。

15.2.1 新古典经济增长模型

1. 模型

新古典经济增长模型是美国经济学家罗伯特·默顿·索洛于1956年发表的《经济增长理论》一文中提出来的。几乎同时，英国的斯旺、詹姆斯·爱德华·米德和美国的保罗·萨缪尔森等人也相继提出了与罗伯特·默顿·索洛基本相同的论点。因此，这些可归入同一类型的经济增长模型。

新古典经济增长模型的基本假设条件主要有以下几个。

① 经济由一个部门组成，该部门生产一种既可以投资也可以用于消费的产品。

② 假定有劳动和资本两种生产要素。这两种生产要素可互相替代，即能够以可变的比例来组合。

③ 劳动或资本的边际生产力递减，但规模报酬不变。

④ 完全竞争市场，其工资率和利润率分别等于劳动与资本的边际生产力。

⑤ 劳动力按一个不变的比例 n 增长。

⑥ 全社会储蓄函数为 $S = sY$，其中 s 为储蓄率。

在这些假设下，索洛推导出了经济增长的基本方程，用公式表示为

$$sy = \Delta k + (n+\delta)k \tag{15.7}$$

式中，y 表示人均产量；k 表示人均资本；s 表示储蓄率；δ 表示资本折旧率。

式（15.7）表明，一个社会的人均储蓄被用于两个部分：一部分为人均资本增加 Δk，即为每个人配备更多的资本设备，这可称为资本的深化；另一部分为每一个增加的人口配备资本设备 $(n+\delta)k$，这可以称为资本的广化。

在新古典经济增长模型中，稳定增长的条件为人均资本不发生变化，或者说每人使用的资本量不变（$\Delta k = 0$），这就使人均储蓄正好等于资本的广化，即 $sy = (n+\delta)k$；如果储蓄超过资本的广化，即 $sy > (n+\delta)k$，人均资本将上升，导致人均收入也上升；反之，如果储蓄不足，$sy < (n+\delta)k$，人均资本会下降，带来人均收入也下降。

2. 经济意义

新古典经济增长模型说明，长期来说，一个经济的储蓄率决定其资本存量规模，从而决定其生产水平。储蓄率越高，资本存量就越多，产出水平也越高。在新古典经济增长模型中，储蓄率提高引起一个迅速增长的时期，但是，当达到新稳定状态后经济增长则保持一个

不变的速度。因此，虽然高储蓄率引起了稳定状态的高产出水平，但储蓄本身不能引起长期的经济增长。新古典经济增长模型说明了一个经济实体的人口增长率是决定长期生活水平的另一个因素。新古典经济增长模型关于稳定状态的结论是 $sy=(n+\delta)k$。因此，在新古典经济增长模型中，稳定收入水平由储蓄率和人口增长率所决定。如果没有技术变化，总产量的稳定增长率等于人口增长率。

总之，新古典经济增长模型的经济意义是，人口的增长、资本存量的增长和科学技术的进步对产量的增长产生直接影响。

15.2.2 经济稳态和黄金分割律

1. 经济稳态

根据经济稳态的定义，稳态时，$\Delta k=0$，根据式（15.7）可知，人均储蓄正好等于资本广化。即

$$sy=(n+\delta)k \tag{15.8}$$

这就是新古典增长理论中的稳态条件。用它可以解释"为什么一些国家如此富裕，而另一些国家那么贫穷"？这样的问题。

为此，设人均生产函数为 $y=k^\alpha$，其中参数 α 介于 0 和 1 之间。k_A 为稳态资本存量，y_A 为稳定人均产量。则由式（15.8），得

$$k_A=[s/(n+\delta)]^{\frac{1}{1-\beta}} \tag{15.9}$$

式（15.7）代入，得

$$y_A=[s/(n+\delta)]^{\frac{\alpha}{1-\alpha}} \tag{15.10}$$

式（15.10）表明，在其他条件相同时，储蓄率或投资率 s 较高的国家比较富裕。在这些国家中，劳动力人均资本量较高，因此人均产量也较高。相反，人口增长率较高的国家通常比较贫穷。

值得注意的是，稳态时，y 和 k 的值都是固定的，由于 $k=\dfrac{K}{L}$，而 L 以速度 n 增长，所以 K 也以速度 n 增长；同理，由 $y=\dfrac{Y}{L}$ 得知，Y 也以速度 n 增长。总之，在新古典增长理论下，稳态意味着

$$\frac{\Delta Y}{Y}=\frac{\Delta K}{K}=\frac{\Delta L}{L}=n \tag{15.11}$$

2. 黄金分割律

大多数经济学家认为，经济增长是一个长期的动态过程，因此，提高一个国家的人均消费水平是一个国家经济发展的根本目的。为此，经济学家埃德蒙德·菲尔普斯于 1961 年找到了与人均消费最大化相联系的人均资本应满足的关系式，这一关系式被称为黄金分割律。其基本内容是：在技术和劳动增长率固定不变时，如果对每个人的资本量的选择使得资本的边际产品等于劳动的增长率，那么人均消费就会达到最大，可用方程表示如下

$$f'(k_{\text{gold}})=n+\delta \tag{15.12}$$

式（15.12）为资本的黄金分割率水平应满足的条件。它表明，若使稳态人均的消费达

到最大，稳态人均资本量的选择应使资本的边际产品等于劳动增长率加上折旧率

从黄金分割律可知，如果一国经济拥有的人均资本量多于黄金分割律的水平，则可通过消费掉一部分资本使每个人的平均资本都下降到黄金分割律的水平，以提高人均消费水平。另外，如果一国经济拥有的人均资本少于黄金分割律的数量，则提高人均资本的途径是缩减目前消费，增加储蓄，直到人均资本达到黄金分割律的水平。

新古典经济增长模型的不足之处是：割裂了技术进步与资本积累之间的联系；没有考虑自然资源对于经济增长的限制；忽略了经济增长对于环境的影响。

15.3　经济周期理论

我们曾经反复讨论过资本主义经济保持均衡稳定运行的条件，然而，资本主义国家经济活动的实际记录却总是在不断的波动中进行的。自 1825 年资本主义国家爆发第一次以普遍生产过剩为特征的经济危机以来，资本主义国家的经济就是不断地在繁荣与萧条中交替发展着。经济危机的出现，打破了关于自由资本主义完美和谐的神话，不少经济学家开始注重研究经济波动的理论，用以解释产生经济周期的原因。

15.3.1　经济周期的含义、特征和类型

1. 经济周期的含义

经济周期（Business Cycles）亦称经济循环，或商业循环，是指经济处于生产和再生产过程中周期性出现的经济扩张与经济紧缩交替更迭、循环往复的一种现象。经济活动由高潮到低潮的循环波动，并非是围绕着某一个固定的经济水平进行的，实际上从长期看，经济活动有增长的趋势，因而经济周期是围绕着一种向上的趋势而波动的，如图 15.1 所示。

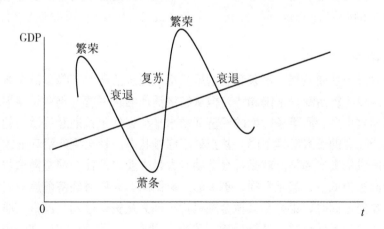

图 15.1　经济周期曲线

在图 15.1 中，横轴表示时间 t，纵轴表示实际 GDP。正斜率的直线是经济的长期增长趋势线。由于经济在总体上保持着或多或少的增长，所以经济增长的长期趋势是正斜率的。图中呈波浪起伏的曲线表示实际 GDP 随时间推移而周期性波动的变化。

2. 经济周期的特征

经济周期一般可分为繁荣、衰退、萧条、复苏 4 个阶段，每个阶段都有自己的特点。

（1）繁荣阶段

这是经济活动经过上一循环的复苏而继续增长的时期。在这一时期，社会有效需求继续不断地增长，产品畅销，一般的批发商和零售商的存货减少，纷纷向生产厂商订货。生产者利润的提高刺激其投资活动。随着投资的增长，就业率不断提高，失业现象减少，劳动和其他社会资源得到充分的利用。在经济扩张过程中，一般商品的物价水平由于有效需求的不断提高而不断上涨；同时，由于对劳动和其他生产要素的需求增加，工资和利率也逐渐上升。但是，生产要素价格的上升并不会减少生产者的利润，因为作为生产成本的生产要素价格的上涨，往往是在物价上涨之后。也就是说，通货膨胀一般都是先从产品开始的，当生产要素价格上升时，厂商会将其计入产品，从而转嫁出去。在繁荣阶段，生产者通常都可能达到自己预期的目的，因而社会充满着乐观气氛，但是，这种繁荣景象并不能长久保持下去。当经济繁荣达到高峰后，便开始出现下降的趋势。

（2）衰退阶段

这是经济活动从扩张的高峰向下跌落的阶段。由于消费增长的停止以及社会现有生产设备及能力的限制，使经济扩张到达顶点后开始下降。一旦经济收缩，由于乘数和加速系数的作用，就会产生连锁反应，在衰退阶段，投资减少、生产下降、失业率上升、社会收入水平和有效需求也都下降，因而导致需求进一步下降。同时，由于销售量下降，大量产品积压，导致一般商品价格下跌。这时，人们对前景充满悲观情绪，预期物价将会继续下跌，因而物价下跌并不会刺激消费的增加，整个社会形成普遍的生产过剩；企业利润急剧下降，同时一些厂家开始倒闭；批发商在繁荣阶段订的货，这时卖不出去，造成存货增加，于是减少对生产厂商的订货，从而加剧了生产的萎缩。对厂商来说，因为剩余资本设备越来越多，连对已磨损的机器设备的必要补充也逐渐停止，经济在经历了一段衰退时期以后，便进入萧条阶段。

（3）萧条阶段

这是衰退阶段的继续发展。萧条和衰退虽然都是经济活动的下降，但在概念上还是有所区别的。衰退阶段经济活动呈下降趋势，但从经济活动的水平看，仍在长期平均增长水平以上，或者与其相差不多。而萧条时期的经济活动水平却远低于长期经济活动的平均水平。在萧条阶段，整个社会的投资继续下降，甚至处于停顿状态。社会生产活动继续萎缩，物价继续下跌。萧条阶段最突出的特点就是社会劳动者大量失业以及社会消费需求与生产能力相差极大。企业利润极为低下，甚至亏损，更多的厂家倒闭。人们对经济前途缺乏信心，因而厂商不愿意冒险投资。同时，银行和其他金融机构出现大量资金过剩，没有人愿意冒风险而进行借贷。当萧条达到最低点时，经济处于"底点"状态。在萧条时期，整个经济动荡不稳，社会也不安定，可能爆发政治或其他社会危机。萧条期也不可能无限延长，随着资本设备的不断损耗、存货的不断下降，总有一天需要补充，一旦投资需求开始增长时，经济便转入复苏阶段。

（4）复苏阶段

这是经济从最低点开始向上回升的时期。复苏阶段的象征是被磨损的机器设备开始更换。就业率、收入及消费开始上升,由于投资显著增加,促进了生产和销售的增加,使企业利润有所提高,从而使人们开始对前景寄予希望,由悲观转为乐观。原先不肯进行的风险投资现象此时也已过去。随着需求的增加,生产不断扩张,乘数和加速系数开始对经济繁荣产生积极的刺激作用。但是,由于萧条阶段的影响,社会经济在各方面都处于调整阶段,因而经济恢复的速度不会太快。随着经济恢复的不断完善,经济上升的速度也不断加快,到一定程度,便进入下一个繁荣时期。

到此,整个经济就完成了一个周期的循环,下一个周期又将开始。

判断经济处于哪一个阶段的依据是统计指标的变动,这些指标主要有国内生产总值、工业生产指数、就业和收入、价格指数、利率等。一般来说,如果这些指标都明显上升,则处于复苏阶段;相反,则处于衰退阶段;在繁荣阶段,物价和利率水平都达到了高峰;萧条阶段则债务与存款减少,利率最低,失业人数最多。例如,在美国,GDP如果连续两个季度下跌,就表明经济在衰退。

3. 经济周期的类型

繁荣、衰退、萧条、复苏这4个阶段所持续的时间称为经济周期的长度,根据每个经济周期长度不同,可将经济周期划分为不同的类型。

(1) 长周期

长周期又称长波,是指一个周期平均长度为50年左右的经济周期。这是由苏联经济学家尼古拉·康德拉季耶夫于1925年在其发表的《经济生活中的长期波动》一文中首先提出的。他通过对美国、英国、法国100多年内的批发物价指数、利率、工资增长率、对外贸易、生产和商业活动的统计资料分析,认为经济发展过程中有一个较长的循环,平均长度为50年左右。所以,经济长周期也称康德拉季耶夫周期。

(2) 中周期

中周期又称中波,是指一个周期平均长度为9~10年的经济周期。这是由法国经济学家克里门特·朱格拉于1861年发表的《论法国、英国和美国的商业危机及其发生周期》一文中首先提出的。他在对统计资料的分析中根据物价水平、生产等指标,确定了经济中平均每一个经济周期为9~10年。所以,经济中周期也称朱格拉周期。

(3) 短周期

短周期又称短波,是指一个周期平均长度为40个月左右的经济周期。它最早是由美国经济学家约瑟夫·基钦于1923年发表的《经济因素中的周期和倾向》一文中提出的。约瑟夫·基钦认为经济周期实际上有大小两种周期。一个大周期(相当于朱格拉周期)通常包括2~3个小周期,每个小(短)周期平均为40个月左右。所以,经济短周期也称基钦周期。

美籍奥地利经济学家约瑟夫·熊彼特对基钦周期、朱格拉周期和康德拉季耶夫周期进行了综合,认为每一个长周期包括6个中周期,每一个中周期包括3个短周期。他以重大的创新为标志,划分了3个长周期。在每个周期中仍有中等创新所引起的波动,这就形成若干个中周期。在每个中周期中还有小创新所引起的波动,这就形成若干个短周期。

现代西方经济学家一般认为,中周期能够表现出总体经济周期演进中的一些经常性特征。例如,生产与就业的周期波动同商品交易的货币流量是平行的;资本品、耐用品生产的周期性波动最猛烈等。因此，应把研究的注意力集中于中周期。

15.3.2 经济周期的原因

经济周期是资本主义经济发展过程中的客观现象，自 19 世纪以来，西方经济学家一直对引起经济周期性波动的原因进行探讨，他们曾提出许多理论，从不同的角度和侧面来解释引起经济周期的原因。其中有代表性的理论有以下几个。

1. 纯货币理论

其主要代表人物是英国经济学家拉尔夫·乔治·霍特里。这种理论认为，经济周期纯粹是一种货币现象，货币数量的增减是经济发生波动的唯一原因。经济周期是银行体系交替扩张和紧缩信用所造成的。在发达的资本主义社会，流通工具主要是银行信用。商人运用的资本主要来自银行信用。当银行体系降低利率扩大信用时，商人就会向银行增加借款，从而增加向生产者的订货量。这样就引起生产的扩张和收入的增加，而收入的增加又引起对商品需求的增加和物价上涨，经济活动继续扩大，经济进入繁荣阶段。但是，银行扩大信用的能力并不是无限的。当银行体系被迫停止信用扩张，转而紧缩信用时，商人得不到贷款，就减少订货量，由此出现生产过剩的危机，经济进入萧条时期。在经济萧条时期，资金逐渐回到银行，银行可以通过某些途径来扩大信用，促进经济复苏。

2. 投资过度理论

投资过度理论是一种用生产资料投资过多来解释经济周期的理论。该理论强调经济周期的根源在于生产资料的生产过多，而不是消费不足所引起的消费品的供给大于需求；而且认为是投资的增加形成了繁荣。投资的增加引起对投资品需求的增加及投资品价格的上涨，这样就更加刺激了投资的增加，形成了繁荣。在这一过程中，因为需求与价格的增加都表现在资本品上，因此投资也是主要影响生产资本品的产业，而生产消费品的产业没有得到重视，这种生产结构的失衡最终会引起经济萧条，而使经济发生波动。

投资过度论又分为货币投资过度论与非货币投资过度论。前者以奥地利经济学家弗里德里希·奥古斯特·冯·哈耶克和海曼·明基斯为代表，他们用货币因素来说明生产结构的失衡及由此所引起的经济波动。后者以瑞典经济学家古斯塔夫·卡塞尔为代表，他们用新发明、新发现、新市场的开辟等因素来说明生产结构的失衡及由此所引起的经济波动。

3. 消费不足理论

这一理论主要用于解释经济周期中危机阶段的出现以及生产过剩的原因。这种理论的早期代表人物是英国经济学家托马斯·罗伯特·马尔萨斯、法国政治经济学家让·西斯蒙第等，近期代表人物是英国经济学家约翰·霍布森。霍布森认为，经济出现萧条是因为对消费品的需求赶不上消费品生产的增长，而这种消费不足的根源又在于国民收入分配不平均造成的穷人购买力不足和富人储蓄过度，所以解决的办法是实行收入分配均等化的政策。

4. 创新理论

约瑟夫·熊彼特认为经济周期主要原因在于像铁路这样一些巨大创新所引起的混乱。按照约瑟夫·熊彼特的观点，"创新"现象并不是一个连续的现象，而是集中在一个短时期内出现的。同时，他所提出的五种"创新"活动也并非每一个人都能从事，而只有社会上少数企业家才能从事。但是一旦"创新"出现时，必然会有大量的人进行模仿，因此就会引起投资活动的大量增加，而这种投资活动一般都是通过银行信用的扩张来进行的。银行信用不断扩张，投资活动不断增加，经济必然趋向繁荣。但是，等到投资逐渐完成，产品出现在市场上以后，企业家必然要逐步偿还银行的贷款。这时如果没有另一项"创新"活动发生，则银行信用必然自动收缩。银行信用的收缩，又会引起投资下降，经济必然由繁荣转向萧条。约瑟夫·熊彼特认为，"创新"活动不可能一直持续不断，总是间断进行的。这样一来，整个社会经济就会出现一段时期扩张繁荣，一段时期收缩萧条的现象，也就是经济周期现象。

5. 心理周期理论

心理周期理论强调心理预期对经济周期各个阶段形成的决定作用。这种理论的主要代表人物是英国经济学家阿瑟·塞西尔·庇古和约翰·梅纳德·凯恩斯。该理论认为，预期对人们的经济行为有决定性的影响，乐观与悲观预期的交替引起了经济周期中的繁荣与萧条交替。当任何一种原因刺激了投资活动，人们对未来预期的乐观程度一般会超过合理的经济考虑下应有的程度。这就导致过多的投资，形成经济过度繁荣。而当这种过度乐观的情绪所造成的错误被觉察以后，又会变成不合理的过分悲观的预期。由此过度减少投资，引起经济萧条。

6. 政治周期理论

政治周期理论认为，由于政府交替执行扩张性政策和紧缩性政策，结果造成了经济扩张与衰退的交替出现。当前，政治周期理论也用西方国家的政府选举周期来解释。当大选临近时，执政者为了拉选票，通过实行扩张性政策制造短期的经济繁荣，一旦大选结束，领导人要么将公众愿望放置一边，要么收拾残局和处理经济短暂繁荣所带来的后遗症。这样经济便呈现出一种随大选周期而变化的周期性变化。最明显的例子是1972年尼克松的竞选活动。从竞选前的15个月开始，美国政府就要求联邦储备银行扩大货币供给量，并在财政上进行减税以刺激经济。

西方经济学家一般认为，经济周期是一种涉及经济体系各部分的复杂现象，是多种因素综合作用的结果，不能单纯用某一因素解释经济周期。不过，导致经济周期性波动的因素中总有某种内在因素起主导的决定性作用，但由于其他诸因素的共同作用，每一次经济周期的长度和振幅都有所不同。

15.3.3　乘数-加速数原理

在上面所述的经济周期的各种理论中，虽然各有追随者，但都显得不够完整和系统。在现代西方经济理论中，乘数-加速数模型被认为是解释经济周期较完备的理论，是凯恩斯主义经济周期理论中最具代表性和影响力的一个模型。该模型从两个角度来说明经济的波动，一方面用加速原理说明国民收入对投资的作用；另一方面用乘数原理说明投资对国民收入的作用。两者形成了一个相互决定的体系，以说明经济周期完全是由经济本身的内部动力相互作用共同决定的。对政府来说，要运用国家财力来调节经济，使之维持稳定，不仅要考虑投资乘数的作用，同时还要考虑加速原理的作用，要把两者结合起来，才能充分估计国家财政政策对宏观经济调节的效果和经济发展的趋势。

1. 加速原理

西方经济学家把产量水平的变动和它所引起的投资支出变动数量之间的关系称为加速原理。其最早是由美国经济学家 J. M. 克拉克于 1917 年提出的，以后经许多经济学家论证发展成为投资理论的一个重要组成部分。

可以根据投资函数导出加速原理公式。假设：

（1）在一个时期内资本存量调整到合意资本存量的水平，即 $K_t = K_t^*$；

（2）没有折旧；

（3）合意的资本-产量比率 v 是一常数，即 $K_t^* = vY_t$。

因此，可以得出本期投资 I_t 为

$$I_t = K_t - K_{t-1} = K_t^* - K_{t-1}^* = v(Y_t - Y_{t-1}) \tag{15.13}$$

此即为加速原理公式。从式（15.13）可以看出，现期投资 I_t 取决于产量的变动（$Y_t - Y_{t-1}$）与资本-产量比率，（即生产一单位产量所需要的资本量），v 称为加速系数。一般情况下，$v > 1$，意味着增加一定的产量时需要增加更多的资本。加速原理反映了现代生产中资本变动大于产量变动或投资的变化速度大于产量的变化速度这一客观规律。

应当注意，加速原理发生作用是以资本存量得到充分利用，生产技术不变，资本-产量比率固定不变为前提的。

2. 乘数-加速数模型

乘数-加速数模型是美国经济学家保罗·萨缪尔森在 1939 年发表的《乘数分析和加速原理的相互作用》论文中，由约瑟夫·汉森提出的经济周期理论，也被称为汉森-萨缪尔森模型。约瑟夫·汉森和保罗·萨缪尔森认为，约翰·梅纳德·凯恩斯只考察了乘数的作用，但是没有考虑到加速原理的作用。在经济周期性波动过程中，同时存在着乘数和加速原理交织的作用。

保罗·萨缪尔森提出的乘数-加速数模型的基本方程如下。

$$Y_t = C_t + I_t + G_t \tag{15.14}$$

$$C_t = \beta Y_{t-1} \quad (0 < \beta < 1) \tag{15.15}$$

$$I_t = v(C_t - C_{t-1}) \quad (v > 0) \tag{15.16}$$

式（15.14）是产品市场的均衡公式；式（15.15）是简单的消费函数，表明本期消费是上期收入的线性函数；式（15.16）是加速公式，v 是加速数，表明本期投资依赖于本期与前期消费的改变量。

把式（15.15）和（15.16）代入式（15.14），可以得到

$$Y_t = \beta Y_{t-1} + v(C_t - C_{t-1}) + G_t \tag{15.17}$$

下面用一个具体例子说明经济周期波动。

假定边际消费倾向 $\beta = 0.5$，加速数 $v = 1$，政府每期开支 $G_t = 1$ 亿元，如果不考虑第 1 期以前的情况，即假定从上期国民收入中来的本期消费为零，引致投资也为零。那么，第 1 期的国民收入总额就是政府在第 1 期的支出 1 亿元。假定第 2 期的政府支出仍然为 1 亿元，于是得到第 2 期的引致消费 $C_2 = \beta Y_1 = 0.5 \times 1 = 0.5$（亿元），第 2 期的引致的本期私人投资 $I_2 = v(C_2 - C_1) = 1 \times (0.5 - 0) = 0.5$（亿元），于是，$Y_2 = G_2 + I_2 + C_2 = 1 + 0.5 + 0.5 = 2$（亿元）。

同理，可以算出第 3 期收入为 2.5 亿元，第 4 期收入为 2.5 亿元，第 5 期收入为 2.25 亿元，等等。其过程如表 15-2 所示。

表 15-2 乘数和加速数的相互作用过程

时期（t）	政府购买（G_t）	从上期国民收入中来的本期消费（C_t）	引致的本期私人投资（I_t）	国民收入额（Y_t）	经济变化趋势
1	1.00	0.00	0.00	1.00	—
2	1.00	0.50	0.50	2.00	复苏
3	1.00	1.00	0.50	2.50	繁荣
4	1.00	1.25	0.25	2.50	繁荣
5	1.00	1.25	0.00	2.25	衰退
6	1.00	1.125	−0.125	2.00	衰退
7	1.00	1.00	−0.125	1.875	萧条
8	1.00	0.9375	0.0625	1.875	萧条
9	1.00	0.9375	0.00	1.9375	复苏
10	1.00	0.96875	0.03125	2.00	复苏
11	1.00	1.00	0.03125	2.03125	繁荣
12	1.00	1.015625	0.015625	2.03125	繁荣
13	1.00	1.015625		2.015625	衰退
14	1.00	1.0078125	−0.0078125	2.00	衰退

该例说明，投资增加或减少会使生产以乘数方式改变，即国民收入与投资的变化量乘以支出乘数的数额同方向变化，而国民收入的增加或减少会引起投资量更大的波动并与国民收入同方向变化。于是投资影响国民收入，国民收入又影响投资，互为因果，一旦国民收入增长速度减慢、停滞或下降，就会使投资量发生更大比例的下降；而投资量的大幅度下降，又会使国民收入以乘数的方式下降。这样，国民经济就会处于一种恶性循环之中，造成严重的通货紧缩缺口。国民经济紧缩到一定的程度，由于技术进步、更新活动增加等原因，会使投资量增加，生产回升，结果使加速原理发挥这样的作用：净投资和总投资都增加，使国民收入又以乘数的方式上升，国民收入上升的结果会使投资量以更大的比例上升。可见，乘数原理和加速原理是互为作用的。这种作用也说明了经济周期为什么会发生波动。

为了减少经济的周期波动，实现经济的长期稳定增长，政府有必要对宏观经济进行干预。政府的调整措施主要是通过以下 3 个环节实现的。①调节投资。鉴于经济周期是在自发投资不变的情况下发生的，政府可以通过变动政府支出或影响私人投资政策，使经济稳定增长。②影响加速数。政府采取措施影响加速数就是影响资本-产出比率以提高经济效率。例如，政府采取措施提高劳动生产率，使同样的投资能够带来更多的产量，从而推动经济增长。③影响边际消费倾向。例如，当经济衰退时，政府可以采取鼓励消费的政策，使引致投资增加，从而促进下一期收入增加。

乘数作用的发挥在现实生活中会遇到一些限制因素，主要有以下几个。

① 社会中过剩生产能力的大小。若生产能力已被充分利用，没有闲置资源，则投资增加及由此造成的消费支出增加，并不会引起生产增加，只会刺激物价水平上升。

② 投资和储蓄的决定是否相互独立。若不独立，乘数作用就小得多，因为投资引起的对货币资金需求的增加会使利率上升，而利率上升会鼓励储蓄，减少消费，部分抵消因投资增加引起收入增加进而使消费增加的趋势。

③ 货币供应量的增加能否适应支出的需要，若货币供应量受到限制，投资和消费支出增加时，货币需求的增加得不到满足，利率就会上升，抑制消费和投资，使总需求降低。

加速原理的应用在现实生活中也会遇到一些限制因素，主要有以下几个。

① 生产能力是否全部运转。在实际生活中，经常出现设备闲置现象，即使消费需求提高了，也可通过利用现有设备的过剩生产能力来解决，而不一定需要追加投资，使加速数作用大为削弱。

② 预期的影响。企业通常会根据预期而主动增加或减少存货，当消费需求随收入增加而增加时，就不一定会引起生产的扩张。

③ 时滞的影响。考虑到设备生产所需时间，消费对投资的带动远非加速原理描述的那样立竿见影，使加速作用大打折扣。

④ 资本–产量比率的变动。在现实中，随着这一比率的下降，投资波动的幅度也会变小。

本 章 小 结

（1）经济增长是一种长期的经济现象，是指一国潜在的国民产出或经济生产能力的持续增加。经济增长的程度可以用总产量或人均产量增长率来衡量。

（2）经济增长和经济发展是两个既有联系又有区别的概念。如果说经济增长是一个"量"的概念，那么经济发展就是一个比较复杂的"质"的概念。一方面，经济增长是经济发展的前提和基础；另一方面，经济增长并不一定能导致经济发展。

（3）索洛增长速度方程可以用来核算劳动、资本和技术进步在经济增长中的贡献大小。

（4）爱德华·富尔顿·丹尼森认为，影响生产率的因素包括教育水平的提高、知识进展、资源配置的改善、市场的扩大、贸易条件的改善、规模的集约等。其中，知识进展是经济发达国家最重要的经济增长因素。

（5）经济增长的源泉主要有人力资本、物质资本、自然资源和技术进步。

（6）新古典经济增长模型是 $sy = \Delta k + (n+\delta)k$，经济稳态条件是 $sy = (n+\delta)k$ 或 $\frac{\Delta Y}{Y} = \frac{\Delta K}{K} = \frac{\Delta L}{L} = n$。

（7）黄金分割率的基本内容是：在技术和劳动增长率固定不变时，如果对每个人的资本量的选择使得资本的边际产品都等于劳动的增长率，那么人均消费就会达到最大。用方程来表示就是 $f'(k_{\text{gold}}) = n + \delta$。

（8）经济周期是指经济处于生产和再生产过程中周期性出现的经济扩张与经济紧缩交替更迭、循环往复的一种现象。一般可分为繁荣、衰退、萧条、复苏四个阶段。根据长度不同，可将经济周期划分为长周期、中周期、短周期3种类型。

(9) 对于经济周期的成因有多种解释,如纯货币理论、投资过度理论、消费不足理论、创新理论、心理周期理论、政治周期理论等,但它们都存在不足。在现代西方经济理论中,乘数-加速数模型被认为是解释经济周期较完备的理论。该理论从两个角度来说明经济的波动,一方面用加速原理说明国民收入对投资的作用,另一方面用乘数原理说明投资对国民收入的作用。两者形成一个相互影响的体系,以说明经济周期完全是由经济本身的内部动力相互作用决定的。

1978—1998 年中国经济的增长

20 世纪最后 20 年,中国经济增长迅速,GDP 总量从 1978 年的 3 588.1 亿元增加到 1998 年的 79 553.0 亿元,增长 22 倍之多。是什么原因导致经济的快速增长呢?

分析:1978 年以后,中国的工作重心实现向经济方面的转移及经济体制改革的启动,极大地促进了社会经济全面、快速的发展。

1984 年和 1978 年相比,按可比价格计算,国内生产总值增长 66%,年均增长 8.8%。第一产业增长 52.6%,年均增长 7.3%,这是 1949 年后增长速度最快的时期。受 20 世纪 70 年代末 80 年代初期国民经济调整的影响,第二产业增长 66.9%,年均增长 8.9%,其中工业增长 66%,年均增长 8.8%,仍然维持了较高的增长速度。第三产业增长 78.3%,年均增长 10.1%,这也是第三产业在 1949 年后增长速度最快的时期。

1985—1992 年,中国经济在波动中增长与发展。这一时期是经济增长速度最快的时期,是人们收入和生活水平提高最快的时期,也是通货膨胀最为严重的时期。20 世纪 80 年代末期出现的市场疲软是 1949 年后新的经济现象。按可比价格计算,中国国内生产总值 1992 年比 1985 年增长 77.7%,年均增长 8.6%。第一产业增长 30.7%,年均增长 3.9%;第二产业增长 110.5%,年均增长 11.2%;第三产业增长 99.6%,年均增长 8.7%。

1992 年,邓小平发表了重要的南方谈话,极大地推动了全社会的思想解放,经济体制改革进入全面深化阶段,经济发展速度陡然加速,国民经济跃上了一个新台阶。但同时开始出现高通货膨胀和经济过热现象。政府宏观调控措施成功实现了经济"软着陆"。20 世纪 90 年代中期以后,社会总供给和总需求的关系发生了根本性的变化,开始了由卖方市场向买方市场的转化,需求约束加强,政府适时采取积极的财政政策等扩大内需的手段,保持了国民经济的持续稳定增长。1997 年国内生产总值超过 70 000 亿元,按可比价格计算,1997 年比 1993 年增长 68.5%,年均增长 9%。第一产业增长 18.8%,年均增长 4.4%;第二产业增长 67.4%,年均增长 13.8%;第三产业增长 38.6%,年均增长 8.5%。详细数据如表 15-3 所示。

资料来源:张云峰,2003. 宏观经济学典型题解析及自测试题 [M]. 西安:西北工业大学出版社.

表 15-3 20 世纪最后 20 年中国经济的增长 (单位:亿元)

年份	GDP	第一产业	第二产业	第三产业
1978	3 588.1	1 018.4	1 745.2	824.5
1979	3 998.1	1 258.9	1 913.5	825.7
1980	4 470.0	1 359.4	2 192.0	918.6
1981	4 775.1	1 545.6	2 255.5	947.0
1982	5 182.3	1 761.6	2 383.0	1 037.7
1983	5 787.0	1 960.8	2 646.2	1 180.0

续表

年份	GDP	第一产业	第二产业	第三产业
1984	6 928.2	2 295.5	3 105.7	1 527.0
1985	8 527.4	2 541.6	3 866.6	2 119.2
1986	9 687.6	2 763.9	4 492.7	2 431.0
1987	11 307.1	3 204.3	5 251.6	2 851.2
1988	14 074.2	3 831.0	6 587.2	3 656.0
1989	15 997.6	4 228.0	7 278.0	4 491.6
1990	17 681.3	5 017.0	7 717.4	4 946.9
1991	20 188.3	5 288.6	9 102.2	5 797.5
1992	24 020.2	5 744.0	11 575.2	6 701.0
1993	34 634.4	6 882.1	16 428.5	11 323.8
1994	46 759.4	9 457.2	22 372.2	14 930.0
1995	58 478.1	11 993.0	28 537.9	17 947.2
1996	67 884.6	13 884.2	33 612.9	20 427.5
1997	74 772.4	13 968.8	36 770.3	24 033.3
1998	79 553.0	14 299.0	39 150.0	26 104.0

习　题

一、名词解释

经济增长　　资本深化　　资本广化

经济稳态　　经济周期　　加速原理

二、单项选择

1. 经济增长的最佳定义是（　　）。

A. 投资和资本量的增加

B. 因要素供给增加或生产率提高，使潜在的国民收入有所提高

C. 实际国民收入在现有水平上有所提高

D. 人均货币收入的增加

2. 经济增长的标志是（　　）。

A. 失业率的下降　　　　　　　　B. 先进技术的使用

C. 通货膨胀率的降低　　　　　　D. 社会生产能力的不断提高

3. 根据索洛模型，n 表示人口增长，δ 表示折旧率，每个工人资本变化等于（　　）

A. $sf(k)+(n+\delta)k$ 　　　　　　B. $sf(k)+(n-\delta)k$

C. $sf(k)-(n+\delta)k$ 　　　　　　D. $sf(k)-(n-\delta)k$

4. 当一个经济体系达到稳定状态时，以下哪一种说法是正确的？（　　）

A. 人均资本占有保持稳定 B. 人均消费水平保持稳定
C. 资本存量不再增加 D. 只有 A 和 B 对
5. 黄金分割率是（   ）。
A. 一个遥远的目标 B. 储蓄率等于人口增长率的原则
C. 资本边际产出等于人口增长率的原则 D. 短期提高人均产出的规律
6. 经济周期的中心是（   ）。
A. 价格的波动 B. 利率的波动
C. 国民收入的波动 D. 就业率的波动
7. 按照约瑟夫·汉森和保罗·萨缪尔森的想法，经济之所以会发生周期性波动，是因为（   ）。
A. 乘数作用 B. 加速数作用
C. 乘数和加速数的交织作用 D. 外部经济因素的变动
8. 乘数原理和加速原理的联系在于（   ）。
A. 前者说明投资的变化对国民收入的影响；后者说明国民收入变化对投资的影响
B. 两者都说明投资是怎样产生的
C. 前者解释了经济如何走向繁荣；后者说明了经济怎样陷入萧条
D. 前者解释了经济如何陷入萧条；后者说明了经济怎样走向繁荣
9. 根据加速原理，引起净投资的原因是（   ）。
A. 产出增加 B. 价格提高
C. 利率下降 D. 工资下降
10. 当某一社会处于经济周期的萧条时期时（   ）。
A. 经济的生产能力增加，因而存货增加 B. 总需求逐渐增长
C. 总需求少于总供给 D. 总需求超过总供给

三、计算题

1. 假定资本增长率为 2%，劳动增长率为 0.7%，产出或收入增长率为 3.1%，资本的国民收入份额 $\alpha = 0.25$，劳动的国民收入份额 $\beta = 0.75$。在以上假定条件下，技术进步对经济增长的贡献是多少？

2. 在新古典增长模型中，若总生产函数为 $y = f(k) = 2k - 0.5k^2$，人均储蓄率 $s = 0.2$，人口增长率 $n = 0.4\%$，不考虑折旧时经济均衡增长的 k 值为多少？

四、分析讨论题

1. 影响经济增长的因素有哪些？
2. 经济增长的源泉是什么？
3. 什么是新古典经济增长模型的基本公式？经济稳定增长的条件是什么？
4. 用乘数–加速数模型解释经济周期形成的原因。

【第 15 章　在线答题】

经济学原理试卷（一）

经济学原理试卷（一）参考答案

经济学原理试卷（二）

经济学原理试卷（二）参考答案

经济学原理试卷（三）

经济学原理试卷（三）参考答案

经济学原理试卷（四）

经济学原理试卷（四）参考答案

经济学原理试卷（五）

经济学原理试卷（五）参考答案

第15章 经济增长理论和经济周期理论

经济学原理试卷（六）

经济学原理试卷（六）参考答案

经济学原理试卷（七）

经济学原理试卷（七）参考答案

经济学原理试卷（八）

经济学原理试卷（八）参考答案

经济学原理试卷（九）

经济学原理试卷（九）参考答案

经济学原理试卷（十）

经济学原理试卷（十）参考答案

参 考 文 献

多恩布什，费希尔，斯塔兹，2017. 宏观经济学［M］. 12 版. 王志伟，译校. 北京：中国人民大学出版社.
高鸿业，2018. 西方经济学（宏观部分）学习手册［M］. 7 版. 北京：中国人民大学出版社.
高鸿业，2018. 西方经济学（微观部分）学习手册［M］. 7 版. 北京：中国人民大学出版社.
高鸿业，2019. 西方经济学典型题题解［M］. 7 版. 北京：中国人民大学出版社.
李广伶，2005. 微观经济学课程辅导与训练［M］. 西安：西安交通大学出版社.
梁小民，2017. 西方经济学［M］. 3 版. 北京：中央广播电视大学出版社.
刘东，王国生，张建忠，2009. 微观经济学学习指导［M］. 2 版. 南京：南京大学出版社.
刘厚俊，2016. 现代西方经济学原理［M］. 6 版. 南京：南京大学出版社.
曼昆，2018. 宏观经济学［M］. 9 版. 北京：中国人民大学出版社.
萨缪尔森，诺德豪斯，2008. 经济学［M］. 18 版. 萧琛，译. 北京：人民邮电出版社.
盛晓白，黄建康，1995. 微观经济学新编［M］. 北京：北京大学出版社.
斯蒂格利茨，沃尔什，2013. 经济学［M］. 4 版. 北京：中国人民大学出版社.
伊伯成，2017. 现代西方经济学习题指南（宏观经济学）［M］. 9 版. 上海：复旦大学出版社.
余永定，张宇燕，郑秉文，2002. 西方经济学［M］. 3 版. 北京：经济科学出版社.
张维迎，2012. 博弈论与信息经济学［M］. 上海：格致出版社，上海三联书店，上海人民出版社.
张亚丽，陈端计，2020. 经济学：基本原理与应用［M］. 2 版. 广州：中山大学出版社.
张云峰，2001. 宏观经济学典型题解析及自测试题［M］. 西安：西北工业大学出版社.

电子样书，课件申请
教材编写，在线客服

"北京大学出版社"
微信公众号

ISBN 978-7-301-32513-1

定价：48.00元